BIBLIOTHÈQUE A. FIRMIN-DIDOT

# CATALOGUE

DES

# LIVRES RARES ET PRÉCIEUX

MANUSCRITS ET IMPRIMÉS

THÉOLOGIE — JURISPRUDENCE — SCIENCES

ARTS — BEAUX-ARTS

JUIN 1882

| Mᵉ MAURICE DELESTRE | M. ADOLPHE LABITTE |
|---|---|
| COMMISSAIRE-PRISEUR | LIBRAIRE DE LA BIBLIOTHÈQUE NATIONALE |
| 27, rue Drouot, 27 | 4, rue de Lille, 4 |

BIBLIOTHÈQUE A. FIRMIN-DIDOT

# MANUSCRITS ET IMPRIMÉS

THÉOLOGIE — JURISPRUDENCE — SCIENCES

ARTS — BEAUX-ARTS

## CONDITIONS DE LA VENTE

Elle sera faite au comptant.

Les acquéreurs paieront cinq pour cent en sus des enchères.

Les livres vendus devront être collationnés sur place dans les vingt-quatre heures de l'adjudication. Passé ce délai, ou une fois sortis de la salle de vente, ils ne seront repris pour aucune cause.

M. Adolphe LABITTE se chargera de remplir les commissions des personnes qui ne pourraient assister à la vente.

## EXPOSITIONS

*PARTICULIÈRE* : *le Samedi* 10 *Juin.*
*PUBLIQUE* : *le Dimanche* 11 *Juin, de* 2 *à* 5 *heures.*

Chaque jour de vente il y aura Exposition publique à une heure de l'après-midi.

Voir l'*Ordre des Vacations* à la suite du Titre.

Paris. — Typographie Firmin-Didot et Cie, 56, rue Jacob. — 12716.

# CATALOGUE

### DES

# LIVRES PRÉCIEUX

## MANUSCRITS ET IMPRIMÉS

FAISANT PARTIE DE LA BIBLIOTHÈQUE

DE

## M. AMBROISE FIRMIN-DIDOT

DE L'ACADÉMIE DES INSCRIPTIONS ET BELLES-LETTRES

THÉOLOGIE — JURISPRUDENCE — SCIENCES
ARTS — BEAUX-ARTS

---

VENTE A L'HOTEL DES COMMISSAIRES-PRISEURS

RUE DROUOT, N° 9 — SALLE N° 3

Du Lundi 12 au Samedi 17 Juin 1882

*A deux heures précises de l'après-midi*

Par le ministère de M° MAURICE DELESTRE, Commissaire-Priseur

Successeur de M° Delbergue-Cormont

27, rue Drouot, 27

Assisté de M. G. PAWLOWSKI, officier de l'Instruction publique, bibliothécaire du défunt

Et de M. ADOLPHE LABITTE, libraire de la Bibliothèque nationale

4, rue de Lille, 4

---

**PARIS. — 1882**

# ORDRE DES VACATIONS

### Lundi 12 Juin 1882.

| | |
|---|---|
| Livres à figures (*France*) | 400 à 463 |
| Solennités et Fêtes illustrées (*France et Lorraine*) | 464 à 484 |
| Manuscrits (*Écriture sainte*) | 1, 2, 4, 5 |
| Manuscrit (*Psautier de la reine Bonne de Luxembourg*) | 3 |

### Mardi 13 Juin.

| | |
|---|---|
| Livres à figures (*Pays-Bas, Suisse, Italie*, etc.) | 356 à 399 |
| Sciences philosophiques et naturelles | 192 à 225 |
| Manuscrits (*Évangéliaire de Strasbourg*, etc.) | 6, 8, 9 |
| Manuscrit (*Missel du Mont-Cassin*) | 7 |

### Mercredi 14 Juin.

| | |
|---|---|
| Livres à figures (*Allemagne*) | 298 à 355 |
| Sciences médicales (*de Saliceto*, etc.) | 226 à 241 |
| Manuscrits (*Bonifacius VIII, Christine de Pisan*, etc.) | 34 à 40 |
| Manuscrit (*Livre d'heures de Philippe de Béthune*) | 12 |

### Jeudi 15 Juin.

| | |
|---|---|
| Écriture sainte et Missels | 47 à 69 |
| Sciences mathématiques et militaires. Sciences occultes. | 242 à 260 |
| Solennités et Fêtes illustrées (*Étranger*) | 485 à 500 |
| Livres d'heures (*France et Étranger*) | 104 à 127 |
| Manuscrits (*Lactance, S. Augustin*, etc.) | 28 à 32 |

— VI —

Manuscrit (*Traités de dévotion, exemplaire de Charles V et de Charles VI*). . . . . . . . . . . . . . . . . . . . . 33
Manuscrits (*Averroës, Végèce, Christine de Pisan*, etc.). 41 à 43 et 45
Manuscrit (*Traités de Léonard de Vinci, avec les dessins originaux du Poussin*). . . . . . . . . . . . . . . . . . 44

### Vendredi 16 Juin.

Jurisprudence (*Justinianus* [Venise, 1476], *et Bonifacius VIII* [Mayence, 1470], *sur vélin*). . . . . . . . . . . . . 182 à 191
Arts (*Calligraphie, Escrime, Broderie, Jeux*). . . . . . . 261 à 281
Beaux-Arts (*Art du dessin, Musique et Danse*). . . . . . 282 à 297
Livres d'heures (*France*). . . . . . . . . . . . . . . . 84 à 103
Saints Pères . . . . . . . . . . . . . . . . . . . . . . . 128 à 140
Manuscrits (*Heures de René II d'Anjou, de Louis XI,* etc.) 11, et 13 à 15
Manuscrit (*Heures de Marguerite de Rohan, comtesse d'Angoulême*) . . . . . . . . . . . . . . . . . . . . . . . 16
Manuscrit (*Heures d'Anne de Beaujeu*) . . . . . . . . . . 17

### Samedi 17 Juin.

Théologiens (*Incunables de Gutenberg; Bossuet, avec autographes,* etc.) . . . . . . . . . . . . . . . . . . . . 144 à 181
Livres d'heures (*France*) . . . . . . . . . . . . . . . . 70 à 83
Xylographe (*Bible des pauvres, en italien*). . . . . . . . 46
Manuscrits (*Heures* de Florent d'Egmont, comte de Buren; du roi Louis XII; *Prières de la Messe,* d'Anne d'Autriche, de Jean de Boullongne, etc.), *Livre de mariage* (de 1844). 18 à 27
Manuscrit (*Livre d'heures ayant appartenu à Louis XV*). . 10

# TABLE SPÉCIALE
## DES
# LIVRES IMPRIMÉS SUR VÉLIN
### DES EXEMPLAIRES UNIQUES OU SEULS CONNUS
#### ET DES PROVENANCES CÉLÈBRES

---

### I. LIVRES IMPRIMÉS SUR VÉLIN.

Nos 70, 71, 72, 73, 75, 76, 78, 79, 80, 81, 82, 83, 84, 85, 86, 87, 88, 89, 92, 93, 94, 95, 96, 98, 99, 100, 103, 119, 137, 142, 147, 184, 189, 216.

### II. EXEMPLAIRES UNIQUES OU SEULS CONNUS.

Nos 71, 73, 78, 82, 441.

### III. SIGNATURES OU NOTES AUTOGRAPHES DES HOMMES ILLUSTRES OU DISTINGUÉS.

Ballesdens, 127.
Beatus Rhenanus, 195.
BOSSUET, 165, 174.

Desportes (Ph.), 454.
POUSSIN (Nicolas), 44.
Tabourot (Étienne), 485.

## IV. PROVENANCES CÉLÈBRES.

### a. Rois et Reines de France, Princes, Princesses, etc.

Bonne de Luxembourg, 3.
Charles V et Charles VI, 33.
René II d'Anjou, ou sa fille Marguerite, 11.
Louis XI, 14.
Anne de Beaujeu, 17, 78.
Marguerite de Rohan, comtesse d'Angoulême, 16.
Louis XII, 19.
François I<sup>er</sup>, 215.
Henri II, 400.
Henri III, 56.
Louis XIII, 241.
Anne d'Autriche, 23.
Louis XIV, 186, 475.
Dombes (Louis-Aug., prince de), 180.
Louis XV, 10, 45.
Louis XVI, 482.
Berry (la duchesse de), 456.

### b. Souverains étrangers.

Anjou-Sicile (maison d'), 34.
Philippe IV d'Espagne, 490.

### c. Bibliophiles ou personnages célèbres.

BESSARION (le cardinal), 32.
BÉTHUNE (Philippe de), 12.
Boullongne (Jean de), 26.
Coislin (le marquis de), 206.
COLBERT (le grand), 436, 493.
EGMONT (Florent d'), comte de Buren, 18.
Essling (le prince d'), 182, 433.
GROLIER, 217.
Hoym (le comte d'), 62.
La Vallière (le duc de), 140, 141, 455.
MOLÉ (le chancelier Mathieu), 44.
Richelieu (l'abbé de), 51.
Roxburghe (le duc de), 133, 403.
Saint-Vallier (le comte de), 40.
Sartines (de), 237.
Thou (J.-A. de), 59, 132, 185, 378.
Turenne (le prince de), 392.

# MANUSCRITS

# MANUSCRITS

## THÉOLOGIE

### ÉCRITURE SAINTE

1. **BIBLIA SACRA.** — In-4, à 2 col., de 514 ff.; lettres historiées; veau brun estampé, coins et fermoirs en argent repoussé (*rel. du* XVI*e siècle*).

Très beau manuscrit de la seconde moitié du XIII*e* siècle, sur VÉLIN très fin, exécuté en France, et orné de QUATRE-VINGT-TROIS MINIATURES sous forme de lettres historiées.

Il commence, selon l'usage, par cette rubrique du Prologue de saint Jérôme : *Incipit epl'a scī iero*||*nimi p'sbri ad* || *paulinū de* || *oībȝ diuine* || *hystorie* || *libris*. Le Nouveau Testament occupe les ff. 382 à 423, et il est suivi des Épîtres de saint Paul, des Actes des Apôtres et de l'Apocalypse. Les quarante derniers feuillets contiennent les *Interpretationes* des mots hébreux cités dans la Bible.

L'écriture est remarquable par sa régularité et sa netteté. Chaque livre est décoré d'une belle initiale historiée, renfermant un sujet biblique, d'une assez grande finesse de pinceau, en raison de l'exiguïté des dimensions. L'initiale I, par laquelle commence la Genèse, s'étend sur toute la hauteur de la page, et représente les *Sept Jours de la Création;* l'extrémité inférieure offre, de plus, le *Christ en croix*. Les prologues et les épilogues ont des initiales richement enluminées; celles des chapitres sont monochromes, sur fond diapré d'une autre couleur.

L'*explicit* des *Interpretationes* est suivi de cette ligne :

*Si male quid feci, veniam peto, si bn̄* [*bene*]*, grates.*

Une main plus moderne a tracé ensuite cette mention : *Hic liber multis annis Cartusiā extorris, fidelitate dn̄i* GEORGII RHONE, *Thesaurarij, recuperatus et gratis restitutus est an̄º 1659. Ora pro eo, et DD. Jodoco, ac Arnoldo Rhone, parente, et patruo Abbate Bursfeldensi. Requiescant in pace. Amen.*

Bursfeld, dont il s'agit ici, petit village du Hanovre, sur le Weser, possédait jadis une célèbre abbaye de bénédictins.

La reliure à estampages offre, au centre, sur le plat de dessus, l'image de Jésus-Christ portant la croix et le monde, avec la légende : *Ego sum lux mundi!* Au-dessus et au-dessous, on lit : *Biblia Sancta. Anno Domini 1568*, et tout autour du compartiment : *Liber domus Paradisi Mariæ per fratrem ibidem conscriptum et factu* (sic) *similiter*. Le plat opposé porte au centre l'effigie du roi David en prière, et cette inscription autour : *Data est gratia autem per Christum Iesum facta est... Lex per Moysen*. F. IOANNES SPIR[ensis?] *prior Karthusian...*

Les fermoirs en argent, d'une date plus récente, sont fort riches.

La conservation du volume est parfaite.

## 2. PSALTERIUM, CANTICA, etc. — Pet. in-8 carré, de 24 ff. prél., 205 ff. chiffrés, plus 27 ff. n. ch.; miniatures, lettres ornées; bas. rouge, dent., tr. dor. et cis.

Superbe manuscrit de la seconde moitié du XIII$^e$ siècle, sur VÉLIN, exécuté en France, et orné de DIX-HUIT MINIATURES à pleine page et de DOUZE PETITES.

Les six premiers feuillets sont consacrés au calendrier. Chaque mois porte en tête un vers latin indiquant les jours égyptiens; les vers des trois premiers mois sont ceux attribués à Bède, les autres sont d'une rédaction différente, dont nous avons donné la transcription dans notre catalogue de 1879, n° 6. Ce calendrier est orné de petites miniatures, à fond alternativement violacé et bleu, et encadrées d'un listel d'or, dont les sujets, comme d'habitude, sont empruntés principalement aux travaux de campagne propres à chaque mois.

Les grandes miniatures (H. : 0$^m$,102; L. : 0$^m$,071), placées toutes à la suite du calendrier, hors texte, sont peintes aux revers des feuillets. Elles représentent : 1° l'*Annonciation;* — 2° la *Visitation de sainte Élisabeth;* — 3° la *Nativité;* — 4° l'*Annonciation aux bergers;* — 5° l'*Adoration des mages;* — 6° la *Présentation de l'Enfant-Jésus au Temple;* — 7° la *Fuite en Égypte;* — 8° le *Massacre des innocents;* — 9° l'*Arrestation de Jésus;* — 10° la *Flagellation;* — 11° *Jésus en croix;* — 12° la *Descente de croix;* — 13° la *Mise au tombeau;* — 14° la *Résurrection;* — 15° les *Saintes Femmes au tombeau du Christ;* — 16° l'*Ascension;* — 17° la *Descente du Saint-Esprit*.

Ces compositions, d'une naïveté pleine de charme, sont souvent remarquables par leur dessin; les lignes du visage, tracées à la plume, sont d'une ténuité extraordinaire. Le coloris, fort sombre et presque monotone, est heureusement relevé par l'or, qui joue un grand rôle dans les draperies, et surtout par les fonds d'or en relief, dont les six siècles écoulés n'ont pas terni l'éclat. Chaque miniature est entourée d'un double cadre : l'un doré, l'autre de couleurs variées, cadres formant des portiques avec une décoration architecturale en ogives trilobées, surmontées de clochetons, etc.

La dix-huitième et dernière miniature se présente sous forme d'initiale B du premier psaume. Cette lettre, qui couvre toute la page, est formée d'entrelacs bleus fleuronnés, d'une rare élégance. Dans le compartiment supérieur est représenté le roi *David assis, jouant de la harpe*, et, au-dessous, le jeune *David lançant la pierre de sa fronde au géant Goliath*, qui fait mine de repousser du pied le petit téméraire.

Toutes ces peintures sont intéressantes pour les costumes civils et militaires.

Le texte, écrit avec soin, est parsemé d'une quantité de lettres, petites et grandes, en or et en couleurs, se développant généralement en longs appendices qui serpentent sur les marges. Les psaumes, qui finissent au recto du f. 184 chiffré, sont suivis de plusieurs cantiques, d'une litanie et de quelques oraisons. Les vingt-sept derniers feuillets, qui contiennent des prières de la messe, etc., datent du commencement du xv° siècle. Ils sont décorés de jolies initiales peintes en or sur fonds de couleur diaprés. Plusieurs des rubriques sont en flamand.

L'absence au calendrier du nom de saint Louis, canonisé en 1297, fournit la preuve que l'exécution du manuscrit est antérieure à cette date, et le style sévère de son ornementation, où n'apparaît pas encore l'élément grotesque, le rapproche plutôt du milieu du siècle. Le nom de $s^{te}$ *Aldegonde*, fondatrice de l'abbaye des chanoinesses de Maubeuge ; ceux de s. *Valéry*, de s. *Vaast*, de s. *Vinnoc*, de s. *Omer*, etc., qu'on lit au calendrier (qui est pourtant sobre d'indications, et où ne figure pas le nom de sainte Geneviève, patronne de Paris et de la contrée voisine), ainsi que dans la litanie, permettent de conclure que notre volume a été fait dans la région septentrionale de la France. Le texte de ce calendrier est d'ailleurs fort curieux pour l'hagiologie, attendu qu'on y lit des noms peu communs (s. *Gildard*, s. *Aile* (*Agilis*), etc.).

La conservation de ce volume est irréprochable.

3. **PSAUTIER, CANTIQUES**, etc. — Pet. in-8 carré, de 333 ff. ; miniatures et lettres ornées ; mar. rouge, fil., dos à petits fers, tr. dor. (*rel. du* xvii° *siècle*).

Admirable et précieux manuscrit sur VÉLIN, exécuté en France dans le second quart du xiv° siècle, pour BONNE DE LUXEMBOURG, femme du roi Jean.

Il a 125 mill. de hauteur sur 90 de largeur et est orné de VINGT-QUATRE petits sujets au calendrier et de QUATORZE PEINTURES dans le cours du volume. Le calendrier, qui occupe treize feuillets, commence au verso du premier. Il est en français, écrit en rouge, bleu et or, et présente un grand nombre de jours en blanc. Chaque mois porte en tête deux vers indiquant les jours dits *égyptiens* et réputés néfastes ; c'est une traduction presque servile des vers latins qu'on rencontre quelquefois dans les psautiers du xiii° siècle (voir le manuscrit n° 6 de notre catalogue de 1879), et qu'il ne faut pas confondre avec des vers analogues attribués à Bède. En voici d'ailleurs la transcription :

JANVIER... Le premier jour la vie estanche,
  Le vij° jour comme espée tranche.
FÉVRIER... Le iiij° jour donne tost la mort,
  Et le tiers jour abat le fort.
MARS..... Le 1<sup>er</sup> jour l'apetit bouche,
  Et le quart jour la vie entouche.
AVRIL..... Disième jour et li onzième
  Vie et santé ensamble encline.

| | |
|---|---|
| May...... | Le tiers de may la vie fine, |
| | Et le vij<sup>e</sup> à mort encline. |
| Juing...... | Le x<sup>o</sup> jour ne te saine |
| | Ne le xv<sup>o</sup> pas de vaine. |
| Juignet.... | Le iiij<sup>e</sup> fait sens faillir, |
| | Le disième com mort palir. |
| Aoust..... | Le premier jour la vie estrape, |
| | Et du secont nul n'en eschape. |
| Septembre. | Le iij<sup>e</sup> jour faut au sane mambre |
| | Et le disiesme de septembre. |
| Octembre.. | Le tiers jour est de ceste range, |
| | Le x<sup>o</sup> com mors estrange. |
| Novembre. | Le quint jour est scorpions, |
| | Et le tiers aigre com lions. |
| Décembre.. | Le septiesme est perilleus |
| | Et le disième venimeus. |

Ces jours néfastes sont au surplus presque toujours indiqués à leur place respective par la mention : *jour devée*.

Le psautier, séparé du calendrier par un feuillet blanc, commence au f° 15 r° et finit au f° 217 r°. Il est suivi des cantiques, de la litanie et de plusieurs oraisons, qui s'arrêtent au f° 245 v°, le tout en latin.

Au revers du feuillet suivant, on lit cette rubrique : *Ci commence la passion nostre seigneur ihesucrist exposee selonc les docteurs ⁊ les autres sains, mise du latin en francois*. Cette version en prose commence par ces mots : *Ce fu fait en lan disieme de lempire tyberien cesar emperiere de rõme...*, et finit ainsi (f° 293 v°) : *...Apres le cours de ceste mortel uie il nous doint reposer auec lui en sa gloire. Amẽ.*

Suit (f. 294) une longue prière à la Vierge, commençant par : *Haá, dist-il! qui dourra a mon chief caue. et a mes iex fontaine de lermes...*, et finissant (f. 313 v°) par : *O benoite ⁊ bien curee loee soiez vouz auecques vr̃e filz sans fin : Amen.*

La rubrique suivante est (f. 313 v°) : *Veez ci la deuise des. vj. degrez de charite selonc la figure du throne salemon*. Cette pièce occupe six feuillets.

Nous lisons ensuite (f. 320 r°) ce titre : *Ci apres commence une moult merueilleuse et horrible exemplaire que len dit des. iij. uis ⁊ des. iij. mors.* Cette légende des Trois Morts et des trois Vifs, qu'on retrouve fréquemment et sous différentes formes dans la poésie dévote du moyen âge à dater du xiii<sup>e</sup> siècle, se présente ici sous une forme éclectique. Le préambule (vingt-six vers) commençant par :

> Si com la matiere nous conte
> Il furent si come duc ou conte...

est celui de la pièce qu'on doit à Baudouin de Condé, tandis que le reste (cent quarante-quatre vers), d'une rédaction anonyme, donne le texte, peut-être le plus rare de tous, que M. A. de Montaiglon a publié au quatrième rang à la suite de *l'Alphabet de la Mort*, de Holbein (Paris, 1856). Cette partie, comprenant tout le dialogue, commence par ce vers :

> Compains, voiz tu ce q̃ ie uoy...

et finit par ceux-ci (f. 326 v°) :

> Par raison nest mieudres tresors
> Hons sages same doit amer.

Ce dit est suivi d'une pièce de vers consacrée aux plaies de Jésus-Christ, qui débute ainsi :

> Ha homme ɛ fame uoy
> Que sueffre pour toy...;

d'une pièce en prose sur le même sujet, d'une oraison latine à la sainte Croix, et d'une petite pièce de vers finale.

Les peintures de ce petit volume offrent un des types les plus parfaits de l'art du miniaturiste français de la première moitié du XIV° siècle, époque qui n'a laissé relativement qu'un assez petit nombre de monuments présentant un réel cachet d'originalité. Elles réunissent, en effet, des qualités précieuses et qui marquent un grand progrès sur l'art du siècle précédent. La composition est d'une simplicité pleine de goût et de noblesse, la pureté du dessin et la science anatomique sont prodigieuses, malgré quelques défauts cependant, et l'expression des physionomies est d'un réalisme étonnant pour cette époque. L'esprit y est associé à la gravité, et, chose rare à cette date, il s'y révèle un grand sentiment de la nature. Le pinceau de l'artiste est d'une délicatesse merveilleuse : les extrémités sont fines, les chairs d'un modelé exquis, en raison même de l'exiguïté des dimensions, et, si le coloris est loin de viser à l'éclat, sa gamme douce et poétique s'harmonise d'autant mieux avec le caractère spécial de ce livre de piété. En effet, à l'exception des sujets du calendrier, ce sont des grisailles auxquelles des ombres assez accentuées donnent l'apparence des reliefs en ivoire, se détachant sur des fonds de couleur travaillés avec soin. Ces fonds offrent quelquefois des mosaïques en forme d'échiquetés ou de losangés, avec carreaux alternativement bleus ou violacés, encadrés d'un filet d'or; mais le plus souvent ces fonds sont d'une seule couleur, bleue, rouge, brune ou noire, sur laquelle se développent soit des dessins diaprés en or, soit de délicats rinceaux, plus foncés ou plus clairs, agrémentés de petits animaux, d'oiseaux et de grotesques. Ces fonds, en camaïeu, paraissent reproduire les dessins des tentures de l'époque.

Toutes les miniatures sont simplement encadrées d'une bordure à couleurs et à dessins variés, et de listels d'or reliés aux angles par de petits ornements. Au surplus, toutes les pages ornées de peintures, de même que toutes celles du calendrier, sont entourées de branches de vigne vierge s'épanouissant sur les marges, et où perchent ou voltigent toute sorte d'oiseaux et de papillons, auxquels se mêlent parfois des sujets grotesques ou fantastiques. Ces longs branchages partent presque toujours d'une initiale richement ornée, et chacune de celles qui décorent les nombreux chapitres du texte donne naissance à un demi-encadrement d'où la faune est exclue.

Au bas des pages consacrées au calendrier, l'artiste a peint de petits sujets représentant d'un côté les occupations propres à chaque mois, et en regard, le signe respectif du zodiaque. Leur exécution est d'une finesse incomparable, jointe à une grande sobriété de moyens, et ces sujets sont particulièrement intéressants pour le costume. Nous n'en signalerons que deux. Celui du mois de janvier nous fait assister à un repas de Janus ; deux serviteurs apportent à boire et à manger à sa double tête. La vignette du mois de février est un charmant petit tableau de genre ; un châtelain, assis dans un fauteuil, se chauffe au feu d'une grande cheminée où une marmite est suspendue à la crémaillère ; un gros chat gris partage les plaisirs du maître, et, tandis qu'un domestique attise la flamme à l'aide d'un soufflet, un autre serviteur apporte sur un crochet une ample provision de bois.

Voici maintenant les sujets des grandes miniatures :

La première (f. 15 r°) est divisée en deux compartiments superposés : celui du haut représente le Roi PSALMISTE ASSIS ET TENANT UNE HARPE, au pied duquel deux jeunes gens jouent des instruments à cordes; celui du bas fait voir DAVID LANÇANT UNE PIERRE AU GÉANT GOLIATH, armé de pied en cap.

La deuxième (f. 45 r°) représente le prophète SAMUEL OIGNANT DAVID.

La troisième (f. 65 r°) a pour sujet DIEU PARLANT A DAVID.

La quatrième (f. 83 v°) est bien singulière pour un livre semblable. On y voit un moine, à grosse tête et à forte encolure, vider un calice, tandis qu'un personnage en costume bourgeois le saisit par derrière par son capuchon, et lui administre une correction avec un paquet de verges. Ce sujet grotesque, dont la signification nous échappe, cachait bien certainement une intention satirique, car il n'a guère de rapport avec le psaume qu'il précède (« L'Insensé a dit dans son cœur : Il n'y a point de Dieu, etc. » *Ps.* LIII.), et il visait sans doute un personnage déterminé, attendu que la tête du moine, très finement modelée, offre une ressemblance frappante avec celle de Janus représenté au calendrier dans l'accomplissement d'un acte de gloutonnerie. Quoi qu'il en soit, cette petite peinture est vraiment délicieuse, et on en trouvera une reproduction au catalogue illustré.

La cinquième (f. 102 v°), qui figure en tête du psaume LXIX : « Sauvez-moi, Seigneur : les eaux sont débordées sur mon âme », représente DAVID, tout nu, la couronne sur la tête, « PLONGÉ DANS LA VASE DE L'ABIME », et levant les yeux vers le Seigneur qui apparaît dans les cieux. A droite, on voit l'avant d'une galère d'une forme très curieuse et armée de deux longs éperons.

La sixième (f. 146 v°) représente TROIS MOINES CHANTANT (*Cantate Domino canticum novum...*).

La septième (f. 170 r°) a pour sujet la TRINITÉ (*Dixit Dominus Domino meo : Sede a dextris meis*). C'est la dernière du psautier.

La huitième (f. 246 v°), placée en tête du récit de la Passion, nous fait assister à l'ARRESTATION DE JÉSUS-CHRIST. C'est une scène mouvementée, à laquelle prennent part une quinzaine de personnages.

La neuvième (f. 294 r°) représente SAINT FRANÇOIS D'ASSISE EN PRIÈRE.

La dixième (f. 314 r°) est une allégorie mystique figurant les SIX DEGRÉS DE CHARITÉ par lesquels on monte au trône de Dieu.

La onzième et la douzième, placées en regard (f. 320 v° et 321 r°), servent de frontispice au dit des TROIS VIFS ET DES TROIS MORTS. Les premiers sont à cheval; l'un d'eux est couronné et un autre porte un faucon sur le poing. Les trois morts sont debout : l'un a toute sa chair, l'autre a les extrémités décharnées, le troisième est à l'état de squelette, et leur représentation témoigne que l'artiste était très expert en anatomie humaine. Ces deux peintures, dont on trouvera une reproduction au catalogue illustré, sont d'un intérêt considérable pour l'archéologie d'art. Elles offrent, en effet, un des plus anciens exemples connus d'interprétation plastique de cette fameuse légende, et assurément le plus parfait avant la célèbre fresque d'Orcagna du Campo Santo de Pise, qui date de la seconde moitié du xive siècle.

La treizième miniature (f. 327 r°) représente un Homme et une Femme agenouillés devant le Christ en croix.

La dernière (f. 330 r°) figure les Instruments de la Passion et l'image de la plaie du Rédempteur.

Ce charmant volume est une des fort rares épaves de la bibliothèque de Bonne de Luxembourg, qui partageait les goûts de son royal époux pour les beaux manuscrits, et qui donna le jour à quatre bibliophiles illustres : Charles V, Louis duc d'Anjou, Jean duc de Berry et Philippe duc de Bourgogne. Les armoiries de la reine, *parties de France*, sont peintes au bas de chacune des pages ornées de miniatures et une fois au calendrier, et tantôt des lions, tantôt des figures grotesques servent de tenants à l'écu. Il est très probable que les figures agenouillées de l'avant-dernière miniature sont celles de la reine et du roi Jean.

La date de l'exécution de ce manuscrit est circonscrite entre l'année 1332, qui est celle du mariage de Bonne de Luxembourg, et 1349, qui est celle de sa mort. Le R. P. Ch. Cahier a exprimé l'avis, dans une petite note jointe au volume, qu'il est dû à la main d'un frère mineur ou d'une clarisse, parce que les fêtes de sainte Claire, de saint Antoine de Padoue et de saint François d'Assise sont tracées au calendrier en lettres d'or, et que le nom du chef de la famille franciscaine y figure quatre fois (fêtes de sa mort et de ses stigmates, octave de sa fête et translation de ses reliques), « ce qui n'aurait pas lieu, dit-il, hors de son ordre ou de sa patrie ». « Je serais porté à croire aussi, ajoute-t-il, que cette dévotion aux plaies de Jésus-Christ et aux instruments de sa passion, furent surtout répandues par les disciples du saint qu'on honorait comme ayant reçu lui-même l'empreinte des cinq plaies du crucifix. »

Le calendrier, qui est loin d'être complet, ne fournit pas de renseignements assez topiques pour que nous puissions déterminer la contrée où ce manuscrit a été exécuté. Les lignes écrites en lettres d'or sont peu nombreuses et c'est évidemment là qu'il faut chercher ces indications locales. Sous ce rapport, en dehors des noms des grandes fêtes et des grands saints ou saintes communs à toute la chrétienté, noms écrits presque toujours en lettres d'or dans les calendriers des manuscrits, nous remarquons encore les suivants : *Nostre-Dame de la Nef* [des Neiges] (5 août), S. *Gile et* S. *Leu,* S. *Morice,* S. *Denis* et ses deux compagnons, S. *Hilarion,* abbé, patron du Limousin, S. *Liénart* (Léonard), confesseur, S. *Martin.* On remarquera que le nom de sainte Geneviève est absent, et que celui de S. *Louis* n'est pas en or. Les formes dialectales des noms propres pourraient sans doute servir de guide à cet égard, ce qui nous engage à en signaler quelques-uns, tels que : S. *Macy* (Mathieu), S. *Père* (Pierre), S. *Andri* (André), S. *Ambrose*, S. *Sevestre* (Silvestre). La constatation de la contrée où ce charmant volume a été fait serait pourtant d'une grande importance pour l'histoire de la miniature française, car nos peintures en grisaille sont du même art, sinon de la même main, que le grand tableau des *Jours de la Création*, de notre manuscrit de l'*Histoire universelle*, décrit sous le n° 61 de notre catalogue de 1881, et exécuté à la même époque, peintures d'un style italianisé, qui offrent l'apparence des ivoires sculptés et qu'on attribue généralement à l'école d'Avignon ou à celle d'Albi.

4. ÉVANGÉLIAIRE (en grec). — In-4, de 310 ff., miniatures et ornements ; ais de bois, recouverts de veau brun (*anc. rel.*).

Précieux manuscrit de la fin du x° ou du commencement du xi° siècle, sur peau de VÉLIN satinée, orné de QUATRE MINIATURES à pleine page.

L'écriture en est élégante et d'une régularité remarquable. Chaque évangile est précédé d'un en-tête polychrome dans l'échancrure duquel le titre est peint en rouge. Le volume finit au verso du dernier feuillet par ces mots : ... τὰ γραφόμενα βιϐλία ἀμήν.

Les peintures placées aux revers des feuillets et qui représentent les figures de quatre évangélistes, en pied, offrent de superbes spécimens de l'art byzantin. Ils sont assis devant leurs pupitres de travail, vêtus de robes largement drapées, la tête nimbée, mais ils n'ont pas leurs attributs habituels. Le dessin est ferme et sévère, les physionomies très expressives. La tête de saint Marc est remarquablement belle et d'un grand caractère ; saint Jean, conformément à la tradition grecque, est peint sous les traits d'un vieillard à la barbe blanche. Le coloris, assez sombre, est en harmonie avec la gravité des sujets. La page entière est couverte d'une couleur de fond, grise dans le bas et bleue dans le haut. Les autres nuances sont le violet, le rouge, l'orange et le jaune ; ce dernier remplace l'or dans les nimbes. Dans chacune de ces peintures il y a, servant de fond, des monuments d'architecture, souvent d'un agencement bizarre.

Ce beau volume a appartenu au célèbre Grævius. Wettstein l'a cité dans les prolégomènes de son édition du Nouveau Testament (1751), page 55, n° 80.

5. EVANGELIARIUM. — In-4, de 176 ff. ; miniatures et lettres ornées ; ais de bois recouverts de damas vert et d'une plaque en émail entourée d'une bordure en cuivre repoussé (*anc. rel.*).

Précieux manuscrit du x° au xi° siècle, sur VÉLIN, orné de DEUX MINIATURES.

Ce n'est qu'une moitié d'un évangéliaire, car il ne contient que l'évangile de s. Luc et celui de s. Jean. La première page offre une suite de quatre arcatures de plein cintre, soutenues par des pilastres de couleur jaune orangé, avec piliers et chapiteaux dorés entre lesquels est écrit le dixième canon des évangiles. Le feuillet suivant débute par la rubrique : *Incipit argvmentvm sĉi evgl'i* || *scudm̃ lvcam*, en petites majuscules. Cet argument est suivi du sommaire de l'évangile, dont un semblable précède également celui de s. Jean. L'écriture minuscule, mais très pleine, est fort belle. La concordance entre les évangiles est notée sur les marges.

Les miniatures représentent, l'une SAINT LUC (f. 8 v°), l'autre s. JEAN (f. 104 v°), en pied, assis devant leurs pupitres de travail. Leurs symboles occupent l'angle supérieur droit. Le fond de ces peintures est en or pâle. Les têtes sont expressives, le dessin des figures très-ferme. Leur style est essentiellement byzantin, et, d'accord avec la tradition hellénique, saint Jean est représenté sous les traits d'un vieillard. Le coloris est assez terne et l'aspect général de ces peintures rappelle les œuvres des artistes des bords du Rhin. Ces deux images ont la forme rectangulaire (H. : 0,155 ; L. : 0,110) et sont encadrées d'une simple bordure verte ou bleue, à nuances graduées.

En regard de chacune de ces peintures, une page entière est consacrée à l'intitulé et aux premiers mots de l'évangile respectif, écrits en grandes majuscules d'or sur une tablette de pourpre bordée de brun ou de vert. L'initiale de l'évangile occupe le centre de la tablette et est formée par l'entrelacement de larges rinceaux fleuronnés, peints en or et relevés de rouge.

La reliure n'est ni homogène ni contemporaine du manuscrit. La bordure en saillie est formée de plusieurs plaques en cuivre estampé de feuillages et doré, ajustées tant bien que mal. Le centre est occupé par une curieuse plaque d'émail champlevé, avec des figures en taille d'épargne et les têtes en relief. Elle représente *Jésus en croix* entre la Vierge et saint Jean. Deux anges sont placés au-dessus des bras de la croix et la main divine sortant d'un nuage indique la tablette avec l'inscription : IHS. XPS. Toutes les figures sont dorées. Les couleurs de l'émail du fond sont l'azur, le bleu pâle, le vert, le jaune, le rouge-brique et le blanc. On a dit que cette plaque est une œuvre limousine ; nous la croirions plutôt, de même que le manuscrit, de provenance germanique. Quoi qu'il en soit, elle offre un intérêt réel pour l'histoire de l'art.

Ce beau volume, d'une conservation parfaite, provient de la collection L. Double.

## LITURGIE

6. **LECTIONES EVANGELIORUM.** — In-4, de 143 ff. ; lettres ornées ; veau fauve, fil., tr. dor. (*rel. du* XVIII° *s.*).

Superbe manuscrit de la fin du X° siècle, sur VÉLIN, ayant appartenu à l'église de Strasbourg.

Les cinq premiers feuillets sont consacrés à un capitulaire ou indicateur des évangiles pour toutes les fêtes ecclésiastiques, écrit en rouge et en noir. Le sixième feuillet est blanc et le texte du lectionnaire lui-même ne commence qu'au verso du feuillet suivant. La page entière est occupée par cet intitulé en lettres capitales : *In no‖mine dñi inci‖pivnt lectio‖nes euangeli‖orō per anni ‖ circvlū legen‖de in vigilia ‖ natalis dñi ‖ ad nonam. ‖ Seq̄ sc̄i eō ‖ sec̄ Matheō ‖ in illo tempore*. L'initiale I, qui s'étend sur toute la hauteur de la page (H. : 0,228) est d'une ornementation sobre et élégante. Elle est peinte en or et bordée de minium ; un médaillon réservé au milieu offre l'image du Christ, en buste. Les trois lettres suivantes qui remplissent la première ligne (H. : 0,022), sont également formées de listels d'or fleuronnés, bordés de rouge et agrémentés de rinceaux filiformes se terminant par de petits ornements dorés. La suite du titre est en demi-onciale, peinte au minium et relevée d'or. La page en regard est remarquable. Au milieu d'une bordure rectangulaire d'un beau style, s'épanouit l'initiale C (du mot *Cesset*), de huit centimètres et demi de côté, formée d'entrelacs dorés et argentés, bordés de rouge ; elle est suivie de trois lignes en capitales d'or (*esset ‖ de sponsa ‖ ta mater Ihō*). On trouvera, au catalogue illustré, une reproduction en couleurs de ces deux pages.

Les évangiles des dimanches s'arrêtent au f. 122 et sont suivis de ceux affectés aux fêtes particulières des saints ou à de certaines cérémonies religieuses. Ils finissent ainsi (f. 143 r°) : ⚹ *tuler̄ corp' ei' ‖ et posuer̄ illud in monumento*.

Le texte, d'une écriture superbe, est orné de près de TROIS CENTS INITIALES de toutes grandeurs, formées de gracieux entrelacs et fleurons, ou de grues et de serpents, dorés et argentés, relevés de rouge, d'une variété infinie de dessin. Celles placées en tête des évangiles du samedi saint et du dimanche de Pâques sont plus importantes et n'ont pas moins de cinq à six centimètres en hauteur. Il est rare de rencontrer un volume de cette époque renfermant un aussi grand nombre d'initiales enluminées, d'un aussi beau caractère et d'une conservation aussi étonnante.

L'origine germanique de ce manuscrit est attestée par la mention, dans l'indicateur des évangiles, d'un bon nombre de saints dont le culte est plus particulier aux contrées d'outre-Rhin, tels que s. *Bertulfe*, s. *Gall*, s. *Otmar*, s[te] *Walpurge*, etc. Il a, au surplus, appartenu à l'église de Strasbourg, ce qui résulte de la transcription, sur un feuillet de garde, d'un acte constatant les limites de la juridiction de cette église. En voici les termes : *Marcha Argentinensis aeccl'ę. Uualehesbinsa* (?) *ex ista ripa fluminis. Luttera* (la Lauter) *usq'. D .. na, usq' in Bugendal, usq' in Druhtendal, usq' in Vuarchesbach ppius, usq' in Chocheresuiusa, usq' in Diefendal, usque in Renum. Testes :* Azo, Hildolf, Vuartger, Berhterih, etc., etc. Sur le feuillet de garde de la fin, est inscrit, d'une main du xie s., un inventaire sommaire du trésor de l'église de Strasbourg. Nous en transcrivons le début, sans tenir compte des abréviations : *Bonum est nobis commendare memorie thesaurum huius ecclesię : Tres cruces, quibus una est aurea, et duo deauratę, et octo calices argenteos, cum uno turibulo argenteo, et urceum argenteum. Et quatordecem serica pallia, et quatuor sericas cappas*, etc., etc.

Une note consignée au revers du premier feuillet de garde, permet, croyons-nous, de préciser l'âge de ce manuscrit. En voici le titre : *ii, id. iulii facta c̄ maxima cędes Grecorū & Sarracenorū. ab imperatore magno Ottone sēdo in Kalabria, dō [Deo] vincente* (le 13 juillet, l'empereur Othon II le Grand a fait un grand carnage des Grecs et des Sarrasins, en Calabre, sous les auspices de Dieu). Contrairement à ce libellé, il s'agit ici non pas d'une victoire, mais d'un échec subi par Othon II, le 13 juillet 982, à Basientello, en Calabre, où il tomba dans une embuscade de Sarrasins et de Grecs réunis. Son armée fut presque entièrement détruite, et il n'échappa lui-même que comme par miracle. Pour qu'un prêtre eût, dans cette note, altéré à tel point la vérité et pour qu'il eût appelé *Grand* un souverain au nom duquel l'histoire a attaché l'épithète de *Sanguinaire*, il fallait que l'évènement qu'il enregistrait fût encore imparfaitement connu à ce moment, et que, par conséquent, le bulletin de cette prétendue victoire fût écrit peu de temps après la bataille. L'écriture de la note et du manuscrit entier ne s'y oppose nullement.

7. **MISSEL DU MONT-CASSIN.** — In-fol., de 515 ff. à 2 col.; miniatures, bordures et lettres ornées; mar. rouge, à estampages, sangles de fermoirs garnis de plaques en cuivre repoussé, tr. rouge (*reliure monastique du* xv$^e$ *siècle*).

Précieux manuscrit sur VÉLIN, exécuté dans le royaume de Naples en 1404. Il est orné de QUINZE GRANDES MINIATURES et de SOIXANTE PETITES, sous forme de lettres historiées, ainsi que de plusieurs milliers d'initiales enluminées en or et en couleurs. Son écriture est extrêmement soignée.

A la première page, on lit les dix vers qui suivent, écrits alternativement en rouge et en noir, vers qui nous révèlent la date de l'exécution de ce missel, sa destination, le nom du donataire et celui de l'enlumineur.

*Anno milleno bis centum bis numerato*
*Et quarto iuncto quo xp̄s uirgine nato,*
*Menseq̃ septembris duodene de indictionis,*
*Tempore quo* NONI *regnabat pontificatus*
*In xp̄o patris* [ici un mot gratté] *diuinitatis*
*Almificiq̃ satis domini* PAPE BONIFATI,
HENRICUS THOMA *ciuis* CELLUS *napolitanus*
ABBAS SACRA DOMO QUÂ REXIT SAN BENEDICTUS
*Hunc librum ascribi manus egit opatriote*
FRANCISCI *dompni* GUANTARI *fama renota.*
 D[ompnus]. F[ranciscus]. G[uantari].

Ainsi ce manuscrit a été achevé par François Guantari, Napolitain, en septembre 1404, sous le pontificat du pape Benoît IX, et par ordre de Henri Tomacelli, abbé du Mont-Cassin, de la même famille que ce souverain pontife qui s'appelait Pierre Tomacelli et qui mourut le 1$^{er}$ octobre de la même année.

Les six feuillets suivants sont consacrés au calendrier, écrit en rouge et noir, et que deux feuillets blancs séparent du missel, dont les cent soixante-douze premiers feuillets sont chiffrés en rouge.

Le texte du missel s'ouvre par le psautier de David, et par une page d'une grande richesse d'ornementation (H. : 0,272; L. : 0,196). La moitié de la page est occupée par les premiers mots du psaume : *Beatus vir qui non abiit...* L'initiale B, peinte sur fond d'or guilloché, n'a pas moins de 114 millimètres en hauteur sur 100 millimètres de largeur. Dans la boucle supérieure de la lettre est représenté *Dieu dans sa gloire*. Sa tête est couronnée de la tiare, et disons en passant que le pape Boniface IX est le premier qui soit représenté dans les monuments avec la tiare ornée d'une triple couronne. La boucle inférieure de l'initiale renferme l'image du *Roi David*, jouant de la cithare. De son corps partent, à droite et à gauche, des rinceaux verts portant dans leurs replis des bustes de douze grands prophètes, et au-dessus du nimbe du roi psalmiste on voit la figure de Jésus crucifié. Les quatorze lettres qui complètent le premier mot du psaume et les trois suivants (*Beatus qui non...*) sont disposées à côté, verticalement, sur deux colonnes, et occupent quatorze compartiments à fond alternativement bleu et rouge; les lettres sont peintes en or, et chacune est soutenue par deux anges.

La page entière est entourée d'une large bordure à rinceaux bleus et roses dont les enlacements forment treize compartiments à fond d'or renfermant des scènes de guerres et autres, qui se rapportent probablement à l'histoire du Mont-Cassin. Les vides ont été remplis par des figures humaines toutes nues, et par des animaux de toutes sortes. Dans le bas sont peintes ces armes : *Parti émanché d'or et d'azur*, qu'on voit aussi dans plusieurs autres endroits du volume (ff. 89, 119, 138, 221).

Entre les deux colonnes du texte est représenté l'abbé du Mont-Cassin, émergeant du calice d'une fleur et dans l'attitude de la prière. Au-dessus de lui, en lettres d'or : *Henricus Tomacell' abbas Casin's'*.

Les grandes miniatures renfermées dans des initiales représentent : 1° *Dieu le Père*; elle est placée en tête du *Breviarium secundum ordinem monachorum Casinensium* (f. 89 r°); — 2° la *ste Vierge* à l'étable; devant elle, l'abbé du Mont-Cassin à genoux (f. 119 v°); — 3° la *Circoncision* (f. 138 r°); — 4° l'*Adoration des mages et les offrandes de l'univers* (f. 144 r°); — 5° la *Résurrection*; elle occupe les deux tiers de la page (f. 221 r°); — 6° l'*Ascension*; même grandeur (f. 243 v°); — 7° la *Descente du Saint-Esprit*; curieux spécimen de l'architecture normano-sicule (f. 252 r°); — 8° *Procession de la sainte Eucharistie*, par l'abbé et les moines du Mont-Cassin (f. 258 v°); — 9° une *Bataille*, placée en tête du livre des *Rois*; curieuse pour l'armement militaire (f. 265 r°); — 10° le *Martyre de s. André* (f. 299 r°); — 11° *s. Benoit*; peinture remarquable par l'énergie de l'expression (f. 317 r°); — 12° *ste Scolastique*, sœur de s. Benoit (f. 339 v°); — 13° un saint Évêque, encensé par deux autres saints; l'abbé Tomacelli est en prière devant lui; la peinture forme la lettre X (f. 351 v°); — 14° les *Apôtres* (f. 488 r°). Toutes ces miniatures font corps avec un certain nombre de lettres des premiers mots de l'office correspondant, lettres enluminées et disposées sur deux rangées verticales, horizontales ou à angle droit. Quelques-unes de ces pages sont entourées de riches bordures à larges rinceaux et à fleurs; dans l'une d'elles (f. 138), un losange renferme le portrait de l'abbé du Mont-Cassin; dans une autre (f. 144), on voit l'abbé Tomacelli à cheval; un serviteur porte sa mitre, et dans le haut est peint un écusson à ses armes : *de gueules à une bande échiquetée d'azur et d'argent*, armes qui figurent à côté de l'abbé agenouillé dans la miniature du f. 351, et aussi dans deux initiales au f. 7 r°. De chacune des autres lettres historiées partent de longs appendices en forme de rinceaux qui se développent sur l'une ou plusieurs marges du volume.

Les autres lettres historiées, moyennes ou petites, de dimensions variées, renferment pour la plupart des figures bibliques ou des effigies de saints et de saintes. Deux d'entre elles offrent des scènes du Nouveau Testament : 1° l'initiale du f. 81 r°, représentant la *Vierge avec l'Enfant Jésus* devant lesquels est agenouillé l'abbé Tomacelli, dont le nom et la qualité sont inscrits au-dessus en lettres d'or ; — 2° l'initiale X renfermant une *Nativité* (f. 120 r°). — Parmi les saints et les saintes on remarque : s. *Athanase* (f. 56 r°); — s. *Ambroise* (f. 307 r° et 446 v°); — s<sup>te</sup> *Lucie* (f. 309 v°); — s. Anellus, confesseur (f. 311 r°); — s. *Vincent* (f. 327 r°); — s. *Paul* (f. 329 v°); — s. *Blaise* (f. 336 r°); — s. *Barbat* (f. 343 r°); — s. *Augustin* (f. 344 v°); — s. *Romain* (f. 347 r°); — s. *Barnabé* (f. 378 r°); — s. *Paul* (f. 394 r°); — s<sup>te</sup> *Marie-Madeleine* (f. 403 v°); — ss. *Nazaire et Celse* (f. 410 v°); — s. *Étienne* (f. 415 r°); — s. *Dominique* (f. 417 r°); — la *Toussaint* (f. 470 r°); — s<sup>te</sup> *Cécile* (f. 479 v°); — s. *Mercure* terrassant Julien l'Apostat (f. 483 v°); — s<sup>te</sup> *Catherine* (f. 485 v°), etc. Beaucoup de ces images sont accompagnées de longues hagiographies. Ces initiales historiées, de même que toutes les autres, sont pourvues d'appendices enluminés.

La conservation de ce volume, exécuté avec un luxe tout à fait extraordinaire, est parfaite.

8. HORÆ. — Pet. in-8 carré, de 215 ff.; miniatures, bordures et lettres ornées; mar. rouge, fil., tr. dor. et cis. (*anc. rel.*).

Charmant manuscrit sur vélin, exécuté en Italie au commencement du xv<sup>e</sup> siècle et orné de cinq grandes miniatures, de cinq lettres historiées et d'un grand nombre d'initiales enluminées.

Les peintures sont toujours disposées par deux pages en regard, entourées de riches bordures : d'un côté est la miniature principale, de l'autre l'initiale historiée de l'office correspondant et dont le sujet dérive directement de celui de la précédente.

La première peinture, qui suit le calendrier (f. 13 v°), représente l'Annonciation a la Vierge, sous un portique par l'ouverture duquel on voit une verte campagne. L'initiale D de la page en regard renferme une figure de *Madone tenant l'Enfant Jésus sur les genoux*. Dans le bas de l'encadrement, un écusson dont les armoiries sont effacées.

La seconde miniature (f. 100 v°) est un délicieux petit tableau, d'une grande finesse de pinceau et d'un coloris séduisant. Elle a pour sujet les Trois Vifs et les Trois Morts. Trois jeunes seigneurs à pied, dont l'un porte un faucon sur le poing, se trouvent subitement en présence de trois cercueils d'où se dressent des squelettes (un seul est visible). A gauche, s. *Macaire*, dont on voit l'ermitage, sermonne les jeunes gens. L'initiale D de la page en regard offre l'image du même saint anachorète tenant une tête de mort. On trouvera au catalogue illustré la reproduction de ces deux pages, en grandeur de l'original.

La troisième peinture (f. 157 v°) représente Jésus en croix, au pied duquel la Vierge et s. Jean se tiennent debout. L'initiale D de la page en regard renferme aussi la figure du *Christ crucifié*.

La quatrième (f. 184 v°) nous montre la Vierge, s. Jean et la Madeleine auprès du corps de Jésus tenu dans la position assise sur le couvercle tumulaire. L'initiale D de la page en regard ne renferme qu'une simple croix d'or sur un fond pourpre diapré de blanc, et dans l'encadrement est un petit médaillon avec une tête de Christ peinte en blanc sur fond écarlate.

La cinquième miniature (f. 189 v°) a pour sujet DAVID COUPANT LA TÊTE A GOLIATH, et l'initiale D de la page en regard renferme l'image du *Roi psalmiste* JOUANT DE LA CITHARE.

Ces peintures accusent la main d'un artiste de grand talent; la science du nu y est remarquable, le coloris doux et harmonieux. La mention au calendrier de la fête de la dédicace de l'église de Saint-Marc (8 oct.), et cela en lettres rouges, semble dénoter une origine vénitienne, mais l'art nous paraît plutôt florentin.

Les encadrements sont formés par une combinaison de rinceaux, de feuillages et de fleurs se soudant gracieusement ou sortant de vases tenus par des anges. Les nuances employées de préférence sont le vert, le rose et le bleu, dont les tons discrets sont relevés par l'éclat de l'or.

Le texte, écrit en beaux caractères gothiques, est orné d'un grand nombre d'initiales, dont les unes richement enluminées en or et en couleur, et d'autres monochromes, en rouge, azur ou or, sur fonds diaprés d'azur ou de carmin, avec de longs filaments courant sur les marges.

Très belle conservation.

9. **HORÆ.** — In-8 carré, de 179 ff.; miniatures, bordures et lettres ornées; mar. olive, riches compart. à petits fers, tr. dor. (*rel. du* XVII<sup>e</sup> *s.*).

Délicieux manuscrit sur VÉLIN, exécuté en France dans la première moitié du XV<sup>e</sup> siècle et orné de QUATORZE MINIATURES.

Le calendrier, en français, écrit en carmin, azur et or, occupe les douze premiers feuillets. Le texte du volume est en latin, à l'exception des huit derniers feuillets qui contiennent *Les XV Joyes de Nostre Dame* et une oraison (il y a transposition entre les ff. 177 et 179).

L'ornementation de ce manuscrit est d'une rare richesse. Les miniatures offrent les sujets traditionnels suivants : 1° l'*Annonciation* (f. 17 r°); — 2° la *Visitation de sainte Élisabeth* (f. 37 r°); — 3° la *Nativité* (f. 51 r°); — 4° l'*Annonciation aux bergers* (f. 58 v°); — 5° l'*Adoration des rois Mages* (f. 64 v°); — 6° la *Présentation de l'enfant Jésus au Temple* (f. 70 r°); — 7° la *Fuite en Égypte* (f. 75 v°); — 8° la *Vierge couronnée* (f. 84 v°); — 9° le roi *David en prière* (f. 92 r°); — 10° *Jésus en croix entre sa mère et s. Jean* (f. 115 r°); — 11° la *Descente du Saint-Esprit* (f. 124 v°); — 12° *Cérémonie des funérailles* (f. 133 r°); — 13° la *Vierge avec l'Enfant Jésus*, assise et accompagnée de deux anges jouant (f. 172 v°); — 14° le *Jugement dernier* (f. 178 r°).

La douzième peinture, placée au commencement de l'Office des Morts, a une importance exceptionnelle pour la topographie parisienne. La cérémonie funèbre a pour scène un cimetière attenant à une chapelle. A gauche, un fossoyeur poursuit sa besogne. A droite, on apporte un cercueil que le clergé précède. Sur le devant, un corps dans toute sa nudité est étendu sur une dalle. Saint Michel, revêtu d'une armure, recueille l'âme s'échappant de la bouche du cadavre sous forme d'une petite figure nue, et du bout de sa croix il repousse le démon qui cherche à s'en emparer. Dans le haut, on voit apparaître le buste de Dieu. Le cimetière est bordé à gauche par un bâtiment pourvu de niches, un charnier, par-dessus lequel on aperçoit plusieurs maisons. Nous avons là la représentation, peut-être unique aujourd'hui, du *charnier des Innocents*, et elle est conforme à celle qui se trouvait dans le célèbre Missel de Juvénal des Ursins qui a péri dans l'incendie de l'Hôtel de Ville et dont l'exécution, d'ailleurs, était due très probablement aux mêmes artistes. Les maisons avec toits à pignon recouverts de tuiles rouges qui apparaissent derrière le charnier sont celles de la rue aux Fers. En raison de son grand intérêt rétrospectif, cette charmante miniature a été reproduite dans la 6ᵉ livraison de *Paris à travers les âges* (chez Firmin-Didot); on la trouvera également dans notre catalogue illustré, avec la page entière. (H. : 0,168; L. : 0,114.)

Ces miniatures, d'un beau style et d'une rare finesse, paraissent être de deux artistes différents. Ce qui les caractérise toutes, c'est le jeu libre et expressif des physionomies, la grâce exquise des attitudes, la simplicité d'agencement des compositions, un coloris peu éclatant, mais doux et agréable à l'œil. Les peintures ayant pour sujets l'*Annonciation*, la *Descente du Saint-Esprit* et la *Vierge aux anges*, révèlent un artiste de premier ordre. La tête de la Vierge, d'une beauté tranquille, est d'un charme inexprimable. Il y a dans ces miniatures un certain reflet de l'art italien, à travers l'influence flamande; mais la main est bien française, et le sujet de la douzième peinture, ainsi que la composition du calendrier, prouvent que ce volume a été exécuté à Paris même.

Son ornementation offre un caractère éclectique : aux traditions décoratives du xivᵉ siècle s'y trouvent déjà associés les principes réalistes du xvᵉ, qui banniront plus tard entièrement cette végétation imaginaire, consistant en rinceaux filiformes parsemés de fleurs dorées et formant les bordures de toutes les pages de notre volume.

Les miniatures ont la forme de rectangles légèrement cintrés par le haut et les bordures qui les accompagnent sont beaucoup plus riches que les autres. De larges rinceaux polychromes combinés avec des fleurs peintes au naturel s'y développent au milieu d'une flore conventionnelle; quelquefois, l'éclat de la page est rehaussé par une bordure médiane à fond d'or, avec de petits rinceaux en bleu et rouge. L'or appliqué en relief a été semé à profusion, non-seulement dans les cadres, mais encore dans des centaines de riches initiales et de bouts de lignes garnissant les vides. En un mot, c'est un des plus beaux spécimens de l'art de la première moitié du xvᵉ siècle, et il est d'une conservation parfaite.

10. HORÆ. — Pet. in-fol., de 173 ff.; miniatures, bordures et lettres ornées; velours violet, tr. cis. ancienne, étui de mar. bleu, richement doré (*rel. anglaise*).

Manuscrit d'une richesse extraordinaire, sur VÉLIN, exécuté en France dans la première moitié du xvᵉ siècle.

Il est orné de DOUZE GRANDES MINIATURES et de TROIS CENT SOIXANTE-NEUF PETITES, parmi lesquelles cinquante-huit avec des sujets des DANSES DE MORT.

Chaque page (H. : 0,255; L. : 0,173) est décorée sur trois côtés d'une large bordure formée de branchages filiformes à feuillage doré, parsemés de petites fleurs et de fruits peints au naturel; quelquefois les appendices feuillagés d'une ou de plusieurs initiales viennent se fondre dans la bordure. Une tige dorée en traverse le côté latéral, et de ses extrémités sortent des branches de feuillages imaginaires ou réels, de nuances variées, qui garnissent les deux angles. La direction verticale de la tige s'interrompt au milieu pour former soit un rond régulier ou à échancrures, soit une figure ovoïde, etc., emplacement réservé pour une petite miniature de 45 millimètres de diamètre environ. Lorsque les appendices d'une initiale viennent s'étendre jusqu'au milieu de la bordure latérale, la miniature est réduite verticalement à la moitié de la place habituelle. La tige dorée est traversée par des listels en couleurs dont l'entrelacement sert de cadre à la miniature.

Les bordures des pages ornées de grandes peintures offrent encore plus de luxe. Celles-ci en sont séparées, à l'exception de la première, par une seconde bordure, en forme de bande à fond d'or avec de petits ornements en couleur, bande qui enserre la miniature sur deux côtés jusqu'à la partie cintrée et qui enveloppe aussi les quatre lignes de texte inscrites au-dessous. Le montant intérieur de l'encadrement complet est formé d'habitude par les appendices de l'initiale. Les quatre coins du cadre contiennent des médaillons renfermant des miniatures. L'aspect général des pages ainsi illustrées est d'un grand éclat.

Les miniatures marginales qui décorent le calendrier, occupant les douze premiers feuillets et écrit en français, représentent, selon la coutume, les signes du zodiaque et les plaisirs de la vie de château ou les travaux de campagne.

Les évangiles qui suivent le calendrier n'ont aussi que des miniatures marginales, au nombre de onze, dont les sujets sont empruntés à la Vie des évangélistes, sauf deux où sont représentées l'Annonciation à la Vierge et la Visitation de sainte Élisabeth.

Le chapitre suivant, consacré au récit de la passion de Jésus-Christ, n'a également que de petites miniatures, au nombre de quatre, reproduisant les principaux épisodes du drame divin.

Les Heures de la Vierge s'ouvrent par une grande miniature représentant la SALUTATION ANGÉLIQUE (f. 21 r°). Les quatre miniatures angulaires offrent des scènes de la vie des parents de la Vierge, qui se continuent avec leur développement naturel dans les vingt et une miniatures marginales des pages suivantes. C'est une iconographie complète de la sainte Vierge depuis la prédiction de sa naissance jusqu'à la venue au monde de son divin Enfant.

La seconde grande miniature (f. 32 r°) représente la VISITATION DE SAINTE ÉLISABETH. Les quatre miniatures d'accompagnement en reproduisent les préliminaires, et les vingt et un médaillons marginaux des pages suivantes continuent l'iconographie de la Vierge jusqu'à la Purification.

La troisième grande peinture (f. 43 r°) a pour sujet la Nativité. Les quatre miniatures angulaires ainsi que les quatre pages suivantes continuent encore l'iconographie de la Vierge durant l'enfance de Jésus; cinq autres, venant à la suite, retracent quelques épisodes de la vie de s. Jean-Baptiste avant le baptême du Christ.

La quatrième grande peinture (f. 48 r°) nous montre l'Annonciation aux bergers, qui ne sont qu'au nombre de deux. Les miniatures angulaires et les huit suivantes poursuivent l'histoire de s. Jean-Baptiste et celle de Jésus jusqu'à la tentation sur la montagne.

La cinquième grande miniature (f. 52 v°) représente l'Adoration des mages. Les quatre miniatures d'accompagnement et les huit suivantes offrent la continuation de l'iconographie du Christ jusqu'à la première prédication au peuple.

La sixième grande peinture (f. 57 r°) a pour sujet la Présentation de l'Enfant Jésus au Temple. Les quatre miniatures angulaires et les huit autres du même office retracent la suite de la vie de Jésus et principalement ses miracles.

La septième grande peinture (f. 61.v°) représente la Fuite en Égypte, tandis que les médaillons des angles et les quatorze suivants offrent la continuation de l'iconographie du Christ.

La huitième grande miniature (f. 69 r°) nous montre le Couronnement de la Vierge. Les miniatures angulaires et les quarante-sept suivantes continuent l'histoire du Sauveur.

La neuvième grande peinture, placée en tête des psaumes pénitentiaux (f. 94), a pour sujet le Roi David en prière. Les médaillons des angles représentent le *roi David jouant de la harpe, Bethsabée prenant son bain dans un baquet*, le *Départ* et la *Mort d'Urie*. Les trente-quatre miniatures qui suivent terminent l'histoire de la vie de Jésus (les sujets de la passion sont exclus de cette série), retracent celle des apôtres et poursuivent celle de la Vierge jusqu'à son couronnement au ciel. Une miniature représentant la *Salutation angélique* s'y trouve fourvoyée; parmi les autres, on remarque celle de la *Résurrection de la Vierge*. La dernière de la série nous montre l'assaut donné à un château-fort.

La dixième grande peinture (f. 111 v°) représente Jésus en croix entre deux larrons. Les miniatures des angles ont pour sujet : 1° la *Création d'Ève*; 2° l'*Ancien et le Nouveau Testament*, sous la forme de deux jeunes femmes couronnées : l'une tient un bâton ainsi que les tables de la loi et la couronne tombe de sa tête; l'autre porte la croix de la résurrection et le calice surmonté de l'hostie; 3° le *Serpent d'airain*; 4° la *Pâque chez les Juifs*. Les sept miniatures marginales qui suivent offrent la représentation figurée des *Sept Sacrements*. Celle du Baptême et celle du Mariage sont de charmants petits tableaux, intéressants pour les costumes.

La onzième grande miniature (f. 115 v°) a pour sujet la Descente du Saint-Esprit. Les peintures des médaillons offrent : 1° l'*Apparition du Saint-Esprit au baptême de Jésus;* 2° *Jésus dans un nuage parlant aux apôtres;* 3° la *Prédication de s. Pierre;* 4° un homme nu, agenouillé devant un ange qui tient un petit vase d'huile. Les sept miniatures marginales qui suivent représentent les *Sept Vertus* : la Foi, l'Espérance, la Charité, la Tempérance, la Justice, la Prudence, la Force ou Constance. Leur symbolisme, fort compliqué, est extrêmement curieux pour les études iconographiques. Les banderoles qui les accompagnent contiennent le texte latin de l'Oraison dominicale.

La dernière grande peinture (f. 119 v°) nous fait assister à un SERVICE FUNÈBRE EN COMMÉMORATION DES MORTS. Les quatre miniatures qui l'accompagnent nous font voir : la *Confession*, l'*Extrême-Onction* et la *Communion* reçues par un agonisant, et l'*Ensevelissement du mort* dans un drap qu'on coud autour du corps. Les cinq miniatures marginales qui suivent font passer sous nos yeux les différents épisodes d'un enterrement; la sixième nous fait assister à une messe; dans la septième on voit un personnage, en robe rouge avec un chaperon de même couleur et un large col d'hermine, assis devant un pupitre portant deux gros livres.

Avec la huitième, nous entrons dans la série de la DANSE DES MORTS. Les cinquante-huit miniatures qui la composent offrent une danse macabre des hommes des plus complètes, ce qui n'a peut-être lieu dans aucun autre manuscrit. Toutes les classes de la société et tous les âges y sont représentés : depuis le pape et l'empereur jusqu'au plus humble artisan, et, depuis l'enfant au berceau jusqu'au vieillard décrépit, les hommes de toute condition sont entraînés à la danse fatale par un ou deux squelettes. Cette galerie funèbre a surtout le précieux avantage de nous offrir une intéressante iconographie du costume religieux, civil et militaire de l'époque.

Les dix-huit miniatures qui suivent ont aussi entre elles un lien commun. On y voit des poissons émergeant de l'eau à bout d'haleine, des langues de feu tombant sur mer ou sur terre, des hommes sortant des cavernes ou étendus sur le sol, des amas de pierres ou des villes en ruine au milieu desquelles voltigent les esprits noirs, enfin des squelettes et des os gisant pêle-mêle : ce sont les QUINZE SIGNES DU JUGEMENT DERNIER, dont les péripéties font le sujet des trois peintures finales de cette série.

Les vingt-sept dernières miniatures retracent l'HISTOIRE COMPLÈTE DE JOB, et cette série n'est pas la moins intéressante par les costumes, les vues des intérieurs et la représentation des banquets.

L'exécution de ces miniatures est remarquable; celle des grandes surtout est très fine et d'un artiste supérieur, nourri incontestablement dans les principes de l'école flamande. Leur caractère a un rapport étroit avec les peintures du manuscrit décrit sous le numéro précédent : on dirait qu'elles sortent des mêmes mains, et tout ce que nous avons dit des autres s'applique entièrement à celles-ci. Il en résulte qu'elles sont également d'origine parisienne, et ce qui le confirme, c'est que, dans le calendrier, les noms de *s<sup>te</sup> Geneviève* et de *s. Denis* sont écrits en or, ce qui n'a lieu que pour les fêtes ou les grands saints de toute la chrétienté; même s. Louis ne se trouve pas dans ce cas. Au 30 janvier on lit le nom de *s. Baucent*, rectifié ainsi en marge : *s<sup>te</sup> Bauteur*. Or ni l'un ni l'autre ne sont connus des hagiographes, et à cette date, dans les livres d'origine parisienne, on trouve habituellement le nom de *s<sup>te</sup> Bathilde* (écrit aussi *Batheuch*), reine de France, dont les reliques se trouvaient à Notre-Dame de Paris.

Un grand nombre de miniatures sont sur fonds à damier, et dans toutes les initiales, ainsi que dans les bouts de lignes, très finement faits sur fonds d'or, subsiste encore le caractère spécial de l'ornementation de la fin du xive siècle. Les costumes des deux sexes ne nous éloignent d'ailleurs pas beaucoup de cette époque. Les femmes sont habituellement coiffées d'un large escoffion ou d'un hennin peu élevé ; les hommes, coiffés du chaperon, portent, le plus souvent, d'amples vêtements bordés de fourrures, fendus sur les côtés et ne descendant que jusqu'aux genoux ; enfin, les armures des guerriers et divers détails, tout, en un mot, caractérise plus particulièrement le règne de Charles VI ou le commencement de celui de son fils. D'ailleurs, notre livre d'Heures paraît avoir été exécuté par les mêmes artistes que ceux qu'employait le duc Jean de Bedford pour son Missel (au Musée britannique), son Bréviaire (à la Bibliothèque nationale) et son Pontifical, trois véritables monuments d'art ; ce dernier n'est autre chose que le célèbre Missel de Juvénal des Ursins, dont nous avons parlé à l'article précédent. Notre volume offre, en général, le même faire, et il date bien certainement de la même époque. Il est aussi à remarquer que l'histoire de la Conception de la Vierge est ici représentée (f. 21 et suiv.), conformément au récit des évangiles apocryphes de la *Nativité de sainte Marie et de l'Enfance du Sauveur*, de la même manière qu'elle l'était dans le Pontifical de Bedford (voir Ambr. Firmin-Didot, *Missel de Juvénal des Ursins*, pp. 46-47).

Pour permettre de se faire une idée générale de la richesse décorative de ce superbe manuscrit, nous donnons au catalogue illustré une reproduction, en grandeur de l'original, de la page entière, avec la miniature représentant l'*Adoration des mages*, et une page, légèrement réduite, avec un sujet de danse macabre.

Un semblable manuscrit n'a dû être fait que pour un grand personnage, mais il n'offre malheureusement aucun indice de sa destination originelle. Nous venons de dire qu'il paraît être sorti des mains des artistes employés par le duc de Bedford ; or il n'est pas impossible d'admettre qu'il a pu être fait pour quelqu'un de son entourage à Rouen, résidence du duc alors et capitale anglaise, et qu'il est tombé en d'autres mains lors du recouvrement de cette ville par les Français en 1449, ce qui expliquerait comment un manuscrit pareil a pu se trouver au siècle suivant en la possession d'un petit gentilhomme normand, car nous connaissons mieux ses destinées à partir de cette date. On lit, en effet, au bas de la dernière page : Pour Charles de Bourgueville. *L'heur de grace use l'oubli* ; et au-dessous sur une place grattée : A Maistre Jessé Hermyer, Conseiller du Roy au bailiage et siege présidial de Caen, nepveu dud. Charles de Bourgueville, *furent données ces Heures l'an* 1604 [date surchargée], *par* Charles de Bourgueville, sieur de Bras, son petit filz, et led. *Charles filz de feu* Guillaume de Bourgueville [tué à Coutras en 1587] *et led. Guillaume filz du dict* Charles, *lequel a escrit de sa main* : L'heur de grace use l'oubly, *qui fet son anagramme*. Ce dernier, le premier qui fut qualifié de sieur de Bras, est connu comme auteur d'une histoire des antiquités de la Normandie, publiée en 1588 et trois fois depuis. Il naquit en 1504 et mourut en 1593, d'où il résulte clairement que ce somptueux manuscrit n'a pas été fait *pour* lui, comme sa note autographe pourrait à première vue le faire croire.

Au siècle dernier il a appartenu à Richard Mead, célèbre médecin et bibliophile anglais, à qui il avait été donné par le roi LOUIS XV, ce que constate cette note, d'une écriture féminine, placée sur un feuillet de garde en tête du volume : *This Book was given by Lewis the 15th to Dr Mead*. A la vente de la bibliothèque de ce dernier, en 1755, il a été acquis par Th. Hollis, qui a écrit cette note au feuillet de garde suivant : *Codicem hunc manu eleganter scriptum, et nitidissimis picturis undique exornatum, ex viri clarissimi Richardi Meadi, medicorum aetatis suae principis, bibliotheca instructissima comparavit Thomas Hollis Anglus, hospitii Lincolniensis apud Londinates, patriae suae amator ac cultor studiosissimus. A. D. MDCCLV.*

En 1863, il s'est trouvé en la possession de M. Th. Booné, libraire de Londres, qui l'a cédé, non sans difficulté, à feu M. Didot, pour une somme considérable.

La fraîcheur de ce volume est étonnante, ce qui ne contribue pas peu à le rendre extrêmement séduisant.

11. HORÆ. — In-16 carré, de 157 ff. et plusieurs blancs; miniatures, bordures et lettres ornées; velours rose.

Joli manuscrit sur VÉLIN, exécuté en France, dans la première moitié du xv<sup>e</sup> siècle, pour le roi RENÉ II D'ANJOU, ou peut-être même plutôt pour sa fille, MARGUERITE D'ANJOU, épouse de Henri VI, roi d'Angleterre.

Il est orné de TRENTE-HUIT miniatures. Vingt-quatre d'entre elles, très fines, décorent le bas des pages du calendrier, et sont enchâssées dans des bordures en branches filiformes à feuillage doré; elles représentent, selon l'usage, les signes du zodiaque et les occupations de la vie champêtre. Ce calendrier est en français, écrit en or, azur et carmin.

Les autres miniatures ont 50 millimètres de hauteur sur 33 de largeur, la page entière comptant 90 millimètres de haut sur 65 de large. Leurs sujets sont : 1° *s. Jean dans l'île de Patmos* (f. 13 r°); — 2° *s. Luc* (f. 15 v°); — 3° *s. Mathieu* (f. 18 r°); — 4° *s. Marc* (f. 20 v°); — 5° la *Nativité* (f. 26 r°); — 6° la *Visitation de sainte Élisabeth* (f. 39 v°); — 7° la *Descente du Saint-Esprit* (f. 58 v°); — 8° l'*Annonciation aux bergers* (f. 67 r°); — 9° *sainte Marguerite* (f. 74 r°); — 10° la *Fuite en Égypte* (f. 85 v°); — 11° le *Couronnement de la Vierge* (f. 95 r°); — 12° *s. Jean-Baptiste dans le désert* (f. 102 r°); — 13° le *roi David en prière* (f. 108 r°); — 14° l'*Ensevelissement d'un mort* (f. 133 r°).

Ces miniatures sont bien dessinées et finement peintes. Leurs encadrements offrent de la variété : tantôt ce sont de fins branchages à feuilles dorées dont la monotonie est rompue par quelques rinceaux bleus et rouges et par quelques fleurs; d'autres fois, les branchages filiformes en sont complètement bannis, et des oiseaux et des papillons se jouent au milieu des branches fleuries; ailleurs c'est un fouillis de plantes aquatiques ou bien un entrelacement de myosotis, avec des banderoles restées en blanc. L'encadrement qui accompagne l'*Annonciation à la Vierge* porte aux angles des médaillons à fond d'or avec de petits sujets de sainteté. Toutes les pages du texte sont ornées sur la marge extérieure d'une bordure filiforme à feuillage doré, et aussi d'une quantité de jolies initiales et de bouts de ligne en or et en couleurs.

La provenance royale de ce volume est constatée en trois endroits (ff. 13, 26 et 108) où, dans le bas de l'encadrement, sont peintes les armoiries du bon roi René : *Tiercé en pal : au 1, de Hongrie; au 2, d'Anjou-Sicile; au 3, de Jérusalem; au 4 et 1 de la pointe, d'Anjou moderne; au 5, de Bar; au 6, de Lorraine.* L'exécution du manuscrit est postérieure à l'année 1420, date du mariage du roi René avec Isabelle de Lorraine, à la suite duquel il ajouta les armes de Lorraine aux siennes, et même à l'année 1430, date de l'acquisition du duché de Bar, et antérieure à l'année 1454, date de son mariage avec Jeanne de Laval.

Nous croyons que ce livre a été fait plutôt pour Marguerite d'Anjou que pour son père, à cause de cette particularité frappante que la seule sainte qui soit représentée dans les miniatures est précisément *sainte Marguerite,* dont le nom est aussi écrit exceptionnellement en lettres d'or dans le calendrier. Le format minuscule du volume pourrait également servir de preuve subsidiaire : c'est bien, en effet, un livre de fillette, que la princesse aura reçu avant l'âge de quinze ans, c'est-à-dire avant son mariage avec le roi d'Angleterre, qui eut lieu en 1444.

Les indications hagiologiques du calendrier porteraient à croire qu'il a été exécuté à Paris. Parmi le petit nombre de saints dont les noms sont écrits en lettres d'or, on remarque ceux de S. *Yves* et de S. *Clément,* ce qui doit avoir une signification particulière.

12. HORÆ. — In-12 carré, de 99 ff.; miniatures, bordures et lettres ornées; mar. rouge, fil., tr. dor. (*reliure du XVII*[e] *siècle*).

Manuscrit d'une beauté hors ligne, sur vélin, exécuté en France en 1454, et orné de QUARANTE-QUATRE MINIATURES, dont vingt-quatre au calendrier. Dimensions : H. : 0,117; L. : 0,087.

Il y a eu certainement une transposition de quelques cahiers à la reliure, attendu que le calendrier se trouve reporté à la fin, et que le volume commence par le propre des saints.

Les miniatures placées dans le texte des heures ont la forme de rectangles cintrés par le haut (H. : 0,055 ; L. : 0,036). En voici les sujets : 1° *Jésus marchant sur les eaux et soutenant s. Pierre* (f. 2 r°); deux disciples pêchent dans une barque; — 2° s. *Paul sur le chemin de Damas* (f. 3 v°); — 3° s. *Jean-Baptiste enseignant dans le désert* (f. 4 v°); — 4° s. *Jean l'évangéliste dans une cuve d'huile bouillante à la Porte Latine* (f. 5 v°); — 5° s. *Jacques le Majeur et deux démons* (f. 6 v°); — 6° ss. *Simon et Jude* (f. 8 r°); un homme armé d'un bâton saisit l'un d'eux à la gorge; — 7° s. *Étienne lapidé* (f. 9 r°) (un feuillet manque à la suite); — 8° s. *Claude* apparaissant dans un nuage au-dessus d'une mer sillonnée par plusieurs embarcations; sur le devant, on voit une galère désemparée, remplie de voyageurs qui tendent leurs mains vers le saint protecteur; deux diables s'enfuient dans les airs (f. 10 v°); — 9° s[te] *Marie-Madeleine* parfumant les pieds de Jésus (f. 12 v°); — 10° s[te] *Catherine* subissant le martyre (f. 14 r°); — 11° s[te] *Geneviève guérissant des fiévreux* (f. 15 v°); — 12° s[te] *Apollonie* livrée au bourreau (f. 17 r°); — 13° s[te] *Avoie,* enfermée dans une tour, reçoit la sainte communion des mains de la Vierge accompagnée de deux anges (f. 18 v°); — 14° s[te] *Barbe* à laquelle un roi tranche la tête (f. 19 v°); — 15° l'*Arrestation de Jésus* (f. 20 r°); — 16° la *Descente du Saint-Esprit* (f. 29 r°); — 17° *un Prêtre, suivi de ses acolytes, apporte le viatique à un moribond* (f. 37 r°); charmante composition dont on trouvera une reproduction au catalogue illustré; — 18° *Dieu et la Vierge adorés par les saints* (f. 83 r°); — 19° *Jésus ressuscité apparaissant à la Vierge* (f. 84 r°).

En raison de leur beauté extraordinaire et de leur caractère tout particulier, ces peintures ont un intérêt considérable pour l'histoire de l'art. On ne saurait rien imaginer de plus fin dans un espace aussi restreint, tant la délicatesse du pinceau y est merveilleuse. C'est assurément l'œuvre d'un artiste de génie. Supérieurement doué pour la composition, il a évité de représenter des figures isolées, et nous a donné de petits tableaux achevés. Quelquefois jusqu'à vingt personnages participent à l'action, et toujours leur groupement et leurs attitudes sont étudiés avec un art consommé, et toujours aussi les principaux acteurs portent sur leurs physionomies l'empreinte d'une individualité propre.

Le coloris de ces miniatures est particulier. Toutes les draperies sont en grisaille très claire, légèrement ombrée dans les plis, et leur aspect diffère essentiellement de celui des grisailles fortement teintées de certains manuscrits attribués à l'école d'Albi, ou sortis des mains des artistes d'Avignon. Quelquefois, soit la doublure des vêtements ou les manches des tuniques, soit les chaussures, peints en or pâle, ou bien les coiffures rouges ou dorées, font encore mieux ressortir la douceur générale du coloris. Les scènes se détachent vigoureusement tantôt sur des fonds de paysage exécutés dans une gamme un peu sombre, tantôt sur des fonds d'architecture en camaïeu or, ou bien dans des intérieurs peu lumineux.

Ce qui ajoute un grand charme à ces délicieuses peintures, ce sont leurs entourages harmonieux, formés d'un entrelacement touffu de rinceaux bleus, blancs et roses, relevés d'or, et de branchages fleuris, au milieu desquels on voit des oiseaux, des animaux réels ou fantastiques, des figures grotesques et des personnages des deux sexes, en pied, ou issant des calices des rinceaux. Parfois les attitudes de ces personnages sont en rapport avec le sujet même de la miniature. Ainsi, par exemple, à la page où est représenté le *Martyre de S. Jean à la Porte Latine*, et dont on trouvera une reproduction au catalogue illustré, on voit dans la bordure un bourreau porter sur l'épaule un panier rempli de charbon, et un autre bourreau muni de grandes pinces; dans la miniature ayant pour sujet *S. Jacques l'apôtre*, l'entourage renferme la figure d'un pèlerin. Ces deux encadrements sont, du reste, particulièrement jolis et d'une facture différente. L'ornementation consiste simplement en beaux rinceaux peints en grisaille sur un fond d'or peu éclatant, et, en dehors des figures que nous venons de mentionner, on y voit encore un paon dans l'un et un faisan dans l'autre.

Un grand nombre de pages du texte sont aussi décorées d'une petite bordure extérieure de même style que les autres.

Le calendrier, écrit en français, est orné à chaque mois de deux petites miniatures en médaillons; celles placées dans le bas représentent les signes du zodiaque; les autres, enchâssées dans les bordures de la marge extérieure, offrent, comme toujours, des sujets empruntés à la vie champêtre.

Il est vraiment regrettable que l'histoire ne nous ait pas transmis le nom du grand artiste à qui nous devons ce ravissant volume, dont il y a sans doute peu de similaires. Les images de sainte Geneviève et de sainte Avoie, particulièrement honorées à Paris, où chacune d'elles avait une église placée sous son invocation; la présence de ces images, disons-nous, au milieu des noms des grands saints ou saintes communs à toute la chrétienté, de même que l'inscription au calendrier des noms de la patronne de Paris, et de s. *Denis*, et cela en lettres d'or, témoignent de l'origine parisienne de ce manuscrit, bien que l'influence du grand art flamand y paraisse incontestable.

Il porte aussi la date exacte de son exécution. La dernière peinture (f. 84) est suivie d'une oraison latine, commençant par ces mots : *O Maria glorie celorum secretaria...* et à laquelle s'applique ce commentaire, écrit en rouge à la fin de l'office (f. 86) : « *Par les mots mis et contenus en l'oroison cy devant escripte, c'est assavoir : O Maria! faitte en l'onneur de nostre dame, on peut congnoistre d'an en an, en ensuivant mot après autre, le droit jour de Pasques, par telle manière que les mots où m est en la fin monstre Pasques en la fin de Mars, en tel nombre comme la première lettre d'icelluy mot est en A B C, et les autres mots monstrent Pasques estre en Avril, en tel nombre comme la première lettre est en A B C en ensuivant. L'an de grâce mis à ce mot* fraudes *qui* SERA *l'an 1455.* » Ainsi, le mot *fraudes* n'étant pas terminé par une *m*, désigne le mois d'avril dont le quantième est indiqué par sa lettre initiale *f* qui est la sixième de l'alphabet, et en effet, en 1455, Pâques tombait le 6 avril. Pour le mois de mars, le calcul du quantième doit être fait à rebours. Nous avons reconnu exactes les indications fournies par cette oraison et qui s'étendent à une période de quatre-vingt-dix ans, depuis l'année 1387, désignée par le mot *glorie*, le troisième de la pièce (les mots *O Maria* n'étant pas comptés), jusqu'en 1496, auquel se rapporte le mot *consorcia*, dernier de l'oraison. Il est évident que l'année 1455, précédée du mot SERA, et inscrite aussi en rouge dans le texte, au-dessus du mot *fraudes*, est l'année qui a suivi celle de l'exécution du volume.

Il offre aussi des marques de sa destination première, mais qu'il est difficile de préciser. Dans plusieurs bordures, on voit les initiales T R liées par un nœud de cordon, et la devise : *Vie à mon désir*. Cette dernière se lit encore sur une banderole au premier feuillet qui est d'une autre facture que le manuscrit entier, tandis qu'une seconde banderole porte : *Plus que jamais*. Ce premier feuillet, servant de frontispice, offre au recto un treillis de baguettes dorées autour desquelles s'enlacent des branches fleuries. Les banderoles, dont nous venons de parler, sont attachées aux extrémités d'une couronne ducale qui surmonte aujourd'hui ces armoiries : *de gueules* (ou *de pourpre*) *à trois heaumes d'argent de profil*. La maison de Vaubecourt, de Lorraine, porte des armoiries semblables, qui nous paraissent avoir été mises ici après coup, à la place des anciennes. Au revers de ce feuillet, on voit le buste de la *Vierge avec l'Enfant Jésus*, peint avec une rare finesse, et enchâssé dans un cadre aux angles duquel on a répété les armoiries ci-dessus, dont on voit aussi l'écusson dans le calendrier, à la miniature des Gémeaux.

L'excellente reliure de ce volume porte les armes et le chiffre (P P) couronné de PHILIPPE DE BÉTHUNE, comte de Selles, marquis de Chabris, frère puîné du duc de Sully. Ce diplomate habile fut en même temps un des plus grands bibliophiles de l'époque. Il refusa de vendre à la reine Christine de Suède sa riche collection, composée de près de deux mille volumes manuscrits, sans compter les tableaux, statues, bronzes, etc., mais il l'offrit, en 1662, à Louis XIV (L. Delisle, *Cabinet des manuscrits*, t. I, pp. 266-269), moins quelques volumes qui étaient sans doute égarés à l'époque de cette donation, et parmi lesquels se trouvait celui-ci. A l'époque de la Révolution on a gratté les couronnes frappées sur les plats de la reliure.

13. **GHETIDE.** (Livre de prières en hollandais.) — In-8 carré, de 238 ff.; miniatures, bordures et lettres ornées; ais de bois recouverts de veau brun à estampages historiés (*rel. du XVᵉ siècle*).

Beau manuscrit sur VÉLIN, exécuté vers le milieu du XVᵉ siècle, et orné de SEPT MINIATURES. H. :

Il est écrit en dialecte de Westphalie qui se conserve encore dans le patois de ce pays. Le calendrier occupe les douze premiers feuillets, et est suivi de deux feuillets blancs. Les miniatures sont peintes aux revers des feuillets, avec les rectos en blanc. En voici les sujets : 1° l'*Annonciation à la Vierge* (f. 15); — 2° la *Sainte Trinité* (f. 52); — 3° *Jésus en croix*, au pied duquel se tiennent la Vierge et s. Jean (f. 75); — 4° la *Descente du Saint-Esprit* (f. 100); — 5° *Jésus-Christ debout, tenant le monde dans la main* (f. 125); — 6° le *Jugement dernier;* Dieu est assis sur un arc-en-ciel, les pieds appuyés sur le globe du monde, et ayant deux épées nues touchant à son cou et à sa poitrine; au bas, la Vierge et un saint en prières; un ressuscité sort de sa tombe (f. 149); — 7° *Jésus-Christ ressuscitant le fils de la veuve*, porté sur un brancard et dissimulé sous une couverture; deux femmes se tiennent debout derrière le Christ; miniature fort intéressante pour les costumes (f. 202).

L'art de ces peintures est naïf, plein de sentiment, mais empreint encore de gothicisme; le coloris est passablement cru et les nuances les plus vives se heurtent partout. On ne se douterait point qu'on se trouve au temps et dans le voisinage des grands coloristes de l'école de Bruges. C'est même un fait assez curieux que cette infériorité de l'art hollandais à l'époque de la pleine floraison de l'art flamand, et encore avons-nous sous les yeux un spécimen des plus remarquables.

Le style décoratif de ce volume est entièrement emprunté à l'art italien, ce qu'on remarque habituellement dans les manuscrits hollandais de cette date. Les miniatures, de forme rectangulaire, sont enchâssées dans de petits cadres, enluminés sobrement; ensuite, sur les trois marges extérieures s'étalent de larges bordures d'un caractère particulier. Ce sont des touffes de graminées, dont les tiges, de la finesse d'un fil, unies à leur base par un bouton d'or, et terminées aux extrémités par des feuillages dorés, s'épanouissent en éventail dans tous les sens : on dirait de brillantes fusées.

Les pages qui se trouvent en regard des miniatures sont également ornées de larges bordures sur trois côtés, mais d'un caractère différent.

# THÉOLOGIE.

C'est la grande initiale enluminée par laquelle commence le texte qui sert de point de départ à la décoration. Elle donne naissance à un listel étroit qui descend le long de la page en guise d'appendice et se termine par un large feuillage denteté, multicolore, courbé en volutes. Le côté opposé de la page est bordé d'un listel parallèle, terminé aux extrémités par des feuillages semblables qui s'épanouissent en deux sens pour former bordure ; au centre de cette marge extérieure, on a mis une figure, issante d'habitude du calice d'une fleur : c'est tantôt le roi David, tantôt un ange, etc. Tous les intervalles et les vides entre les feuillages ont été comblés au moyen de touffes de graminées, pareilles à celles des pages que nous venons de décrire. L'exécution de ces bordures est soignée, mais le coloris est criard.

Le texte est orné d'un grand nombre de charmantes initiales, peintes en azur ou en carmin sur des fonds diaprés à appendices filiformes, tout à fait dans le goût italien de cette époque.

Le volume est très frais. La reliure originale porte sur un des plats l'image estampée de la Vierge avec l'Enfant Jésus, et sur l'autre l'Agneau symbolique, accompagné de médaillons renfermant les emblèmes des évangélistes.

14. HORÆ. — In-12 carré, de 208 ff.; miniatures, bordures et lettres ornées; velours violet.

Beau manuscrit de la seconde moitié du xv° siècle, sur VÉLIN, orné de DOUZE PETITES et de SEIZE GRANDES MINIATURES, et qui paraît avoir été fait pour le roi LOUIS XI.

Les petites miniatures décorent le calendrier latin qui occupe les douze premiers feuillets. Elles ont la forme rectangulaire (H. : 0,023 ; L. : 0,030) et représentent des scènes empruntées aux occupations champêtres propres à chaque mois. Finement exécutées, elles sont particulièrement intéressantes pour les costumes.

La première des grandes (f. 13) offre l'image en pied du roi SAINT LOUIS, vêtu d'un manteau fleurdelisé, le sceptre dans une main et un livre dans l'autre, chaussé de souliers à la poulaine. Un ange descendant des cieux pose une couronne sur sa tête nimbée. Son visage n'est point de fantaisie : grave et triste, modelé avec soin, il est conforme à certaines effigies du saint que le passé nous a léguées, principalement sous forme de vitraux. Évidemment l'artiste a copié ici un modèle. Cette peinture est accompagnée de plusieurs antiennes et oraisons spéciales, dont la première est une *prose* latine écrite à longues lignes :

*Francorum rex magnificus*
*Ludovicus vir celitus*
*Summo opere studuit*
*Soli Deo placere,*
*A quo tantam meruit*
*Gratiam obtinere.....*

Les autres miniatures représentent : 2° les *Quatre Évangélistes* (f. 15) ; — 3° l'*Annonciation à la Vierge* (f. 24); — 4° la *Visitation de sainte Élisa-*

beth (f. 40), en présence de deux anges; — 5° la *Nativité* (f. 50); au fond de la crèche on voit agenouillée une femme, vêtue de rouge et coiffée d'une sorte de guimpe ovale; — 6° l'*Annonciation aux bergers* (f. 54); — 7° l'*Adoration des mages* (f. 58 r°); — 8° la *Présentation de l'Enfant Jésus au Temple* (f. 62); — 9° la *Fuite en Égypte* (f. 66); — 10° le *Couronnement de la Vierge* (f. 72); — 11° la *Descente du Saint-Esprit* (f. 90); — 12° la *Vierge en prière* (f. 94); — 13° *Jésus mort reposant sur les genoux de sa mère* (f. 102); — 14° la *Sainte Trinité* (f. 130); — 15° le *roi David en prière* (f. 159); — 16° un *Enterrement* (f. 178).

L'indication au calendrier de la double fête de *S. Martin*, et cela en lettres d'or (4 juillet : *Translacio S. Martini;* — 11 nov. : *S. Martini Turoñ.*); celle de la fête de *s. Hilaire* de Poitiers, avec la désignation de son siège épiscopal, ce qui n'a lieu que dans les deux cas précités; la mention de la double fête de *s. Ursin*, archevêque et patron de Bourges, d'autres indices enfin, témoignent que ce manuscrit a été exécuté dans le centre de la France. Le style des compositions, malgré leur date, manque d'originalité et n'est pas encore complètement affranchi de gothicisme, ce qui ne les rend point séduisantes, mais elles ne laissent pas d'intéresser par leur simplicité, par une certaine grâce naïve, par une foule de détails curieux et par les paysages; ces derniers offrent plus d'une fois à notre admiration de beaux monuments d'architecture. Presque toutes les pages de ce volume sont décorées de bordures sur trois côtés; celles qui accompagnent les miniatures forment des cadres complets et se distinguent des autres par une ornementation plus riche et plus variée. Aux rinceaux et aux motifs empruntés à la flore, se joignent la faune et l'élément grotesque ou fantastique. Quelquefois l'artiste y a associé des figures humaines, telles qu'un chasseur tirant de l'arc sur un oiseau ou un paysan taillant la vigne. Les nombreuses initiales enluminées sur fond d'or ont tout le caractère de l'art décoratif propre au début du xv° siècle.

Le volume entier est en latin, sauf les onze dernières pages contenant une longue pièce, en français, consacrée à *honnorer touz les membres* de *la sainte Vierge* (*Le parfais bien expers en vie contemplative afferment que pour trover saveur et dévocion ou service de la glorieuse vierge Marie, on la doibt honnorer*, etc.); le dernier feuillet de cette pièce manque. On y remarque aussi (f. 158) une antienne à sainte Avoie (*Avia*).

Nous avons dit que ce manuscrit nous paraît avoir été fait pour le roi Louis XI. En effet, au fronton du portique de la miniature représentant la Salutation angélique (f. 24), on voit, en camaïeu or, *l'écu de France surmonté de la couronne royale* et soutenu par deux anges, ce qui ne saurait s'expliquer autrement que comme la marque de la destination royale du volume. Cet indice, rapproché de la représentation de l'image de saint Louis, en tête même du volume, conduit tout naturellement à penser que notre manuscrit a été fait pour un roi de France, du nom de Louis, qui ne saurait être que Louis XI. Il est, dès lors, très possible que le beau château, garni de nombreuses tourelles, qui occupe tout le fond de la scène de l'Annonciation aux bergers, soit le fameux château de Plessis-lez-Tours. En raison de son art, l'exécution de ce manuscrit remonterait au début du règne de Louis XI.

Il est à remarquer que, dans la bordure de la page où figure l'écusson aux armes de France, est représentée la *Mélusine* se regardant dans un miroir.

15. **HORÆ.** — Pet. in-8 carré, de 122 ff.; miniatures, bordures, lettres ornées; mar. olive, couvert de fleurs de lis, tr. dor. (*rel. du XVIᵉ siècle*).

Très beau manuscrit sur vélin, exécuté en France dans la seconde moitié du xvᵉ siècle, et orné de treize miniatures.

Il est précédé d'un calendrier (le mois de février manque), écrit en français, en or, carmin et azur. Les miniatures (H.: 0,085 ; L.: 0,055) représentent : 1° les *quatre Évangélistes* (f. 13 r°); — 2° l'*Annonciation à la Vierge* (f. 25 r°); dans la bordure latérale est enchâssée une petite miniature représentant *Adam et Ève* recevant le fruit défendu; — 3° la *Visitation de sainte Élisabeth* (f. 33 v°); — 4° la *Nativité* (f. 57 r°); deux personnages agenouillés, un homme et une femme, assistent à la scène; les têtes des trois bergers apparaissent derrière une clôture; — 5° l'*Annonciation aux bergers* (f° 61 v°); au milieu des brebis, on remarque une biche couchée; — 6° l'*Adoration des rois mages* (f. 64 v°); — 7° la *Présentation de l'Enfant Jésus au Temple* (f. 67 r°); — 8° la *Fuite en Égypte* (f. 69 v°); — 9° le *Couronnement de la Vierge* (f. 74 v°); — 10° le *roi David en prière* (f. 79 r°); par une ouverture latérale, on voit la scène rétrospective de la victoire de David sur Goliath; — 11° *Jésus en croix* (f. 94 r°); — 12° la *Descente du Saint-Esprit* (f. 97 r°); — 13° la *Résurrection du fils de la veuve de Naïm* (f. 100 r°).

L'exécution de ces miniatures ne manque pas de finesse, mais le coloris est d'une tonalité un peu sourde, malgré l'emploi, souvent abusif, de l'or dans l'architecture et pour relever les clairs des draperies. Pour mieux faire ressortir l'éclat des carnations féminines, l'artiste a foncé les figures des hommes au point de les rendre bistres.

En revanche, les encadrements des pages ornées de miniatures sont souvent d'une rare beauté. Nous sommes loin ici de la banalité ordinaire de cette époque où l'art, devenant plus mercantile, se ravale dans de nombreux manuscrits, dits de fabrique, à l'emploi des poncifs d'une monotonie désespérante. Les côtés extérieurs de ces cadres sont fréquemment divisés en compartiments losangés, bandés, émanchés, gironnés, etc., dont le fond est alternativement en or mat ou blanc; ailleurs le fond, tout uni, est entièrement doré. C'est dans les pages de cette dernière catégorie que se développe la décoration la plus riche. De gracieux rinceaux en grisaille, symétriquement disposés et partant des bords du cadre, s'y alternent avec des branches de fleurs et de fruits, copiées sur nature avec une délicatesse extrême. Des oiseaux au plumage éclatant se reposent ou voltigent au milieu des charmants fouillis. Pour rompre l'uniformité qui résulterait d'un agencement semblable, l'artiste y a introduit l'élément fantastique et l'élément humain. On y voit, tantôt (f. 25) un jeune damoiseau attaquant un monstre, tantôt des piquiers en armure et un épisode du massacre des Innocents, pour accompagner la peinture de la *Fuite en Égypte*; tantôt un personnage issant à mi-corps du calice d'une fleur et jouant de la harpe, par allusion à la miniature représentant le roi David. Dans le cadre de la dernière, placée en tête de l'Office des trépassés, on voit la Mort, enveloppée d'un linceul et armée d'un javelot, se disposant à frapper un jeune seigneur. Dans les autres encadrements, d'un caractère éclectique, les grotesques et les êtres chimériques prédominent, et il y en a d'une fantaisie spirituelle, tel qu'un coq à tête de renard.

Toutes les autres pages du volume ont une bordure latérale, de style ordinaire et un peu archaïque, le fond de la décoration consistant en légers branchages de houx dorés.

Le texte est entièrement en latin, mais les rubriques sont généralement en français.

Le calendrier est assez sobre en indications liturgiques : tel mois n'en offre que cinq ou neuf. Il y a là des noms de saints qu'on rencontre difficilement ailleurs, tels que : s. *Hue* (9 avril), s. *Victrice* (7 août), s. *Enod* (8 oct.). Au propre des saints, on trouve des antiennes en l'honneur de : s. *Mellon*, s. *Eloy*, s. *Lô*, s. *Rumphaire*, s. *Erblanc*, etc. La mention exceptionnelle au calendrier de la *Translation de s. Ouen*, évêque de Rouen (5 mai), celle de la *Dédicace* [de l'église] *de Rouen*, et la présence au calendrier et au propre des saints du nom de s. Mellon, premier évêque de Rouen, démontrent amplement l'origine rouennaise du manuscrit. L'influence flamande est visible dans les encadrements des miniatures.

Au seizième siècle, au renouvellement de la reliure, on a ajouté en tête un feuillet de titre, orné d'un beau cadre de style Renaissance, au bas duquel on lit : *De don fait par Madame de la Rue fille, bourgeoise de Paris*, 1637. La reliure fleurdelisée semblerait indiquer une provenance royale ; de la date probable de son exécution et de ce fait que sur le titre ajouté on lit, quoique gratté, le nom de Henry, l'auteur d'une note inscrite sur le feuillet de garde tire la conclusion que ce manuscrit a dû appartenir au roi Henri II. Nous ne l'enregistrons que sous toutes réserves.

La conservation du volume est exceptionnelle.

16. HORÆ. — In-8, de 124 ff. ; miniatures, bordures et lettres ornées; mar. olive, compart. à fil., tr. dor. (*rel. du* XVI° *siècle*).

Superbe et précieux manuscrit sur vélin, exécuté en France vers 1470, pour MARGUERITE DE ROHAN, COMTESSE D'ANGOULÊME, grand'mère du roi François I$^{er}$.

Il est orné de QUINZE MINIATURES, couvrant les deux tiers de la page (H. : 0,175; L. : 0,120), et de quelques lettres historiées. Les miniatures représentent : 1° *Dieu sur le trône* porté par des chérubins et entouré des symboles des quatre évangélistes (f. 15 r°) ; — 2° l'*Annonciation à la Vierge*, petit tableau d'une grande finesse (f. 21 r°);— 3° la *Nativité* (f. 30 v°) ; — 5° l'*Arrestation de Jésus;* bel effet de nuit (f. 40 r°) ; — 5° le *Jugement des âmes réprouvées;* Dieu est assis sur son trône, ayant à sa droite deux saints et une sainte, et à sa gauche l'archange Michel, en guerrier, tenant une croix; au bas, l'ouverture du gouffre infernal, et des damnés au milieu des flammes (f. 41 v°); — 6° *Jésus devant Caïphe*; belle composition ; on y remarque l'admirable exécution de la cotte de mailles de l'un des personnages (f. 43 r°); — 7° *Jésus frappé et insulté dans le prétoire* (f. 48 v°); — 8° le *Portement de croix* (f. 52 v°); — 9° la *Mise en croix;* scène très mouvementée; le dessin du corps nu du Christ est fort remarquable (f. 56 r°). — 10° *Préparatifs pour la descente de la croix* (f. 60 r°); — 11° la *Résurrection* (f. 66 r°); — 12° *Jésus chassant les vendeurs du temple* (f. 72 r°); — 13° le *Jugement d'une âme* : Dieu est assis sur son trône, sur le degré duquel sont agenouillés la s. Vierge, s. Marie-Madeleine et s. Jean-Baptiste; dans le bas, le corps d'une femme, enveloppé en partie dans un linceul, est étendu sur une dalle; au-dessus, sur un nuage, on voit un ange tenant par la main l'âme de la défunte, qu'un diable, sortant de terre, cherche à attirer avec un crochet, tout en tendant vers Dieu un rouleau accusateur avec la liste de ses péchés; saint Michel, couvert d'une armure, écarte le démon en le touchant de son bâton crucifère; on trouvera au catalogue illustré une reproduction en chromolithographie de cette intéressante composition; — 14° *Portrait de* MARGUERITE DE ROHAN, en habit de veuve, agenouillée devant un prie-Dieu; les tentures de la pièce sont *aux armes d'Orléans-Angoulême et de Rohan* (f. 113 v°); — 15° en regard, *la Sainte Face;* la figure de Dieu, à mi-corps, tenant le monde, est reproduite sur une riche étoffe, tenue par deux chérubins.

L'origine première de ce manuscrit est encore attestée en trois autres endroits. Dans l'encadrement de la première peinture figure un écusson en losange : parti, *au 1er de France, brisé d'un lambel d'argent à trois pendants,* qui est ORLÉANS; *chaque pendant chargé d'un croissant de gueules,* brisure de la branche d'ANGOULÊME; *au 2°, d'or à neuf macles de gueules,* qui est ROHAN, sauf transposition des émaux, erreur fréquente chez les miniaturistes. Cette transposition a encore lieu dans l'avant-dernière peinture, représentant la comtesse d'Angoulême, mais les écussons qu'on voit à la deuxième et à la douzième miniatures sont blasonnés régulièrement.

Marguerite de Rohan, fille d'Alain IX, vicomte de Rohan, et de Marie de Bretagne, épousa en 1449 Jean d'Orléans, dit le Bon, premier comte d'Angoulême, né en 1404, troisième fils de Valentine de Milan et de Louis, duc d'Orléans, assassiné à Paris en 1407, à l'instigation du duc de Bourgogne. Jean d'Orléans était un bibliophile passionné et c'est à lui qu'on doit la fondation de la bibliothèque des comtes d'Angoulême. Il mourut le 30 avril 1467; sa femme lui survécut jusqu'en 1496. La comtesse d'Angoulême étant représentée en habit de veuve sur son portrait, dont on trouvera une reproduction au catalogue illustré, la date de l'exécution du manuscrit se trouve circonscrite entre les années 1467 et 1496, mais comme elle ne paraît avoir qu'une cinquantaine d'années au plus, et qu'elle était née vers 1420, le volume fut sans doute achevé vers 1470.

Les miniatures sont très remarquables sous le rapport de la grandeur du style et de la pureté du dessin, non moins qu'à cause de l'éclat du coloris. M. Ph. Burty, en rendant compte de la vente de la collection Sauvageot, dont ce volume faisait partie depuis 1838 (il avait été procuré à l'éminent amateur par son ami André Pottier, conservateur de la bibliothèque de Rouen), exprimait l'opinion que ses peintures pourraient bien être du célèbre Jehan Foucquet (*Gazette des beaux-arts,* t. IX (1861), p. 56). M. P. Mantz (*ibid.,* t. XX (1866), p. 7) les attribue seulement à un « adhérent » de Foucquet. S'il s'y trouve des réminiscences de la manière de ce maître, les traits caractéristiques de l'art tourangeau font défaut, et l'examen du calendrier où, entre autres, le nom de sainte Geneviève est en lettres d'or, semble attester que ce manuscrit serait plutôt d'origine parisienne. Qui sait si on ne le doit pas au pinceau de Colinet de Merties ou Marties, enlumineur de Paris, que l'époux de Marguerite de Rohan avait chargé en 1454 de peindre un livre d'heures (L. Delisle, *Cabinet des manuscrits*, t. I, p. 148)? Quoi qu'il en soit, la beauté de ces peintures, la richesse des encadrements et des nombreuses initiales, l'illustre origine du volume et son admirable conservation, le classe parmi les plus précieux de cette époque.

17. **HORÆ.** — In-12 carré, de 334 ff.; miniatures et lettres ornées; mar. rouge, riches compart. à petits fers, dos orné, tr. dor., fermoirs (*Le Gascon?*).

Admirable manuscrit sur VÉLIN, exécuté dans la seconde moitié du xv<sup>e</sup> siècle, pour la régente ANNE DE BEAUJEU.

Sa richesse est exceptionnelle, car il ne contient pas moins de CENT TRENTE ET UNE MINIATURES.

Vingt-quatre d'entre elles ornent le calendrier qui occupe les six premiers feuillets. De forme presque carrée (H. : 0,042; L. : 0,049), elles sont placées deux par deux, dans le bas des pages. L'une représente les travaux ou les plaisirs de la campagne propres à chaque mois; l'autre, en camaïeu bleu, relevé d'or, a pour sujet un des signes du zodiaque.

Toutes les autres sont presque de la grandeur des pages (H. : 0,094; L. : 0,134). La diversité des scènes représentées est véritablement extraordinaire. C'est non seulement toute une iconographie sacrée, et d'autant plus intéressante qu'un bon nombre de sujets sont d'une conception absolument originale et n'avaient peut-être pas encore été abordés par l'art, mais on y trouve aussi des épisodes empruntés à la vie civile et religieuse de l'époque. Ces peintures ne se succèdent pas dans un ordre méthodique; les sujets de l'Ancien Testament y sont enchevêtrés avec ceux du Nouveau, et la signification de quelques-uns est difficile à préciser. En voici l'indication :

1° *La Vierge en prière au Temple;* elle est assise et un ange est agenouillé devant elle; tout autour du sanctuaire une grande foule; cette peinture est encadrée dans une couronne de fleurs (f. 7 v°). — 2° l'*Entrée de Jésus-Christ à Jérusalem* (f. 11 v°) ; — 3° le *Couronnement d'épines* (f. 15 v°); — 4° *Jésus crucifié* (f. 19 r°); — 5° *Jésus dans les limbes* (f. 22 v°); — 6° s. *Jean l'évangéliste dans l'île de Patmos* (f. 27 v°); — 7° s. *Luc peignant le portrait de la Vierge* qui pose devant lui (f. 20 v°); — 8° s. *Mathieu* (f. 32 v°); — 9° s. *Marc* (f. 35 v°); — 10° *Jésus-Christ ensanglanté, à mi-corps*, (f. 37 v°); — 11° la *Sainte Vierge le contemplant* (en regard, faisant pendant); — 12° et 13°, en regard : l'*Annonciation à la Vierge;* derrière le messager céleste est agenouillée une jeune princesse, richement vêtue (f. 42 v° et 43 r°); — 14° *Dieu bénissant Adam et Ève dans le paradis terrestre* (f. 46 v°); — 15° *Ève présentant la pomme à Adam* (f. 48 v°); — 16° *Dieu le Fils assis au milieu du firmament* (f. 51 r°); — 17° un *Enfant*, agenouillé dans une île, et s'adressant, les mains jointes, à Dieu, qui apparait dans les cieux (f. 54 r°) ; — 18° un *Roi* (? Pharaon) *causant avec un personnage* (? Moïse), dans une salle de marbre, au fond de laquelle un tableau en grisaille représente l'Assomption de la Vierge (f. 57 r°) ; — 19° *Coré, Dathan et Abiron, révoltés contre Moïse, sont engloutis par la terre* (f. 61 r°) ; — 20° la *Transfiguration* (f. 63 v°) ; — 21° le *Transport de l'arche sainte* sur un char traîné par des bœufs en présence de David (f. 65 v°) ; — 22° *Oza frappé de mort pour avoir touché à l'arche* (f. 68 v°) ; — 23° l'*Arche sainte est portée triomphalement au tabernacle de Sion à Jérusalem* ; le roi David, vêtu d'un éphod de lin et jouant du luth, la précède (f. 71 v°) ; — 24° *Actions de grâce de l'Univers* ; au premier plan figure le roi saint Louis (f. 77 v°) ; — 25° la *Visitation de sainte Élisabeth* (f. 81 v°) ; — 26° ? le *roi David et le prophète Nathan* au tabernacle (f. 82v°) ; — 27° ? *Dieu appelle Samuel endormi* dans le tabernacle (f. 84 v°) ; — 28° un Roi écoutant un vieillard ; la scène se passe en pleine campagne : au fond un magnifique château-fort bâti au milieu d'un fleuve sillonné par de légères embarcations (f. 86 r°) ; — 29° *Nabuchodonosor et les trois jeunes Hébreux protégés par un ange au milieu des flammes* (f. 89 v°) ; — 30° *Actions de grâce de tout un peuple à Dieu* (f. 93 r°) ; — 31° la *Vierge tenant l'Enfant Jésus* (f. 98 r°) ; — 32° s. *Jean-Baptiste dans le désert* (f. 99 v°) ; — 33° la *Nativité* (f. 104 r°) ; — 34° la *Sainte Vierge en prière*, dans une magnifique galerie dont les niches sont garnies de statues ; au fond s. Joseph (f. 105 r°) ; — 35° ? *Dieu demandant à Abraham de sacrifier son fils* (f. 106 r°) ; — 36° l'*Échelle de Jacob et son combat avec l'ange* (f. 108 r°) ; — 37° les *Rois et les peuples en prière* (f. 110 v°) ; — 38° l'*Annonciation aux bergers* (f. 114 r°) ; — 39° *Esaü, habillé en chasseur, présente un plat de gibier à son père Isaac* (f. 115 v°) ; — 40° *Rébecca remet à Jacob un plat de ragoût pour qu'il surprenne par la ruse la bénédiction de son père* (f. 117 v°) ; — 41° une *Bataille* (f. 119 r°) ; — 42° l'*Adoration des mages* (f. 123 v°) ; — 43° ? *David offre son âme au Seigneur* (f. 125 r°) ; — 44° un *Berger abreuvant ses moutons* (f. 126 v°) ; — 45° FEUX DE JOIE ET BANQUETS DANS UNE RUE (f. 128 v°) ; — 46° la *Présentation de l'Enfant Jésus au Temple* (f. 132 v°) ; — 47° une *Foule en route, portant des marchandises* (f. 134 r°) ; — 48° un *Prophète sermonnant un roi juif* (f. 135 v°) ; — 49° DANSES SUR UNE PLACE PUBLIQUE (f. 137 r°) ; — 50° la *Fuite en Égypte* (f. 141 r°) ; — 51° *Jésus-Christ assis à la droite de Dieu le Père* (f. 142 r°) ; — 52° le *Roi David sortant de son palais et s'adressant à des enfants* (Laudate pueri Dominum!) (f. 144 r°) ; — 53° une PROCESSION arrivant devant le portail d'une superbe église en gothique flamboyant (f. 146 r°) ; — 54° la *Construction du Temple de Salomon* (f. 148 r°) ; — 55° le *Roi David et les petits enfants chantant des cantiques* (f. 149 v°) ; — 56° la *Vierge dans la gloire céleste* (f. 152 r°) ; — 57° la *Mort de la Vierge* ; Dieu apparaît dans sa gloire, tenant entre ses bras l'âme de la Vierge, sous la figure d'une petite fille (f. 157 v°) ; — 58° la *Vierge recevant une palme des mains d'un ange* (f. 158 v°) ; — 59° l'*Ensevelissement de la Vierge* (f. 160 r°) ; — 60° l'*Assomption* (f. 162 r°) ; — 61° la *Vierge sur le trône à côté de Dieu* (f. 165 r°) ; — 62° *Jésus en prière au Jardin des Oliviers* (f. 186 r°) ; — 63° *Jésus devant Pilate* (f. 188 r°) ; — 64° *Jésus frappé et insulté au prétoire* (f. 190 r°) ; — 65° le *Portement de croix* (f. 192 r°) ; — 66° *Jésus en croix* (f. 194 r°), composition différente de celle du f. 19 ; — 67° la *Descente de croix* (f. 196 r°) ; — 68° *Jésus oint de parfums avant sa mise au tombeau* (f. 198 r°) ; — 69° la *Résurrection* (f. 200 v°) ; — 70° l'*Ascension* (f. 202 v°) ; — 71° la *Descente du Saint-Esprit* (f. 204 r°) ; — 72° les *Adieux des Apôtres et des Saintes Femmes* (f. 205 v°) ; — 73° *s. Pierre baptisant les cinq mille convertis* (f. 207 r°) ; — 74° *Ananias et sa femme Saphira devant s. Pierre* (f. 208 r°) ; — 75° *Mort d'Ananias* (f. 209 v°) ; — 76° *Bethsabée au bain* (f. 211 r°) ; — 77° *Ahasvérus recevant Esther* (f. 213 v°) ; — 78° *Urie, le mari de Bethsabée, recevant un message du roi David* (f. 216 v°) ; — 79° *Départ d'Urie et de ses guerriers* (f. 221 r°) ; — 80° *Mort d'Urie devant Rabba* (f. 226 r°) ; — 81° *David se repent de son crime sous le coup des reproches du prophète Nathan* (f. 231 v°) ; — 82° *David à genoux au milieu des montagnes écoute l'ange qui apparaît dans les cieux armé d'un glaive* (f. 233 v°) ; — 83° la *Vierge et Jésus, assis sur le trône, adorés par les saints* (f. 237 r°) ; — 84° la *Mort*, armée d'une flèche et sortant du tombeau (f. 246 r°) ; — 85° le *Roi Saül à la recherche de David caché dans une caverne* (f. 248 r°) ; — 86° l'*Échelle de Jacob* (f. 250 r°) ; — 87° les *Supplices de l'enfer et le purgatoire* (f. 251 v°) ; — 88° le CORTÈGE D'UNE PRINCESSE SE RENDANT A L'ÉGLISE (f. 253 v°) ; — 89° *Cérémonie des funérailles* : l'arrivée à l'église (f. 256 r°) ; — 90° un *Mourant assisté de trois moines* (f. 258 r°) ; — 91° *Office des morts dans le chœur d'une église* (f. 262 v°) ; — 92° *David pénétrant avec ses guerriers dans le camp du roi Saül, endormi sous sa tente* (f. 265 r°) ; — 93° le *Roi David priant Dieu qui se montre dans le ciel* (f. 268 r°) ; — 94° *David, couvert d'une armure, prie à genoux dans une campagne*; son bouclier portant des initiales peu lisibles repose par terre ; un lion est assis en face de lui (f. 270 v°) ; — 95° le *Mauvais Riche et Lazare* (f. 278 r°) ; — 96° *Mort du mauvais riche et de Lazare* (f. 280 r°) ; — 97° le *Sacre d'un roi juif* (f. 284 r°) ; — 98° la Parabole du *Bon Samaritain* : un homme est dépouillé de ses vêtements et mis en sang par quatre voleurs, représentés ici en armures de guerriers (f. 291 v°) ; — 99° *Prédication d'un prophète sur une place publique* (f. 296 r°) ; — 100° Suite de la parabole du *Bon Samaritain*, qui ramène le blessé sur un âne à l'auberge (f. 299 r°) ; — 101° le *Roi David en prière;* il est couvert d'une armure dorée ; sur le devant, on voit le gouffre de l'enfer et le supplice des damnés, par allusion au texte placé en regard : *Libera me Domine de viis inferni !* (f. 308 r°) ; — 102° *Élisée assistant à l'enlèvement d'Élie dans un char de feu;* ils sont habillés en moines (f. 312 r°) ; — 103° un *Roi et un prophète* (f. 315 r°) ; — 104° un *Saint couché par terre et un ange lui apportant un calice et deux plats fermés* (?) (f. 318 v°) ; — 105° le *Chœur d'une église*, où une châsse est posée sur l'autel (f. 322 r°) ; — 106° la *Décollation de s. Jean-Baptiste et le Festin d'Hérodiade* (f. 327 r°) ; — 107° les *Peines de l'enfer et le purgatoire*.

Il est plus facile d'admirer cette merveilleuse galerie de petits tableaux que d'en faire ressortir les beautés multiples. Plusieurs artistes, appartenant tous à une même école, ont concouru à leur exécution, et parmi eux il y avait certainement un maître. Deux peintures offrent un caractère particulier ; la dixième et la onzième. Exécutées sur une grande échelle, elles ont permis à l'artiste d'y montrer sa science du dessin, du nu surtout; l'expression est d'une justesse parfaite, mais le peu de modelé des figures et une certaine raideur dans les attitudes accusent

# THÉOLOGIE.

une main encore docile à l'influence des modèles hiératiques. Toutes les miniatures frappent, comme nous l'avons dit, par une grande originalité de composition. Dans ces scènes, souvent très mouvementées, les figures ont de l'aisance, du naturel, et dans le jeu des physionomies on surprend un grand sentiment de vérité.

Au point de vue de la composition, il y a lieu de citer plus particulièrement la *Mort de la Vierge* (f. 157), l'*Ascension* (f. 202) et surtout l'*Univers rendant grâces à Dieu* (f. 77), adorable petit tableau où un nombre considérable de personnages, d'une rare finesse d'exécution, sont groupés avec une habileté consommée. Les figures d'*Adam* et d'*Ève* dans le paradis terrestre (ff. 46 et 77) sont d'une naïveté charmante, et on ne saurait mieux exprimer l'hésitation d'Adam à accepter la pomme fatale.

Ce qui séduit encore l'œil, c'est la vigueur éclatante et harmonieuse du coloris, c'est la richesse des détails. L'or est prodigué partout, mais d'une manière savante, et jamais une nuance criarde ne vient gâter l'aspect lumineux et doux de l'ensemble. L'architecture est traitée avec un luxe inouï : les intérieurs sont souvent décorés à profusion de sculptures et de peintures en camaïeu (ff. 29, 35, 42, 43, 57, 84, 98, 105, 125, 132, 188, 204, 213, 231, 284, 327); les monuments représentés extérieurement ne sont pas moins riches; tantôt nous voyons des châteaux-forts ou des enceintes fortifiées imposants par leurs masses (ff. 11, 81, 149), tantôt de beaux palais surmontés de tourelles et flanqués de donjons (ff. 126, 144, 211), ou bien des façades d'églises avec des niches garnies de statues et des ornements fouillés à jour (ff. 116, 253, 256). On remarquera surtout les deux côtés du tabernacle de Sion, en camaïeu rehaussé d'or, ornés de hauts-reliefs et de statues (f. 77), et le développement d'un splendide palais qui sert de fond à la peinture représentant Bethsabée au bain (f. 211). Ailleurs, on voit des rues entières, avec de curieux spécimens de l'architecture privée de l'époque. Cette prédilection pour l'art monumental se fait jour partout, jusque dans les lointains des paysages, dont de beaux châteaux constituent généralement le décor obligé. Pour la plupart, ces sites et ces monuments d'architecture ne doivent pas être imaginaires, mais copiés sur nature, comme cela a été dûment constaté dans d'autres manuscrits de cette époque.

Les paysages sont traités avec un rare sentiment du pittoresque et une connaissance parfaite de la perspective. Ce sont tantôt des coteaux ou des mamelons verdoyants, couronnés de ruines, tantôt des roches escarpées, tantôt de frais vallons, et les lointains sont traduits dans une nuance azurée pleine de charme, ou bien avec des tons violacés d'un effet crépusculaire.

De tout ce qui précède, on devine que ces peintures sont l'œuvre des artistes de l'école de Touraine, et leur exécution date de la brillante période de l'art français illustrée par Jehan Foucquet. Bien mieux, tout concourt à la possibilité d'affirmer, comme on va le voir, qu'elles ont été faites par les élèves et sous la direction de Foucquet, peut-être même avec sa participation immédiate. Dans beaucoup de cas, en effet, on reconnaît son faire habituel : dans l'agencement des compositions, dans la richesse de l'architecture, dans l'emploi de l'or pour marquer les clairs des draperies, dans la prédilection pour la nuance bleue des vêtements, dans les armures dorées, etc. Les points de comparaison sont encore plus précis. Ainsi la colonnade du pourtour, dans la première miniature, est tout à fait dans le genre qu'affectionnait Foucquet; le tableau de la *Mort de la Vierge* offre, en petit, une affinité complète avec le même sujet des Heures d'Estienne Chevalier, jusque dans la conception et le coloris de la figure de Dieu portant sur ses bras l'âme de la Vierge sous les traits d'une petite fille : la dernière de ces compositions a évidemment servi de modèle à la nôtre. Il en est de même de plusieurs autres, comme par exemple de la *Construction du Temple de Salomon*. Ce n'est pas tout. La peinture du f. 99, représentant la *Vierge tenant l'Enfant Jésus*, est d'un fini tellement précieux qu'elle ne saurait être que d'un artiste de premier ordre, comme on pourra en juger par la reproduction que nous en donnons au catalogue illustré, et son aspect général, de même que son exécution, offrent une parenté assez étroite avec le fameux tableau de la Madone, du pinceau de Foucquet, reproduisant les traits d'Agnès Sorel. A qui pourrait-on attribuer, avec plus de justesse qu'au chef de l'école tourangelle, ou au moins à l'un de ses meilleurs élèves, la délicieuse peinture de l'*Univers rendant grâce à Dieu*, sur laquelle nous avons déjà appelé l'attention? Au surplus, dans le tableau représentant *s. Luc peignant la Vierge* (f. 29) (dont on trouvera une reproduction au catalogue illustré), la figure du saint, modelée avec soin et empreinte d'un grand cachet de réalisme, semble être le portrait de l'artiste qui a concouru à l'exécution de notre manuscrit, et ce portrait offre une ressemblance marquée, un air de famille, avec l'émail du Louvre qui nous a conservé les traits de Foucquet. On sait, d'un autre côté, que les deux fils du grand artiste, Louis et François, se distinguèrent dans la peinture, et il est dès lors fort possible que nous ayons ici sous les yeux le portrait et en partie l'œuvre de l'un d'eux.

On a vu que ce volume, par le nombre et la beauté de ses peintures, était vraiment royal : or il porte, en effet, la marque d'une provenance royale. Dans la double composition ayant pour sujet la *Salutation angélique* (ff. 42 et 43), on voit agenouillée une jeune dame, vêtue d'une robe écarlate brodée d'or et garnie de fourrure, et coiffée d'un haut bonnet en pointe d'où retombe un voile. La portière qui se trouve derrière elle est *bleue et semée de fleurs de lis d'or*. Évidemment cette dame ne peut être que la destinataire du manuscrit, et la draperie fleurdelisée indique une extraction royale, ce qui est encore confirmé par ce fait que le D initial de l'hymne qui suit cette peinture renferme un *écusson aux armes de France surmontées de la couronne royale*. C'est cette même personne, avec sa taille de guêpe, le corps penché en arrière, vêtue et coiffée de même, qui est représentée plus loin (f. 253) se rendant à l'église suivie d'un nombreux cortège de demoiselles, dont la première porte la traîne de sa robe. Les armes de France sans aucune brisure indiquent que cette dame appartenait à la branche royale, et, d'après l'âge de ce manuscrit, on ne voit qu'ANNE DE BEAUJEU, fille de Louis XI, avec qui l'on puisse l'identifier. C'est encore la même princesse qui est représentée dans d'autres peintures du volume, sous les traits de la Vierge, comme, par exemple, dans le ravissant tableau de la Madone, que nous avons signalé plus haut, ainsi que sous ceux de Bethsabée au bain. Il faut aussi noter que dans plusieurs paysages (f. 77, 108, 126, 144, 211) est représenté, sous différents aspects, l'ancien château de Loches, résidence favorite d'Anne de Beaujeu, ce qui démontre que ce volume a été fait pour elle et non pour sa sœur Jeanne. Mais ce qui complète la démonstration, c'est ce fait que dans toutes nos peintures qui offrent le portrait de la destinataire du manuscrit, elle a le même front très haut et très proéminent qu'on remarque dans le portrait authentique d'Anne de Beaujeu du triptyque de Moulins, où elle est représentée avec sa fille Suzanne (voir la reproduction photographique de la maison Braun, dans la Galerie de portraits nationaux); l'identité des traits y est complète, malgré la différence d'âge entre ces peintures.

Une fois ceci établi, la participation de Foucquet à l'exécution de nos miniatures ressort avec plus d'évidence encore après tous les indices que nous avons relevés ci-dessus. Foucquet était le peintre en titre de Louis XI. Un document authentique nous fait connaître qu'en 1472 il a été chargé par le roi d'enluminer un livre d'heures pour Marie de Clèves, duchesse d'Orléans, mère de Louis XII; quoi de plus naturel alors que peu d'années après Louis XI se soit adressé au même artiste pour lui commander un somptueux livre de messe pour sa fille préférée? La princesse à qui ce livre a été offert est représentée dans son portrait à l'âge de seize ans environ. Anne de Beaujeu, née en 1461 ou 1462, atteignit cet âge vers 1477. Foucquet avait alors près de soixante ans, et, n'étant plus en mesure de mener rapidement tout seul une œuvre de si longue haleine, il en aura réparti l'exécution entre plusieurs artistes de mérite inégal, d'où cette variété de mains qu'on constate dans les peintures de notre manuscrit. Parmi ces artistes, en première ligne se placent tout naturellement les deux fils de Foucquet : de là cette parenté d'art avec la manière du père.

Une chose encore nous frappe dans le choix des sujets de nos peintures : c'est que, en dehors des évangélistes et de saint Jean-Baptiste, nous ne voyons que l'effigie d'un seul saint, représenté jusqu'à trois fois, qui est *s. Pierre*. Pourquoi ne serait-ce pas à cause de *Pierre* de Beaujeu, époux d'Anne de France depuis 1474? Il est aussi à remarquer que, chaque fois que le roi David est représenté en guerrier, couvert d'une armure dorée, la tête offre une même physionomie, celle d'un homme d'une quarantaine d'années, avec cheveux et barbe blonds, de sorte qu'on serait tenté d'y voir le portrait de Pierre de Beaujeu, qui vers 1477, date probable de l'exécution de ce manuscrit, avait trente-huit ans environ. Aux pieds du roi David, dans la miniature du f. 270, se trouve par terre, comme nous l'avons déjà dit, un bouclier peint en rose avec des initiales dorées illisibles.

Dans la peinture du f. 213, les tentures bleues de la chambre sont parsemées d'un monogramme doré que nous croyons composé des lettres A H V et placé là uniquement pour désigner que le sujet est le roi Ahasverus recevant Esther, sans y voir aucune marque de provenance.

En dehors de l'intérêt considérable que ce volume offre au point de vue de l'art, il fournit encore de précieux renseignements pour les costumes religieux, civils et militaires, pour le cérémonial sacré, pour les mœurs et usages, pour le mobilier et l'architecture en tous genres. On trouvera à cet égard, au catalogue illustré, une reproduction de la curieuse miniature ayant pour sujet la *Danse sur une place publique* (f. 137).

Ce précieux monument est dans un parfait état de conservation.

**18. HORÆ.** — In-8 carré, de 120 ff.; miniatures, bordures et lettres ornées; mar. rouge, dent., tr. dor. (*rel. du* XVIII*e siècle*).

Superbe manuscrit de l'école de Bruges, sur VÉLIN, exécuté vers la fin du XVe ou au commencement du XVIe siècle, et orné de TRENTE-QUATRE MINIATURES.

Ces peintures sont de dimensions variées. Deux d'entre elles couvrent la page entière (H. : 0,165; L. : 0,120); six occupent plus de la moitié de la page et ont la forme de rectangles légèrement cintrés par le haut; les autres ont de 3 à 143 millim. de hauteur, et de 2 1/2 à 10 millim. de largeur et sont tantôt rectangulaires, tantôt cintrées dans le haut.

Le volume s'ouvre par une belle page d'armoiries du destinataire du manuscrit (f. 1 v°) : *Parti* : 1° *Écartelé : aux* 1 *et* 4, *de gueules à* 3 *trois chevrons d'or ; aux* 2 *et* 4, *de gueules à une fasce bretessée et contrebretessée d'argent : sur le tout : d'or à un sautoir échiqueté de gueules et d'argent ; un lambel d'azur de six pendants broche sur les deux quartiers supérieurs ;* 2° *coupé : au* 1er, *de sable au lion d'or, parti d'un palé de gueules et d'or ; au* 2e, *de sinople à* 3 *macles d'argent,* 2 *et* 1. L'écu est attaché à un arceau de style gothique fleuri, peint en or, et le tout est enfermé dans un cadre doré, enchâssé lui-même dans une riche bordure à fond écarlate.

D'après nos recherches, la seconde partie de l'écu offre les armoiries de la grande famille néerlandaise DE BERGHES-SUR-LE-ZOOM, et le tout doit s'appliquer à FLORENT D'EGMONT, comte de Buren, époux de Marguerite de Berghes, capitaine-général de Charles-Quint dans les Pays-Bas, en 1537, et frère aîné du célèbre comte d'Egmont, décapité par ordre du duc d'Albe.

Le calendrier, qui occupe les dix feuillets suivants, est en latin, et écrit en rouge et noir.

La première miniature proprement dite, de la grandeur d'une demi-page, représente l'ARRESTATION DE JÉSUS (f. 13 r°). C'est une composition extrêmement remarquable pour le dessin, le coloris et la mise en scène.

Elle est suivie, dans le même office, de cinq miniatures de dimensions inégales et dont les sujets offrent la continuation du drame divin : 1° *Jésus devant Pilate* (f. 14 r°); — 2° le *Portement de croix* (f. 15 r°); — 3° *Jésus crucifié ;* la Vierge et s. Jean se tiennent au pied de la croix (f. 16 r°); — 4° la *Descente de croix* (f. 17 r°); — 5° le *Corps de Jésus sur les genoux de sa mère*, assistée de s. Jean et de Marie-Madeleine (f. 18 r°).

Les heures de la Vierge débutent par une grande miniature représentant la SALUTATION ANGÉLIQUE (f. 20 r°). La tête de la Vierge est d'une rare finesse. Les sept peintures qui dérivent de la précédente ont pour sujets : 1° la *Visitation de sainte Élisabeth* (f. 26 r°); — 2° la *Nativité* (f. 33 r°); — 3° l'*Annonciation aux bergers* (f. 36 r°); — 4° l'*Adoration des mages* (f. 38 v°); — 5° la *Présentation de l'Enfant Jésus au Temple* (f. 41 r°); — 6° le *Massacre des Innocents* (f. 43 v°); — 7° la *Fuite en Égypte* (f. 48 r°).

Les psaumes portent en tête une grande peinture représentant le ROI DAVID EN PRIÈRE, au milieu d'une campagne; un homme, placé derrière lui (le prophète Nathan?) pose la main sur l'épaule du roi et lui parle à l'oreille (f. 53 r°). On en trouvera une reproduction au catalogue illustré.

L'office des morts commence par deux miniatures se faisant face.

L'une, qui couvre la page, a pour sujet le JUGEMENT DERNIER (f. 66 v°); dans l'autre, de la grandeur d'une demi-page, on voit la scène de la *Résurrection de Lazare* (f. 67 r°), qui décèle de précieuses qualités artistiques. Un beau château remplit le fond.

Une suite d'oraisons à Jésus-Christ, qui viennent après, débutent par une charmante peinture à mi-page ayant pour sujet la MESSE MIRACULEUSE DE SAINT GRÉGOIRE (f. 85 r°). Les trois autres peintures du même chapitre représentent : 1° *Jésus-Christ tenant le monde*, à mi-corps (la sainte Face) (f. 86 v°), très remarquable; — 2° l'*Enfant Jésus tenant sa croix* (f. 88 v°); — 3° les *Sept douleurs de la Vierge* (f. 91 r°); l'extrémité de chacun des sept glaives aboutit à un tout petit médaillon où figure, peint en grisaille, un des principaux épisodes de la vie et de la passion de Jésus.

L'office de la Vierge est orné, en tête, d'une délicieuse VIERGE AVEC L'ENFANT JÉSUS, à mi-page (f. 93 r°). Dans la bordure en camaïeu or, de style gothique flamboyant, est représenté le pape Sixte IV, auteur de l'oraison par laquelle commence cet office. On trouvera au catalogue illustré une reproduction de cette belle page.

Dix petites miniatures ornent le propre des saints : 1° l'*Ange gardien*, tenant un petit enfant sur son bras (107 v°); — 2° *s. André* (f. 108 r°); — 3° *s. Étienne* (f. 108 v°); — 4° *s. Christophe* (f. 109 r°); — 5° *s. Martin* (f. 110 v°); — 6° *s^te Anne et la Vierge avec l'Enfant* (f. 110 v°); — 7° *s^te Marie-Madeleine* (f. 111 r°); — 8° *s^te Catherine* (f. 111 v°); — 9° *s^te Barbe* (f. 112 v°); — 10° *s^te Marguerite* (f. 113 v°).

La dernière miniature représente *deux Anges tenant le saint ostensoir* (f. 117 r°).

La majeure partie de ces peintures sont incontestablement l'œuvre d'un des meilleurs miniaturistes flamands, on pourrait presque affirmer d'un des élèves de Memling. Elles accusent la main d'un dessinateur consommé et d'un grand coloriste. Les compositions sont coordonnées avec art, les têtes admirablement modelées et expressives, les extrémités très fines, et il n'y a guère à y reprendre parfois que les proportions trop courtes des figures, trait caractéristique de l'école flamande. Le sentiment de la nature y est profond, la connaissance des lois de la perspective est parfaite, la mise en scène extrêmement pittoresque. Tout cela est plein de vie, d'air et de lumière, et on peut dire qu'on a devant les yeux de ravissants petits tableaux.

Toutes les pages ornées de miniatures sont entourées de beaux encadrements d'une très grande variété. Le plus souvent ils sont dans le style habituel à l'art flamand de cette époque et formés de bordures à fond or mat parsemé de fleurs détachées, de fruits, d'oiseaux, de papillons, etc., peints au naturel; d'autres fois, sur des fonds couleur gris perle, brun, pourpre, etc., s'épanouissent des rinceaux en camaïeu or ou en gris, d'où sortent des tiges fleuries; quelquefois aussi ces deux genres de décoration sont combinés ensemble et alternent au milieu des compartiments de forme variée. Dans d'autres encadrements encore, tantôt aux rinceaux dorés sont associés des motifs d'orfèvrerie, ou bien les bijoux seuls couvrent des fonds de pourpre tout unis ou losangés; tantôt, enfin, la décoration des bordures ne consiste qu'en inscriptions.

Des centaines de jolies initiales et de bouts de ligne enluminés garnissent le texte, écrit en lettre gothique moulée, très droite et bien régulière.

Beaucoup de lignes restent en blanc dans le calendrier où on lit les noms d'un grand nombre de saints dont le culte est plus spécial aux contrées flamandes, tels que : s<sup>te</sup> *Aldegonde*, s. *Amand*, évêque de Maestricht, s. *Lambert*, évêque de Liège (nom écrit exceptionnellement en rouge), s. *Bavon*, s. *Hubert*, s. *Willibrod*, évêque d'Utrecht, etc., s. *Odulphe*, chanoine d'Utrecht, s. *Lebvin* (juin), missionnaire dans les Pays-Bas et patron de Deventer. Dans la litanie, on lit, entre autres le nom de s<sup>te</sup> *Ode*, honorée dans le pays de Liège, et celui de s<sup>te</sup> *Kunère*, honorée à Rhénen, près d'Utrecht. Tout cela porterait à croire que le volume a été au moins écrit dans le diocèse d'Utrecht.

La conservation de ce beau volume est irréprochable.

19. HORÆ. — Gr. in-8, de 142 ff.; miniatures, lettres ornées; ais de bois recouverts de velours vert, coins et milieu en métal doré et repoussé, tr. dor. et cis. (*rel. moderne*).

Fort beau manuscrit sur vélin, ayant appartenu au roi LOUIS XII, et conséquemment exécuté entre 1498 et 1515.

Il est orné de QUINZE TABLEAUX occupant toute la page et divisés (sauf la dernière) en trois (et une fois en quatre) compartiments, ce qui donne QUARANTE-QUATRE sujets différents, et de QUINZE autres MINIATURES de petites dimensions.

Le calendrier, écrit en rouge et noir, occupe les douze premiers feuillets. Le livre entier est en latin, à l'exception des trois pages (f. 125 v°-126 v°), contenant : *Les Dix Commandemens de la loy*, en quatrains.

Les grandes miniatures sont entourées d'un cadre architectural de style gothique, en camaïeu or. Les compartiments sont disposés en général de telle sorte que le sujet principal occupe les deux tiers de la page en hauteur et largeur, du côté gauche, et que les sujets secondaires forment deux miniatures latérales, l'une tout en hauteur, l'autre tout en largeur. En voici la liste (H. : 0,177 ; L. : 0,113) :

Première (f. 15) : *Annonciation à la Vierge*. Sur le côté : *Naissance de la Vierge*. Au bas : *Immaculée Conception*.

Deuxième (f. 23) : *Nativité*. Sur le côté : *Adoration des Mages*. Au bas : *Présentation au Temple*.

Troisième (f. 32) : *Baptême de Jésus-Christ*. Sur le côté : *Tentation sur la montagne*. Au bas : *Madeleine aux pieds de Jésus chez Simon*.

Quatrième (f. 34) : *Jésus chassant les vendeurs du Temple*. Sur le côté : *Entrée à Jérusalem*. Au bas : *Résurrection de Lazare*.

Cinquième (f. 36) : *Lavement des pieds*. Sur le côté : *Jésus priant au jardin des Oliviers*. Au bas : *La Cène*.

Sixième (f. 41) : *Judas recevant le prix de sa trahison*. Sur le côté : *Arrestation de Jésus*. Au bas : *Plusieurs soldats envoyés pour arrêter Jésus gisent par terre, renversés par une force surnaturelle*.

Septième (f. 45) : *Jésus insulté au prétoire*. Sur le côté : *Couronnement d'épines*. Au bas : *Flagellation*.

Huitième (f. 49) : *Portement de croix*. Sur le côté : *Pilate livrant Jésus pour être crucifié*. Au bas : *Jésus mis en croix*.

Neuvième (f. 53) : *Jésus crucifié*. Sur le côté : *Descente de croix*. Au bas : *Mise au tombeau*.

Dixième (f. 56) : *Jésus aux limbes*. Sur le côté : *Résurrection*. Au bas : *Saintes Femmes au tombeau du Christ*.

Onzième (f. 61) : *Descente du Saint-Esprit*. — Sur le côté : *Sainte Marie l'Égyptienne*. Au bas : *Jésus en jardinier et la Madeleine*.

Douzième (f. 74) : *Jugement dernier*. Dieu est assis sur un arc-en-ciel ; à ses côtés, la sainte Vierge et saint Jean-Baptiste, agenouillés. — Sur le côté : *Entrée du ciel*. L'archange Michel, couvert d'une armure, remet les âmes des justes entre les mains de saint Pierre. Dans le haut, l'ange du jugement sonne de la trompette. — Au bas : *Enfer*.

Treizième (f. 111) : *La Messe de Saint-Grégoire*. — Sur le côté : *Saint François recevant les stigmates*. — Dans le bas, deux compartiments : 1° *saint Hubert* ; 2° un saint dont l'identité est difficile à établir : il est à mi-jambes au milieu d'un cours d'eau, et s'arrête épouvanté à la vue de deux cadavres d'enfants dévorés par des bêtes fauves, un sur chaque rive. On trouvera au catalogue illustré une reproduction de cette belle page.

Quatorzième (f. 114) : *le Corps de Jésus crucifié reposant sur les genoux de sa mère*. — Sur le côté : une sainte vêtue d'une robe noire, avec capuchon, et tenant une rose à la main. — Au bas : *Suzanne au bain, la tête nimbée*.

Quinzième (f. 139) : *Vierge glorieuse*. C'est un tableau remarquable. Parmi les saints qui l'entourent figure saint Louis, roi de France.

Les petites miniatures, de dimensions variées, représentent : 1° s. *Jean l'Évangéliste dans l'île de Patmos* (f. 13 r°) ; — 2° s. *Jean-Baptiste* (f. 95 v°) ; — 3° s. *Jacques l'Apôtre* (f. 96 r°) ; — 4° s. *Laurent* (f. 96 v°) ; — 5° s. *Sébastien* (f. 97 r°) ; — 6° s. *Julien le martyr* (f. 97 v°) ; — 7° s. *Christophe* (f. 98 r°) ; — 8° s. *Julien le Confesseur* (f. 99 r°) ; — 9° s. *Nicolas* (f. 99 v°) ; — 10° s$^{te}$ *Anne* (f. 100 r°) ; — 11° s$^{te}$ *Marie-Madeleine*, avec son vase de parfums (f. 100 v°) ; — 12° s$^{te}$ *Catherine* (f. 101 r°) ; — 13° s$^{te}$ *Marguerite* (f. 101 v°) ; — 14° s$^{te}$ *Apollonie* (f. 102 r°) ; — 15° s$^{te}$ *Barbe* (f. 102 v°).

Ces peintures sont au moins de deux artistes, d'un talent inégal. Quelques-unes des grandes (les 3°, 4°, 5°, 6°, 7° et 8°) accusent, à côté d'une science du dessin réelle, surtout dans le nu, une certaine rudesse dans l'exécution. Presque toutes les autres sont incontestablement de la même main que les peintures de nos superbes heures d'Anne de Bretagne (n° 28 du catal. de 1879), et cette identité est surtout frappante dans les trois dernières grandes miniatures et dans toutes les petites. C'est le même dessin, la même douceur d'expression, la même manière d'agencer les draperies, dont les clairs sont relevés d'or, la même architecture, les mêmes lointains bleus, le même coloris harmonieux, tout un ensemble qui décèle le pinceau d'un des plus grands artistes du temps.

Dans l'encadrement du onzième tableau (f. 61), entre deux arceaux, se trouve enchâssé un petit écusson aux armes de France, portant au milieu deux L contournées et accompagnées du chiffre XII, ce qui constate que ce beau volume a appartenu au roi Louis XII.

Le texte du livre au moins, sinon le tout, a été exécuté dans la région centrale de la France, et non ailleurs. En effet, dans le calendrier, on ne trouve presque aucun des noms des saints ou saintes plus spécialement vénérés à Paris et dans la contrée voisine, tandis qu'on y lit ceux de s. *Julien*, évêque du Mans, s. *Licin*, s. *Maurille*, s. *Loup* et s. *René*, tous quatre évêques d'Angers, s. *Martin* et s. *Gatien*, archevêques de Tours, chacun de ces noms étant suivis de la mention du siège épiscopal respectif, ce qui n'a pas lieu dans d'autres cas semblables, et au surplus ils sont presque toujours écrits en rouge, ce qui constitue une autre exception. Ces particularités sont significatives.

La conservation du volume est parfaite.

20. HORÆ. — In-12, de 128 ff.; bordures et lettres ornées ; mar. noir, riches ornem. dorés, tr. cis. et dor., fermoirs, coins et boutons de milieu en argent ciselé (*rel. ital. du XVI*e *siècle*).

Très joli manuscrit sur VÉLIN, exécuté en Italie au XVIe siècle. H. : 0,137.; L. 0,090.

D'une remarquable écriture en lettres rondes, avec titres en or, il offre un charmant spécimen de l'art décoratif de la Renaissance.

Le volume s'ouvre par les Sept Psaumes de la pénitence, et la première page est entourée d'un cadre délicieux, d'une rare finesse de pinceau, avec quatre médaillons, dont trois en clair-obscur à deux teintes, bleu et blanc, offrent de petits sujets parmi lesquels : *Bethsabée au bain* ; celui du bas renferme un écusson ne portant que les lettres : G. R. E.

Les deux autres encadrements (ff. 72 et 116), non moins beaux, sont sur fond d'or. Dans l'un, les motifs d'ornement consistent en aiguières et vases d'où sortent des tiges fleuries, en mascarons, en rinceaux, en figures d'anges, etc.; l'autre est formé par la combinaison de la flore avec la faune.

CENT VINGT-SIX belles initiales, dont quatre grandes, enchâssées dans de petits carrés à fond d'or, et ornées de fleurs et de perles, complètent la décoration de ce charmant petit volume, revêtu de sa première reliure, très originale et parfaitement conservée.

Dans la litanie on remarque les noms de s. *Yconus* et de s*ta Profonia* que nous ne trouvons pas cités dans les hagiographes.

21. HORÆ. — Pet. in-8, de 158 ff.; miniatures et lettres ornées; mar. La Vallière, riche compart. à la Grolier, dorés et en mosaïque, tr. dor. (*Duru*).

Superbe manuscrit du commencement du XVIe siècle, sur VÉLIN, exécuté en France.

Les NEUF MINIATURES qui le décorent représentent : 1° l'*Annonciation à la Vierge* (f. 25 r°); — 2° la *Visitation de sainte Élisabeth* (f. 41 r°); — 3° la *Descente du Saint-Esprit* (f. 51 r°); — 4° la *Nativité* (f. 52 v°); — 5° l'*Annonciation aux bergers* (f. 58 v°) ; — 6° la *Présentation de l'Enfant Jésus au Temple* (f. 65 v°) ; — 7° la *Fuite en Égypte* (f. 70 r°); — 8° le *roi David* (f. 89 r°); — 9° les *Trois Morts et les Trois Vifs* (f. 105 r°).

Les deux dernières sont particulièrement intéressantes pour l'iconographie. Le roi David est représenté debout, à mi-corps, couvert d'une riche armure dorée, la couronne sur la tête et nimbé. De la main droite il s'appuie sur une harpe, la gauche est légèrement levée. Ses yeux se dirigent vers Dieu dont la présence n'est marquée que par des rayons lumineux. Sa belle tête inspirée a tous les caractères d'un portrait.

La dernière peinture offre une représentation toute particulière de la fameuse légende des Trois Morts et des Trois Vifs. La rencontre a lieu auprès d'un calvaire. Les trois jeunes seigneurs sont debout; du second on ne voit que la tête, et du troisième rien qu'un bout de sa coiffure. Le premier, vu jusqu'aux genoux, coiffé d'une calotte écarlate et portant le haut-de-chausse de la même couleur, avec un pourpoint gris à manches de brocart, a les bras croisés sur la poitrine et se regarde tristement dans le miroir que lui présente le premier mort.

Toutes ces miniatures sont entourées d'encadrements de style architectural qui révèlent l'époque de la Renaissance. Ces cadres, en camaïeu or, ont quelquefois la forme d'un simple rectangle, peu orné, mais le plus souvent ce sont des portiques d'un goût sévère. Les peintures avec leurs cadres couvrent presque entièrement les pages du livre, dont les bords excédant sont peints en brun ou en noir. Le commencement du texte de l'office correspondant est écrit, en quatre à six lignes au plus, sur des cartouches formés par le blanc même du vélin et soutenus habituellement par deux anges.

Les peintures sont l'œuvre d'un artiste de beaucoup de talent. Il y a là des têtes d'un modelé admirable, comme par exemple celle de saint Joseph dans la scène de la Fuite en Égypte. L'or joue un grand rôle dans les draperies, mais le coloris des carnations est trop rembruni, ce qui paraît être le trait caractéristique d'une école de miniaturistes exerçant à cette époque à Paris, à Rouen et dans la contrée. Le texte du calendrier, écrit en français, assignerait à ce manuscrit une origine plutôt parisienne que normande. Parmi les noms peu communs qu'on y lit, nous signalerons d'autre part : s. *Viron* (9 mars), s. *Rogat* (28 mars), s. *Ayoul* (19 juillet).

Le volume est parsemé d'une foule d'initiales et de bouts de lignes enluminés. Quelques-unes des initiales renferment des têtes de Christ, de Vierge, etc., habilement peintes en camaïeu.

Conservation absolument irréprochable.

22. HORÆ. — In-12, de 134 ff.; miniatures et lettres ornées; mar. rouge, fil., tr. dor. (*anc. rel.*).

Très joli manuscrit, exécuté en France vers le milieu du xvi° siècle, sur du vélin d'une grande finesse, et orné de dix-sept miniatures, de dimensions variables.

Elles occupent d'habitude toute la largeur du texte (85 mill.), quelquefois seulement un peu plus de la moitié, et les pages où elles se trouvent sont entourées d'un cadre architectural, de style Renaissance, en camaïeu or, agrémenté parfois de colonnes en marbre de couleurs variées.

La première miniature (f. 1 v°) couvre toute la page (H. : 0,153; L. : 0,095) et représente celui pour qui le manuscrit fut exécuté, en costume d'*Archevêque, agenouillé devant un prie-Dieu* et tenant sa mitre des deux mains. La Trinité apparaît dans un nuage. Au prie-Dieu est attaché un cartouche aux armoiries du prélat : *d'azur à trois palmes d'or*..

Les autres miniatures, placées tantôt au haut, tantôt vers le milieu, tantôt au bas des pages, représentent : 2° *s. Jean à l'île de Pathmos* (f. 10 v°) ; — 3° *Jésus en prière au Jardin des Oliviers* (f. 14 r°) ; — 4° *l'Annonciation à la Vierge*, à mi-page (f. 20 r°) ; — 5° *la Visitation de s$^{te}$ Élisabeth* (f. 31 r°) ; — 6° *la Nativité*, presque à mi-page (f. 38 v°) ; — 7° *l'Annonciation aux bergers* (f. 41 v°) ; — 8° *l'Adoration des rois mages* (f. 43 r°) ; — 9° *la Présentation de l'Enfant Jésus au Temple* (f. 45 v°) ; — 10° *la Fuite en Égypte*, à mi-page (f. 49 v°) ; — 11° *la Vierge à genoux devant Dieu le Père*; un ange joue de la mandoline ; à mi-page (f. 54 r°) ; — 12° *Jésus en croix;* à gauche, la Vierge et s. Jean; à droite, une escorte à cheval (f. 58 r°) ; — 13° *la Descente du Saint-Esprit* (f. 61 r°) ; — 14° le *Roi David en prière* (f. 67 v°) ; — 15° *Job sur son fumier*, causant avec deux de ses amis (f. 79 r°) ; — 16°. la *Trinité*, toute petite peinture (f. 115 v°).

La dernière peinture, occupant presque la page entière (f. 134 r°), offre un cartouche, surmonté d'un heaume avec ses lambrequins, et chargé, en guise d'armoiries, de la représentation des *Instruments de la Passion*, parmi lesquels se voit la tête de Judas, avec une bourse d'argent attachée au cou. Le heaume est couvert de la couronne d'épines et a pour cimier une colonne surmontée d'un coq et accompagnée des instruments de la flagellation.

L'exécution de ce volume date du règne de François I$^{er}$. Le dessin des figures, plein d'archaïsmes, les draperies à plis tourmentés, les cadres même rappellent étonnamment l'illustration de certains livres publiés à Paris par Denis Janot vers 1540. La présence des titres courants prouve, d'ailleurs, que nous sommes à une date assez avancée dans le xvi° siècle, et l'insertion d'une oraison à sainte *Geneviève*, dans le nombre total de six, et la seule qui soit consacrée à une sainte locale, témoigne que le volume est sorti des mains d'un enlumineur parisien. Le coloris est très éclatant, surtout grâce à l'abondance de l'or, et ce luxe de décoration s'étend au livre entier par une foule d'initiales et de bouts de ligne enluminés qui rehaussent le texte fort bien écrit en lettres rondes. Conservation parfaite.

23. CIVART. Sur la Mort de Jésus-Christ. — In-8 carré, de 22 ff., dont le dernier blanc, réglé, avec deux gravures; vélin blanc, doré en plein, tr. dor. (*rel. du XVII° siècle*).

Manuscrit sur papier, dédié à la reine ANNE D'AUTRICHE et revêtue d'une reliure à ses armes.

Le titre porte : *Sur la Mort* || *de Jésus Christ* || *Par* || *Le Sieur Ciuart secretaire* || *ordinaire de la Reyne*. A la fin se trouve une oraison composée spécialement pour la souveraine et intitulée : *La Reyne au pied de la croix de Jésus-Christ.*

Le volume est orné de deux gravures en taille-douce, par Firens, dont l'une représente *Jésus en croix*, et l'autre, *Marie-Madeleine dans le désert*.

La reliure, en dehors des armoiries, porte un semis de fleurs de lis s'alternant avec le chiffre couronné de la reine.

**24. PRIÈRES DE LA MESSE.** — Pet. in-12, de 1 f., 99 pp. chiff. et 1 f.; cartouches et initiales enluminées; mar. blanc, riches ornements en mosaïque, tr. dor. (*rel. du XVIII° siècle*).

Joli petit manuscrit sur VÉLIN, exécuté vers 1725. Son origine est consignée dans cette note finale : *Ce livre a été donné à sa bien-aimée sœur Honorée* DE CASTELLANE, *Dame de Majastre, par César* DE FERRIER, *Sacristain de l'Eglise de Riez en Provence, et Prieur de Cotignac, le 6 mars 1726.* C'est bien pour ce César de Ferrier que ce manuscrit a été fait, car ses armes, accompagnées des insignes de prieur, y ont été peintes dès l'origine, au bas de la page 66. Il est indubitable qu'il l'a reçu en cadeau d'un monsieur et d'une dame dont les armoiries accolées et surmontées d'une couronne de comte figurent au frontispice du volume. L'un des écussons porte : *d'argent à la fasce de gueules chargée d'une pomme d'argent* (?) ; l'autre : *d'argent à une fasce de gueules; à un lambel de trois pendants d'or* (?). Les écussons sont enfermés dans un cartouche soutenu par des anges et environnés de nuages, et le tout est entouré d'un joli cadre. Ce frontispice est très finement peint en camaïeu carmin et rehaussé d'or. L'écriture du volume est remarquablement belle, et il est orné d'un bon nombre d'initiales enluminées, la plupart à fond de paysage. Les titres des différentes parties sont enfermés dans d'élégants cartouches; le premier porte : *L'Ordinaire de la messe.* Au bas de la dernière page se trouve encore un écusson avec ses armes : *d'argent à un chevron de gueules, accompagné en chef de deux merlettes de sable, et en pointe d'un trèfle de sinople,* qui sont celles de la famille du Chambge.

Ce qui rehausse la valeur de ce volume, c'est sa reliure, qui est fort originale. Sur un fond de maroquin blanc s'épanouit d'un côté une branche fleurie de grenadier, de l'autre une tige semblable, mais surmontée d'une grenade, le tout en mosaïque, avec des incrustations en mica de différentes couleurs. La bordure des plats est également en mosaïque avec des incrustations. On trouvera au catalogue illustré une reproduction en couleurs de cette curieuse reliure. Le volume est enfermé dans un étui à maroquin rouge richement doré et exécuté à la même époque.

**25. PRIÈRES DE LA MESSE.** — In-8, de 48 ff.; miniatures, en-têtes, culs-de-lampe et lettres ornées; mar. vert foncé, large dent. à petits fers, tr. dor., gardes en soie rose (*rel. du XVIII° siècle*).

Charmant manuscrit sur papier, du commencement du XVIII° siècle.

C'est l'œuvre de Jean-Pierre ROUSSELET, un de nos plus habiles calligraphes après Jarry. Il est écrit en gros caractères droits, avec les grands titres en or, et les titres courants ainsi que les indications liturgiques en rouge. Les pages sont encadrées d'un filet d'or bordé de noir. H. : 0,172; L. : 0,112.

Il est orné de DEUX MINIATURES à pleine page, hors texte, et de NEUF MINIATURES servant d'en-têtes, et de ONZE CULS-DE-LAMPE.

La première des grandes miniatures, placée à la suite du titre, a pour sujet l'ADORATION DES MAGES; la seconde représente la VIERGE et SAINT JEAN AU PIED DE LA CROIX, et est placée au Canon de la messe. Elles sont enchâssées dans de charmants cadres en or guilloché, avec des moulures saillantes ornées de dessins filigranés blanc sur bleu ou rose. Des guirlandes de roses y sont accrochées dans le bas.

Les en-têtes, en forme de cartouches encadrés d'une manière analogue, de même que les titres, décorent les neuf parties de la messe, et représentent : 1° *l'Agneau couché sur le livre de la vie*, muni de sept sceaux; il est environné de sept têtes de chérubins; — 2° *Jésus traduit devant Pilate;* — 3° *Jésus flagellé;* — 4° *Jésus allant au Calvaire et la Véronique;* — 5° *la Mise en croix;* — 6° *Jésus en prière au jardin des Oliviers;* — 7° *le Portement de croix;* — 8° *les Préparatifs de la mise au tombeau;* les disciples du Christ couvrent de fleurs le linceul qui doit l'envelopper; — 9° *la Résurrection*.

Toutes ces peintures à la gouache, traitées en esquisse, et d'un coloris très chaud, sont composées dans le goût théâtral de l'époque. On les attribue au pinceau de RESTOUT.

Les grandes initiales qui figurent au début de chacune des neuf parties de la messe sont en bleu avec des ornements blancs, et placées au centre des carrés à fond d'or guilloché, du même dessin que les cadres des miniatures. Les autres initiales disséminées dans le texte sont en bleu sur fond d'or uni.

Les culs-de-lampe consistent en cartouches de formes et de dimensions variables, à fond d'or uni, encadrés, selon la grandeur, de simples listels de couleurs ou de bordures plus larges, et souvent décorés de guirlandes de fleurs.

Les prières sont de la composition du célèbre Pellisson, le défenseur de Foucquet, qui, depuis sa conversion en 1670, devint un des plus fougueux champions du catholicisme. Ces prières commencent ainsi : *Je m'approcherai de votre autel, ô mon Dieu, pour y renouveler la force et la vigueur de mon âme....*, et finissent par cette phrase : *Dieu fait chair, ayez pitié de ma chair fragile et mortelle, et qu'elle puisse voir un jour ce qu'elle adore, votre chair pleine de gloire et de vérité!*

Ce volume, d'une fraîcheur exquise, est un diminutif d'un très beau manuscrit de Rousselet appartenant à M. Giélen, de Belgique, et qu'on a pu admirer à l'une des expositions rétrospectives de Paris. Il provient de la bibliothèque d'Armand Bertin.

26. **PRIÈRES DE LA MESSE.** — Gr. in-8, de 21 ff.; ornements; mar. rouge, large dentelle à petits fers, armoiries sur les plats, tr. dor., doublé de moire bleue (*Derome*).

Très beau manuscrit sur papier, exécuté en 1747, et offert à Jean DE BOULLONGNE, fameux contrôleur des finances et associé de l'Académie royale de peinture et sculpture de Paris.

Il est écrit en grosse bâtarde, d'une grande beauté, par un excellent calligraphe nommé Doué, dont une lettre de dédicace, adressée *A Monsieur de Boullongne, Conseiller d'État ordinaire, Intendant des finances et des Ordres du Roy, Conseiller honoraire au Parlement de Metz*, est jointe au volume. Cette dédicace est exprimée en douze vers qui témoignent que Doré était aussi mauvais poète qu'habile calligraphe.

Le titre : *Les Prières de la Messe*. 1747., est enfermé dans un cartouche, à la plume, à l'encre de Chine, sur le dessus duquel est couchée une femme personnifiant l'Église, environnée de nuages et tenant de la main gauche une croix et un livre ouvert. Au bas du cartouche on lit : *Composées par M. Pelisson*. Le texte de ces prières est le même que celui du n° 25 ci-dessus. Il est encadré dans un double filet noir.

Le volume est encore orné d'un en-tête, d'une initiale et d'un cul-de-lampe, également à la plume, et tous ces dessins sont attribués à C.-Nicolas Cochin, le père.

La reliure, aux armes de Jean de Boullongne, est un chef-d'œuvre d'ornementation et de dorure, et a l'avantage de porter le nom de son auteur, sous forme d'une petite étiquette gravée, collée en bas du feuillet blanc qui suit le texte, étiquette libellée ainsi : *Relié par J. A. de Rome, rue S. Jaque*.

Conservation parfaite. De la collection Van der Helle.

**27. LIVRE D'HEURES.** — Pet. in-8 carré, de 10 ff. prél. et 88 pp.; miniatures, bordures et lettres ornées; velours cramoisi, gardes en drap d'or, tr. dor.; dans une boîte couverte en chagrin rouge et doublée de satin blanc.

Manuscrit d'une beauté hors de pair, sur VÉLIN, achevé en 1844.

Il a été exécuté, en totalité ou en partie, par H. Delacroix pour M. Curmer qui se proposait de le faire reproduire par la chromolithographie et le destinait spécialement à la famille d'Orléans comme livre de mariage.

C'est assurément ce que notre art contemporain a produit de plus parfait en ce genre, et il serait peut-être difficile de surpasser ce chef-d'œuvre en originalité et en finesse.

Les cinq premiers feuillets ne sont peints que d'un côté, mais ils ont des cadres en filets aux versos. Le titre, précédé d'un faux-titre, porte : *Livre d'Heures. Paris, mdcccxliv*. Tout au bas du cadre, à gauche, on lit : H. Delacroix *ft*. Au centre de la décoration de la page recto du feuillet suivant, un médaillon a été réservé pour l'inscription d'un nom ou d'un chiffre. Viennent ensuite le titre de la partie préliminaire du volume : *Souvenirs de famille*, un frontispice orné d'un médaillon représentant un *Jeune homme et une Jeune fille en prière*, et cinq feuillets en blanc, encadrés, réservés pour l'inscription des souvenirs. Dix petites miniatures en médaillon, placées dans les bordures du haut de ces pages, offrent de petites scènes de la vie de famille, ainsi que la fenaison et la moisson.

Le livre de prières lui-même est orné de huit miniatures à mi-page, représentant : 1° *s$^{te}$ Anne instruisant la Vierge* (p. 1); — 2° *l'Institution de la sainte Eucharistie* (p. 9); — 3° *la Vierge glorieuse* (p. 15); — 4° le *Mariage de la Vierge* (p. 19); — 5° *la Vierge avec l'Enfant Jésus entourés de saints et de saintes* (p. 31); — 6° la *Sainte Trinité dans la gloire céleste*

(p. 81); — 7° le *Couronnement de la Vierge;* au bas, six saints en adoration (p. 85); — 8° s. *Luc peignant la Vierge avec l'Enfant Jésus* (p. 87).

Toutes ces miniatures sont d'une finesse extraordinaire et d'une grâce exquise. Mais ce qui est vraiment merveilleux ce sont les encadrements des pages. Il faut renoncer à donner une idée quelconque de ces *cent deux cadres, dont aucun ne se répète*. L'inspiration en a évidemment été puisée dans les beaux modèles des siècles passés, de la Renaissance surtout, mais leur conception constitue une œuvre bien originale, qui témoigne de l'imagination féconde de l'artiste, de la pureté de son goût et d'une entente parfaite du jeu et de l'harmonie des couleurs. Toutes les séductions de la palette ont été mises en œuvre, et la combinaison des nuances est si savante, l'opposition des tons si heureusement trouvée, qu'il en résulte un ensemble éclatant et doux en même temps. La sûreté de main de l'ornemaniste est à peine concevable : le dessin, en effet, est d'une régularité et d'une symétrie quasi mathématiques, et les ornements filigranés qui abondent sont d'une finesse de pinceau prodigieuse. On est vraiment stupéfié par l'immensité de la tâche menée à si bonne fin.

Pour permettre à ceux qui n'auront pas l'occasion de voir ce volume délicieux, de se rendre compte au moins du mérite du dessin, et aussi afin d'en perpétuer le souvenir, nous donnons au catalogue illustré la reproduction héliographique de la page avec la miniature représentant *l'Éducation de la Vierge* (p. 1).

Dans six encadrements, l'artiste a enchâssé des figures en pied de *Moïse, du Christ, des saints ou saintes et des anges;* dans une autre (p. 43), *deux petits paysages figurant le jour et la nuit.*

Le chapitre consacré aux Cérémonies du mariage a des places réservées en blanc pour l'inscription des noms des époux et la date des publications des bans, de sorte que ce volume, d'une fraîcheur admirable, est tout prêt à recevoir une destination déterminée.

## THÉOLOGIE DOGMATIQUE, MORALE, ETC.

28. **LACTANTIUS** (Firmianus). Opera. — In-fol., de 187 ff. à 2 col. (le 8° blanc); encadrement et lettres ornées; mar. brun, compart. à froid, tr. dor. et cis. (*rel. ital. du XV° siècle*).

Très beau manuscrit sur vélin, exécuté en Italie et daté de 1449.

Les sept premiers feuillets contiennent un préambule (commençant par : *Do his libris dici pōt aliquid...*), quatre éloges de Lactance tirés de s. Augustin et de s. Jérôme, et la table des chapitres du premier ouvrage : *Divinarum Institutionum adversus gentes libri VII.* Les deux autres traités compris dans ce volume sont : *De Ira Dei* (f. 159); — *De Opificio Dei* (f. 173 v°); — ils sont considérés comme livres VIII et IX du premier. La souscription finale (f. 187 r°) est ainsi libellée : *Explicit liber nonus. firmiāi* || *lactantij. de opifitio dei uel* || *de formatione hominis. deo.* || *gratias. Et in sūma tot'* || *eius liber de institutiōib'. Ira* || *dei et eius opificio. Scriptus*

|| *per me* BAPTISTAM DE LANFREDUCIJS || *de pisis. Año. d.* 1449. *die* 22 || *nouembris*.

Le volume est d'une fort belle écriture semi-gothique, et orné d'initiales enluminées. La première page du texte est entourée d'un joli encadrement à rinceaux, or et couleurs; deux anges soutiennent dans le bas une couronne de laurier dont le milieu, réservé pour un écusson d'armoiries, est resté en blanc.

Nous ne mentionnons qu'avec réserve que M. Gancia, dans la vente duquel a figuré ce manuscrit, a déclaré qu'il a été « muré dans la maison Donati de Florence, avec d'autres manuscrits, à l'époque des troubles de cette ville entre les nobles et le peuple, dont Machiavelli nous donne une si exacte description ».

Conservation parfaite.

29. AUGUSTINUS (S.). Epistolæ. — In-fol., de 128 ff. à 2 col.; miniature et lettres ornées; basane.

Manuscrit du x⁰ au xɪ⁰ siècle, sur VÉLIN.

Il commence à la seconde page par une table d'un choix de cent quarante-six lettres de s. Augustin, précédée de ce titre en capitales : *Incipivnt* || *capitvla* || *libri ep'la*||*rvm sc̄i Av*||*gvstini epī*. A la suite de la table se trouve une curieuse peinture à la plume, légèrement teintée, représentant *saint Augustin* assis sous un portique, sur un siège de style byzantin à têtes d'aigles. Il est vêtu d'une robe largement drapée; sa tête est tonsurée et entourée d'un nimbe.

La première lettre est adressée à Volusien. Il s'y trouve aussi deux pièces de vers envoyées à saint Augustin. Le volume s'arrête au milieu de la cinquante-septième lettre, adressée à Maximinus, et finit par ces mots : *ne ppt' honores nr̄os de qua sarcina periculosa ratio reddit' misere plebes...*

Ce fragment est d'une parfaite conservation.

30. AUGUSTINUS (S.). Soliloquia. — Contemplatio de spe habenda in Christo. — De Cognitione sui ipsius. — In-8, de 102 ff.; lettres ornées; mar. brun, riches compart. à fil. dor. et à froid, tr. dor. (*rel. ital. du XV⁰ siècle*).

Très beau manuscrit sur VÉLIN, exécuté en Italie au xv⁰ siècle.

Il commence par cette rubrique : *Incipivnt. capitvla. Soliloqviorum. Avgvs*||*tini. animae ad Deum*. Le texte lui-même du premier traité débute par ce titre (f. 2 r⁰) : *Incipit. Liber. Soliloqviorvm. Beati. Av*||*gvstini. animae. ad. Devm. de ineffabili.* || *dulcedine. omnipotentis. Dei. Cap'lȝ. I.*
Il se termine au f. 51 v⁰, et est suivi de la table des chapitres du second traité, dont le texte est précédé de cette rubrique (f. 53 r⁰) : *Incipit. Liber. Contemplationis. beati. Av*||*gvstini. de. spe. habenda. in. Xp̄o. Cap. I*, et qui finit au f. 66 r⁰. Les deux pages qui suivent offrent le sommaire des chapitres du dernier traité, dont le texte ne commence qu'au f. 68 r⁰ : *Incipit. Libellvs. Avgvstini. de. Cognitione.* || *svi. ipsivs. Prologvs*, et qui

4

finit au f. 100 v°. Viennent ensuite deux petites pièces : *Confessio beati Augustini ad Deum* et *De Bona Voluntate*, et le volume est terminé par cette rubrique : *Deo. Gratias. Amen.*

L'écriture de ce volume est très soignée, et chacun des traités est orné au début d'une fort belle initiale en couleurs sur fond d'or guilloché.

Au bas de la dernière page on a effacé plusieurs lignes d'écriture, dont on lit encore quelques mots, faisant connaître que ce livre a été offert par un père à sa fille.

La reliure est de style vénitien; le dos a été refait.

31. **NICOLAUS DE BIART.** Sermones historiales et dominicales. — In-fol., de 205 ff. à 2 col.; lettre ornée; mar. La Vallière, fil. à fr., tr. dor. (*Lortic*).

Manuscrit de la fin du xiii° ou du commencement du xiv° siècle, sur VÉLIN, exécuté en France.

Il commence par cette rubrique : *Hic sūt S'mones dūicales frīs nicho*‖ *lay de biart. τ p° iiij°ᵉ hystoriales q°r₃* ‖ *primus est de libro regum.* L'initiale P de ce premier sermon renferme une miniature très fine représentant *Nicolas de Biart, en habit de frère mineur, prêchant* devant un auditoire assez nombreux. De cette initiale partent deux longs appendices; celui du bas s'étend jusque sur la marge inférieure, et porte un chien poursuivant un lièvre.

Les trois autres sermons historiaux sont : *de libro Sapientie, de libro Job, de libro Machabeorum*. Après les sermons pour les dimanches viennent ceux pour les fêtes, et le volume finit ainsi : *Expliciunt S'mones byardi de* ‖ *festis.*

Au bas de la première page, une ligne faisant connaître le propriétaire du manuscrit a été grattée en partie (*Iste liber est....*).

Daunou, dans l'*Histoire littéraire de la France* (t. XVIII, p. 530-531), dit qu'on connaît si peu ce prédicateur que son nom même a été diversement écrit par ses biographes (Byart, Biart, Biard, Viart, Bayard, etc.). Tout ce qu'on sait de lui c'est qu'il était contemporain de saint Louis. Daunou ne paraît avoir rencontré aucun manuscrit de ses œuvres, et il n'en parle que d'après les biographes.

La conservation de notre volume est parfaite.

32. **GRATIANUS** (Frater). Summa de Casibus conscientiæ. — Pet. in-fol., de 288 ff. à 2 col.; miniature et lettres ornées; veau brun estampé, fermoirs, tr. dor. (*rel. du* xv° *siècle*).

Précieux manuscrit sur VÉLIN, *écrit et terminé par l'auteur lui-même* dans le couvent de Sainte-Marie-des-Grâces, près Mantoue, le 12 juillet 1460, et présenté par lui au cardinal BESSARION.

En tête est une miniature assez belle qui représente l'auteur en habit de frère mineur, remettant à genoux son livre au cardinal. Suit une épitre dédicatoire dont nous copions l'adresse sans tenir compte des abréviations : *Reverendissimo in Christo patri et domino Bessarioni, miseratione divina episcopo tusculano et sancte ecclesie romane cardinali niceno vulgariter nuncupato, necnon in partibus Alemanie et Germanie locisque omnibus in eysdem sacro romano imperio… apostolice sedis de latere legato, necnon totius ordinis Minorum ac congregationis monachorum s. Justine paduan'. ordinis s. Benedicti gubernatori, protectori et correctori ab eadem sede apostolica deputato, epistola destinata 14 octobris 1461, indictione 9, pontificatus s. Domini nostri Piy divina providentia pape vero anno quarto, feliciter incipit.* L'auteur s'y qualifie d'*indignus servulus frater* GRATIANUS, *ordinis minorum pauperum.* Cette épître est terminée par cette rubrique : *Explicit epistola prohemialis domino Cardinali ut supra Venetiis in conventu monachorum sancti Georgij majoris millesimo et die ut supra presentata.*

Vient ensuite un prologue où l'auteur dit avoir composé ce livre à l'aide des écrits et des dires des docteurs anciens et modernes.

Le volume est admirablement écrit en caractères très fins, mais avec une telle quantité d'abréviations que le nombre des lettres dont les mots se composent est réduit des deux cinquièmes, ce qui le rend très curieux au point de vue paléographique. Ce vaste répertoire de toute la science ecclésiastique, où les matières sont rangées dans l'ordre alphabétique, est partout rubriqué soigneusement et orné d'un grand nombre d'initiales enluminées.

A la fin du texte, avant les tables, on lit : *Ego frater* GRATIANUS DE CIVITATE AUSTRIE, *ordinis minorum minimus et indignus, hujus operis onus suscepi et compilari cepi ad mei instructionem et in ipso legere volentium consolationem, suffragantibus quam plurimorum orationibus a Deo gratiam implorantibus ut me in tanto opere illustrari et auxiliari dignaretur; quibus exauditis predictum opus gratia piissimi Dei Patris, domini nostri Jesu Christi favente, ad finem conduxi ac mediantibus meritis gloriose Virginis Marie matris Dei, et seraphici patris nostri Francisci qui in celis regnat cum eodem Domino nostro Christo Jesu. Amen. Expletum est hoc opus* IN LOCO SANCTE MARIE GRATIARUM EXTRA MANTUAM *die 12 Julij 1460, in qua est festum sancti Hermacore primi patriarche aquilejensis et discipuli sancti Marci evangeliste Domini Christi Jesu.*

Viennent ensuite : 1° une table des chapitres de l'ouvrage ; 2° une liste des abréviations ; 3° l'*Aureum decretum* ; 4° les tables des chapitres des *Décrétales* du pape Grégoire IX, du pape Sixte, des *Clémentines*, du Droit civil, des *Digestes*, des *Institutes*, etc.

Le volume est terminé par un *Breve quoddam domini Eugenij pape quarti declarans tempus communionis*, daté du 8 juillet 1446.

Les feuillets de garde sont couverts de notes consacrées à l'éloge de cette œuvre et constatant aussi les destinées successives de ce volume. La *Civitas Austriæ*, dont le frère Gratien était originaire, est le bourg de Cunedo, dans la province de Mantoue.

## 33. RECUEIL DE TRAITÉS DE DÉVOTION, en prose et en vers. — In-4, de 208 ff. (le dernier blanc) ; miniatures et lettres ornées ; basane, tr. rouge (*rel. du XVIII° siècle*).

Précieux manuscrit sur VÉLIN, exécuté en France dans la seconde moitié du XIV° siècle, et orné de VINGT-SEPT MINIATURES.

Pendant qu'il était encore la propriété de M. Toutain (de Saint-Lô), il fut communiqué à M. L. Delisle, de l'Institut, qui a reconnu que ce respectable volume avait appartenu aux rois CHARLES V et CHARLES VI, et qu'il figure dans les inventaires de la librairie du Louvre de 1373, 1380, 1411, 1413 et 1424. M. Delisle en a donné, dans la *Bibliothèque de l'École des Chartes* (1869), une longue description, accompagnée de citations, ce qui nous permettra d'être plus bref.

Le volume compte deux feuillets non chiffrés et deux cent six feuillets cotés en chiffres romains de *i* à *ccviij*, erreur résultant de l'omission des cotes *lxxv* et *cxix*. (H. : 0,223 ; L. : 0,155). Les morceaux dont il se compose sont au nombre de dix-neuf, dont six en vers ; ils sont énumérés dans une table qui occupe les trois premières pages. En voici la liste.

I. — *Le Legilogue*, « ainsi apelé, dit la table, pour ce que il parle de la loy de nature qui a .ij. commandemens, et de la loy de la sainte escripture qui a x commandemens.... » Les préceptes moraux y sont accompagnés d'historiettes, en guise d'exemples à suivre ; tout un chapitre est consacré à l'éloge du caractère d'Alexandre le Grand.

Ce traité est orné de deux miniatures. Celle servant de frontispice, à mi-page, représente *le Père éternel paraissant dans un nuage pour révéler ses volontés au peuple juif*. Elle est peinte sur un fond d'azur couvert de beaux rinceaux dorés. Le groupe d'auditeurs se compose de douze personnes. L'initiale A du texte représente au centre une *Dame couronnant de laurier un jeune personnage agenouillé devant elle*, sans doute l'auteur de ce traité. Les deux extrémités de cette initiale se prolongent en appendices fleuronnés qui entourent la page entière et lui servent de cadre. Sur la tige du bas est un groupe de cinq hommes, dont deux jouent au disque. La seconde miniature (f. vi r°) représente *Dieu remettant à Moïse les tables de la loi*.

II. — *Le Dialogue :* « c'est dou père qui son filz enseigne, et dou filz qui au père demande ce qu'il ne sèt. » Il est consacré plus spécialement aux sept sacrements, et contient aussi un « *Trectié de Antecrist* », « *De Enohc et Helie qui venrront encontre Antecrist,* » *les Quinze Signes du jugement dernier, des Aumônes, des Membres de sainte Eglise,* etc.

Cette partie est ornée de huit miniatures : 1° un *Père enseignant son fils* (f. xlii v°) ; — 2° le *Baptême* (f. xliii r°) ; — 3° la *Confirmation* (f. lxxvii r°) ; — 4° l'*Ordination* (f. lxxiv r°) ; — 5° l'*Eucharistie* (f. lxxvi r°) ; — 6° la *Confession* (f. lxxviii v°) ; — 7° le *Mariage* (f. lxxxii r°) ; — 8° l'*Extrême-Onction* (f. lxxxiii v°). Ces miniatures sont d'un grand intérêt pour le cérémonial religieux, et surtout pour les costumes civils. Parmi les coiffures des femmes, on remarque une sorte de capuchon pointu, recourbé en avant, en guise de bonnet phrygien, et descendant sur le dos.

III. — *Les Six Degrés de charité*. C'est le même traité mystique que celui compris dans le Psautier de Bonne de Luxembourg, décrit plus haut. La miniature qui le décore représente *Salomon sur son trône* (f. ciii v°).

IV. — *Traité des « nouvelletez dou monde »*. Le préambule explique ainsi le sujet de ce traité : « L'en dit communement selonc le monde : *De nouvel tout bel*, et pour ce le monde, qui cèle par dedanz sa corruption et sa mauvestié, et montre par dehors ce que il a de bêle aparence, pour ce que il soit convoitié et amé, A MOUSTRÉ PUIS UN POU DE TEMPS TROIS NOUVELLETEZ, c'est à savoir : *chançons hoquetées* [c'est-à-dire celles dont l'émission « empeeche l'entendement des paroles »], *robes boutonnées et chauces coulourées*. Et ces trois choses entendues espirituement sunt : empeechement de vie espirituele et de vie et de pardurable sauvement. » Dans ce traité se trouve intercalé le récit de la fondation de l'ordre des Chartreux (f. cix r° à cx v°); « en Bourgoigne, en un leu désert plain de montagnes. » L'auteur déclare avoir consigné cette légende « selonc ce que il fu raconté devant MADAME LA CONTESSE DE SAINT POL à [sic, pour : par] un des greigneurs hommes et des plus anciens de cèle ordre de Cha[r]treuse ». Cette comtesse de Saint-Paul était sans doute Mahaut de Châtillon, femme de Gui de Luxembourg, morte en 1378.

La miniature, couvrant toute la page, qui décore ce traité (f. cvii v°) représente un *Groupe de cinq chanteurs*, par allusion à l'innovation récente des *chançons hoquetées*. Les girouettes des tourelles surmontant le portique sous lequel ils sont réunis, portent l'une : *une aigle de sable sur fond d'or*, l'autre : *des sautoirs de gueules sur or*.

V. — Les *Enseignements de saint Louis à son fils*. « Ce texte, dit M. L. Delisle, est, sauf de légères variantes, semblable à celui que notre confrère, M. Paul Viollet, désigne par la lettre A et qui, jadis conservé à la Chambre des Comptes, est connu par les éditions de Theveneau et de Moreau ».

La miniature afférente (f. cxiii v°) a pour sujet : *Saint Louis donnant ces enseignements à son fils.*

VI. — *Lettre adressée par un religieux à un jeune noble*, pour lui apprendre à se confesser. Elle analyse les sept péchés capitaux.

La miniature placée en tête (f. cxx v°) nous fait voir ce *Religieux, assis à la porte du couvent, remettant sa lettre à un messager.*

VII. — *Sept Pétitions dévotes*, « pour requerre l'aide et le conseil et la grace Nostre Seigneur », extraites des évangiles.

Ce traité est orné de deux miniatures représentant : 1° *Dieu sur le trône* environné des emblèmes des quatre évangélistes (f. cxxxi v°); — 2° *Jésus en croix entre la Vierge et s. Jean* (f. cxxxii v°).

VIII. — Les *Quinze Joies Nôtre Dame*. A la fin, on lit un petit épilogue ainsi conçu : « Ci acheverons *nostre petit livret* en rendant graces à Dieu et à sa benoîte mère et à tous sains et à toutes saintes, et en suppliant à ceus et à celles qui cest livret auront [sic, pour : orront] et liront que il se teignent à paiez de nostre petite information, que charité et devocion nous a ainssi fait ordener, *pour lessier après nous aucune chose en quoi se puissent espirituement occuper nos enfanz que nous avons en garde*, que Nostre Sires par sa très douce pitié vuelle de tout mal garder et en tout bien norrir et enformer et nos seigneurs et nos dames et nos bonnes amies, aus quiex et ausquèles nous nous recommandons très humblement et à vie et à mort especiaument. » « Il serait bien possible, dit M. L. Delisle, que ces paroles eussent été écrites par Mahaut de Châtillon, comtesse de Saint-Paul, qui perdit son mari, Gui de Luxembourg, en 1371, et qui eut alors sous sa tutelle plusieurs enfants mineurs. » Cette dame serait par conséquent, conformément au texte précité, l'auteur de ces

*Quinze Joies Nôtre Dame* qu'on rencontre dans tant de livres de piété.

C'est elle aussi évidemment qui est représentée agenouillée devant la *Sainte Vierge tenant l'Enfant Jésus,* dans la miniature qui précède ce petit traité (f. cxxxiiii r°).

IX. — *Conte des trois chevaliers et des trois livres,* élucubration dévote assez insipide. Trois jeunes chevaliers, revenant d'un tournoi « à granz boubens et à grant compaignie », traversent un bois en silence, absorbés dans des rêveries mélancoliques. Une fois dehors, ils se communiquent leurs pensées et constatent que tous les trois songeaient qu'il vaudrait mieux pour eux quitter les séductions de la vie mondaine et se consacrer au service de Dieu. Y voyant l'inspiration divine, ils tombent d'accord de prendre l'habit religieux, et incontinent se réfugient dans une abbaye voisine pour mettre leur projet à exécution. Quarante jours après, les deux plus jeunes, succombant aux suggestions du mauvais esprit, commencent à regretter leur détermination et songent à abandonner le couvent. Le plus âgé, mis au courant de leurs velléités profanes, les sermonne doucement, et les fait revenir à des idées plus saintes, en leur expliquant ce qu'il avait appris, depuis son entrée en religion, dans trois livres : le livre de conscience, le livre de science et le livre de sapience.

Ce qui vaut assurément mieux que le style de ce conte, c'est son illustration, consistant en cinq miniatures qui représentent : 1° les *Trois Chevaliers revenant du tournoi* (f. cxxxvij) r° ; — 2° *les mêmes traversant le bois* (f. cxxxvij v°) ; — 3° *les mêmes se communiquant leurs pensées* (f. cxxxviij r°) ; — 4° *les mêmes revêtant l'habit religieux à l'entrée d'une abbaye* (f. cxxxix r°) ; — 5° *le plus âgé sermonnant les deux autres* (f. cxl r°). Ce qu'elles offrent de particulièrement curieux, c'est un détail du costume chevaleresque du temps. On y voit, fixées verticalement aux cottes d'armes, à l'endroit des épaules, des ailettes ou plaques de métal, destinées à garantir les guerriers des résultats funestes des coups de masses d'armes. Feu M. Viollet-le-Duc fut frappé de ce détail qu'il n'avait rencontré dans aucun monument de la seconde moitié du xiv° siècle. Cet usage, qui remonte à Philippe le Bel, avait cessé, selon l'opinion de l'éminent archéologue, bien avant l'époque de Charles V, et il en concluait, ainsi que de certains indices fournis par la scène du baptême (citée plus haut), que ce manuscrit a été exécuté près d'un tiers de siècle avant le règne de Charles V, ce qui n'est guère admissible, comme on l'a vu, en raison de ce qui a trait à la comtesse de Saint-Paul, dont le veuvage ne date que de 1371. Il n'en est pas moins vrai que ce point de l'archéologie du costume mérite de fixer l'attention. Les cottes d'armes des trois chevaliers sont armoriées et cela uniformément dans les trois peintures. Ces armoiries sont : 1° *d'argent à la croix de sable ;* — 2° *d'or aux marteaux de gueules ;* — 3° *de gueules aux aiglettes* (?) *d'argent.*

X. — *Livre de vie et aiguillon d'amour et de dévotion.* La miniature qui s'y rapporte représente une *Dame agenouillée devant une bannière sur laquelle est peint Jésus crucifié* (f. cxliii v°). Dans ce traité se trouvent intercalés trois contes : *Des Trois Lois, des Trois Pierres, des Quatre Vins.*

XI. — *Traité du Saint-Esprit,* « qui est fait à la similitude dou fleuue qui ist dou leu de delit assiz ou jardin de paradis, qui par quatre parties court en cest bas païs, pour *la cité de l'ame* netoier et ennoblir, clorre et enforcier ». On y a intercalé de nouveau le texte du récit de la fondation de l'ordre des Chartreux (f. clxxv v° à clxxvij r°) qui était déjà inséré dans le quatrième traité.

La miniature placée en tête de cette partie représente la *Cité de l'âme* environnée de fleuves et à l'entrée de laquelle se tient une jeune fille vêtue de bleu, personnifiant l'âme.

XII. — *Poème mystique du rossignolet*, « exposé espirituement selon le mistère de la crois et de la passion au benoit Jhesu Crist. » Ce petit poème, en vers octosyllabiques, fait par un saint homme :

> Pour esmover sa bonne amie
> A l'amour dou douz filz Marie

est empreint de beaucoup de grâce et de sentiment. Il compte soixante-dix-neuf huitains, dont chacun commence par le dernier mot du huitain précédent.

Le point de contact entre la passion du Sauveur et le rossignol se trouve dans la légende aux termes de laquelle cet oiseau assista au drame du Calvaire et annonça partout la mort du Christ, en criant : *Occi! Occi!* Aussi, dans la miniature qui précède ce poème (f. clxxviii r°), on voit *Jésus en croix et, à côté, un rossignol perché dans un arbre*. Une dame, en robe rose, prie à genoux au pied de la croix, tandis que du côté opposé un clerc écrit sur un rouleau.

XIII. — *Oraison de la Passion*, rimée, composée de treize vers.

XIV. — *Oraison à Notre-Dame*, pièce de quarante-huit vers.

XV. — *Petit traité d'amour*, en rime, pièce de cent douze vers.

XVI. — *Petit traité de Notre-Dame*, quarante-huit vers. Après l'intitulé de cette pièce, le scribe a ajouté : « QUE M'APRIST MONSEIGNEUR DE SAINT-POL, *que Diex absoille!* » Il s'agirait ici de Gui de Luxembourg, mort en 1371, dont il a déjà été question.

XVII. — Le *Salut que l'ange Gabriel apporta à la sainte Vierge*, « en romanz », pièce de cinq vers monorimes.

XVIII. — Les *Enseignements* « que une grant dame et sainte dame envoia par unes lettres à une seue bonne amie en Nostre Seigneur. »

La miniature placée en tête (f. clxxxvii r°) représente la *Dame* en question, vêtue d'une robe rose, *assise sur un banc et remettant une lettre à un serviteur agenouillé devant elle*. Les compartiments losangés qui décorent le fond de cette belle peinture sont chargés alternativement de *lions de gueules* et *d'aigles d'argent*. La dame doit représenter Mahaut de Châtillon, auteur probable de cette pièce.

XIX. — *La Dédication ou Sanctification de l'âme*, long traité en prose.

Dans la miniature qui le précède (f. cxcii v°) on voit une *Jeune fille vêtue de blanc, personnifiant l'âme, à genoux devant une sorte d'autel, ayant près d'elle un ange debout*.

Le volume est terminé par un *post-scriptum* dont les termes sont presque identiques avec ceux de l'épilogue des *Quinze Joies de Notre-Dame*, que nous avons rapporté plus haut, avec cette différence que Mahaut de Châtillon n'y parle plus de ses enfants, mais déclare que ce traité a été fait « pour lessier après nous aucune chose en quoi se puissent espirituement occuper nos bons amis et nos bonnes amies, et nos seigneurs et nos dames ».

De tout ce qui précède il résulterait que ce volume a été fait sous les auspices et avec la participation de Mahaut de Châtillon, peu après la mort de son mari, Gui de Luxembourg, survenue en 1371, et qu'il fut ensuite offert au roi Charles V, avant 1373, puisque à cette date il figure déjà sur l'inventaire de la librairie du Louvre.

# JURISPRUDENCE, SCIENCES,

## ARTS ET BEAUX-ARTS

---

34. — BONIFACIUS VIII. Liber Sextus decretalium. Cum apparatu Johannis Andreæ. — Gr. in-fol., de 90 ff. à 2 col.; miniatures et lettres ornées; mar. La Vallière, riches compart. à froid, tr. dor. (*Duru*).

Précieux manuscrit sur VÉLIN, exécuté en Italie vers le milieu du XIV° siècle, pour un prince de la maison d'ANJOU-SICILE, sans qu'il nous soit possible de l'identifier avec certitude.

Les deux premiers feuillets sont consacrés à l'arbre de parenté dressé par le commentateur (*Circa lecturam arboris...*), terminé ainsi : *Explicit apatus dñi. Jo. andree super* || *Arbore cōsanguinitatis τ affinitatis.*

Le texte des décrétales commence à la page suivante par cette rubrique : *Incipit lib'. vj. dec'taliū. d. boīfat'. ppe. viij.* Au dessus se trouve une miniature ayant pour sujet la *Présentation du commentaire par Jean d'André*. Le célèbre canoniste, la tête tonsurée, offre, à genoux, son livre à un personnage assis, à barbe grisonnante, vêtu d'une robe bleue et d'une chlamyde écarlate, et coiffé d'une sorte de mitre pointue, également écarlate, avec un large galon doré et une bandelette retombant dans le dos. Derrière Jean d'André, plusieurs ecclésiastiques, dont le premier est coiffé d'une mitre blanche et porte une étole de même couleur sur une cape écarlate. Ce dernier est peut-être l'archidiacre Gui de Abaysio, le maître et le protecteur de Jean d'André ; celui à qui le livre est présenté nous semble être le recteur de l'université de Bologne où notre canoniste professa pendant longtemps. Le même personnage est encore représenté dans l'initiale B du texte, à mi-corps, vêtu de même et tenant des deux mains le livre qui lui a été offert. C'est aussi, en effet, aux docteurs de cette université célèbre que le pape Boniface VIII avait adressé, en 1298, sous forme de bulle, ses décrétales rédigées par Guillaume, archevêque d'Embrun, Bérenger, évêque de Bourges et Richard *de Senis*, vice-chancelier du saint-siège.

En regard de la miniature se trouve un grand écusson d'armoiries : *Parti : au 1, semé de France, à un lambel de gueules*, qui est d'ANJOU-SICILE ; *au 2, de pourpre au lion d'or*.

Le commentaire de Jean d'André, écrit en caractères plus petits, entoure le texte, de même que cela a lieu plus tard dans les éditions imprimées de ce livre. Au surplus, les marges et les intervalles des deux textes sont couverts de notes d'une écriture courante du même temps.

L'ouvrage finit à la seconde colonne de l'avant-dernière page par cette souscription : *Explicit apparatus dñi Johis andree super sex||to libro decretalium. Deo gratias.*

A la suite le scribe a copié une bulle d'un pape Benoît, datée d'Avignon le 4 des calendes de février, la deuxième année de son pontificat. Cette bulle, qui ne figure pas dans les éditions imprimées, ne peut émaner que de Benoît XII, Français d'origine, élu le 13 décembre 1334. L'exécution de notre manuscrit semble peu postérieure à cette date, et il a peut-être été fait du vivant même de Jean d'André, qui mourut le 7 juillet 1348.

La première édition de ce livre a été donnée à Mayence par Jean Fust et Pierre Schœffer en 1465.

---

35. **PLATON.** Phédon, Criton, Alcibiade I et II, Euthyphron, Charmides (en grec). — In-8, de 168 ff.; demi-rel., veau fauve.

Fort beau manuscrit sur VÉLIN, exécuté au xv° siècle, probablement en Italie.

Il débute par ce titre en lettres d'or : Φαίδων ἢ περὶ ψύχης. Les cinq autres traités renfermés dans ce volume commencent aux feuillets 69 v°, 82 v°, 114 v°, 128 r° et 143 v°; le dernier est terminé par cette souscription, également en lettres d'or, comme toutes les autres et comme tous les titres : χαρμίδης ἢ περὶ σωφροσύνης.

La fine écriture du volume est un chef-d'œuvre de calligraphie grecque du xv° siècle ; le vélin est d'une qualité supérieure.

Les premières pages du texte de l'*Alcibiade II* sont accompagnées en marges d'une traduction latine.

Ce beau volume porte à plusieurs endroits l'estampille de la famille lucquoise Minutoli-Tegrimi.

36. — **CICERO (M. T.).** De Officiis. — In-4, de 70 ff.; bordures et lettres ornées; veau antiqué, ornem. à froid, tr. dor.

Beau manuscrit sur VÉLIN, exécuté en Italie dans la seconde moitié du xv° siècle.

Il commence par ce titre en carmin : *Marci T. C. de Officiis liber primvs incip.*, et finit par celui-ci (f. 65 r°) : *Finis libri tertii et vltimi Cicceronis || de officiis. Deo gratias. Feliciter finit.*

Chacun des trois livres est orné en tête d'une grande initiale enluminée en or et couleurs, dont les appendices s'étendent sur les marges, formant bordure. Au bas de la première page, une couronne de laurier renferme un écusson armorié : *d'argent à trois fasces d'argent.*

L'écriture, ronde et fine, est fort belle. Le texte est accompagné de nombreuses notes interlinéaires et marginales.

A la suite de Cicéron, on a copié une harangue latine d'Antoine de Geminiano, adressée en public à son concitoyen, le chevalier François Useppe, à son retour de la Hongrie, et à qui la ville de Bologne venait de confier le commandement de sa milice communale (*Antonij Geminianensis Oratio ad splendidum equitem Franciscum, concivem, coram populo et in foro habita feliciter*). L'orateur dit avoir été invité à la prononcer par les principaux capitaines du parti guelfe.

37. **CICERO (M. T.). Tusculanarum Disputationum libri V. — De Finibus bonorum et malorum.** — In-fol., de 150 ff.; bordures et lettres ornées; mar. brun, ornem. à froid, tr. dor. (*rel. ital. du* xv° *siècle*).

Très beau manuscrit sur VÉLIN, exécuté en Italie et daté de 1431.

Il commence par cette rubrique : *M. Tvllii. Ciceronis. Tvscvlanarvm. Dis*‖*pvtationvm. liber. primvs. incipit. feliciter*. La page est entourée d'un beau cadre, peint en or et en couleurs, composé d'entrelacs, de figures d'anges et d'animaux. Le montant droit est terminé en haut par un médaillon avec le portrait d'un personnage en costume du temps; du côté opposé, est un semblable médaillon avec un pupitre de travail. Dans la bordure inférieure, deux anges supportent une couronne de laurier, au milieu de laquelle se trouvent ces armes : *de gueules à une fasce*(?)*d'argent*, timbrées d'un casque, avec un faucon pour cimier, armoiries qu'on croit être celles de la famille Falcone.

Le premier traité finit au f. 77 v°; le feuillet suivant n'a qu'une ligne de texte, répétant l'*explicit*. Le second traité commence au f. 79, sans aucune rubrique, et finit ainsi au bas de la dernière page : *Finis.* ‖ *Die XXIIII° mensis may. M°.CCCC°XXXI°. manu mei D°.N<sup>i.</sup>* POLLINI.

38. **CICERO (M. T.). Paradoxa. — De Senectute. — De Amicitia.** — In-8 carré, de 122 ff.; lettres ornées; cuir de Russie fauve.

Important manuscrit sur VÉLIN, exécuté en Italie au xiv° siècle.

Aucun de ces trois traités n'est pourvu de titre. Les *Paradoxes* finissent au f. 24 v°, au bas duquel on lit, d'une écriture très fine : *mcccciiij° ĩdict. xij<sup>a</sup> die xxj° m̃ss. Junij explet' ẽ hora xx<sup>a</sup>*. Suivent deux ff. blancs.

Le traité sur *la Vieillesse* occupe les ff. 27 à 73. A la fin se trouve cette souscription : *Marci Tullij Ciceronis* ‖ *ad Acticum* (sic) *de Senectute* ‖ *liber explicit. Amen.* ‖ *Deo Gratias*; et plus bas : *Mcccciiij° die xx m̃sis Aprilis hora xviij felicit' a me* FRĀCISCHO *explet' ẽ liber iste*.

Le traité de l'*Amitié* commence au f. 75, et finit par le mot *Amen*.

Chacun de ces traités est orné en tête d'une belle initiale en azur et carmin. Le texte de Cicéron est accompagné de notes marginales et interlinéaires, de la même écriture que celle des souscriptions rapportées ci-dessus, et datées de 1404, d'où il résulte que le nommé *Franciscus* n'est pas le copiste du manuscrit, mais le commentateur.

Ce volume, parfaitement conservé, provient de la bibliothèque du comte D. Boutourlin.

**39. LE LIVRE DES MEURS DU GOUVERNEMENT DES SEIGNEURS**, appellé les SECRETZ DES SECRETZ ARISTOTE. (Texte latin et traduction française.) — Pet. in-8 carré, de 107 ff.; cuir de Russie, ornem. à froid, tr. dor.

Manuscrit du xv° siècle, sur VÉLIN, en ancienne bâtarde.

Le premier chapitre de la traduction française nous donne la genèse de ce livre : « IEHAN, filz Patrice, saige de tous langaiges, trouva en Grèce « repost ou Temple du Soleil que Esculapides avait fait faire, le livre des « *Secretz Aristote*, et le translata de grec en calde. Et de calde depuis, à « la requeste du roy d'Arabie, le translata en arabic. Et après grant temps « ung grant clerc, appellé PHELIPPES, le translata d'arabic en latin, et « l'envoya à Révérend Père en Dieu, tressaige, noble et honneste per- « sonne, Guy de Valence, evesque de Triple [Tripoli]. » Le même préambule dit ensuite que lorsque Aristote ne pouvait plus, pour cause de vieillesse, accompagner partout Alexandre le Grand, il composa ce livre pour lui rappeler « comment il se devoit maintenir et gouverner ». « Et depuis « a esté translaté ledit livre de latin en rommant, non mie tout, fors ce « qui est plus prouffitable à l'estat et gouvernement des princes. « Voici maintenant l'explication du titre de ce traité : « Et disoit Aristote que « ces choses ne sont mie à monstrer à chascun, *ainçois les doit-on moult* « *secrètement garder*, et faire lire devant les grans seigneurs qui y doivent « prendre mirouer et forme de vivre, parquoy ilz se saichent gouverner « si comme il affiert au prouffit et honneur d'eulx et de leurs subgetz. »

On sait que l'attribution de cette œuvre à Aristote est fausse; mais, à part cela, tous les autres détails qu'on vient de lire paraissent exacts, attendu qu'on en possède plusieurs leçons arabes.

La version latine, qui occupe les quarante premiers feuillets de notre manuscrit, commence par un *Prologus in libro Aristotilis ad Alexādrū regem de regimine principum*, prologue qui est tout simplement une épître dédicatoire adressée par le traducteur Philippe à l'évêque Gui de Valence : « *Domino suo excellentissimo, in cultu religionis cristiane strenuissimo Guidoni de Valencia, civitatis Tripolis glorioso pontifici, Philippus suorum minimus clericorum* ». Il y déclare avoir trouvé le texte arabe de « cette perle de philosophie », à Antioche où il avait accompagné l'évêque Gui de Valence. Notre version finit par ces mots : *Observa in omnibus pseueranciam et noli sequi fugientem*, et par cette rubrique : *Explicit moralisacio compendiosa* || *super librum Aristotilis de regimine* || *principum*, suivie d'un long passage du livre de Salomon, à l'adresse des rois et des princes, écrit également en rouge.

La version française, qui offre un texte rajeuni d'une traduction exécutée au xiii° siècle, commence par le titre que nous avons transcrit en tête de cet article, et par une table des matières de cet ouvrage divisé en quarante-deux chapitres.

Ce livre ayant été destiné à apprendre aux princes non seulement à se gouverner et à gouverner les autres, mais aussi « à se maintenir », une bonne partie en est consacrée à des préceptes d'hygiène. Les chapitres suivants : *Des quatre temps de l'an; — de la congnoissance des viandes que l'on doit user selon la complexion; — des eaux et de leur nature; — des vins et de leur nature; — des manières des baings et des estuves*, etc., sont fort curieux au point de vue de l'histoire de la science.

Le volume finit ainsi (f. 107 r°) : ... *Et ne sauroies met‖tre fin ne mesure a la paine qui‖ten pourroit venir. ‖ Cy fine le liure appelle le secret ‖ des secretz aristote qu'il enuoya au ‖ roy alexandre.*

Il a été exécuté pour un membre de la maison de France, car au milieu de l'initiale D de la première page se trouve un écusson presque entièrement effacé, mais où l'on distingue encore *trois fleurs de lis et un lambel de trois pendants.*

Le texte latin et la version française de cet ouvrage ont été imprimés plusieurs fois au xv° siècle.

**40. CHRISTINE DE PISAN.** Le Livre des trois vertus pour l'enseignement des dames. — In-fol., de 98 ff. à 2 col.; miniature, lettres ornées; mar. rouge, fil., tr. dor.

Précieux et beau manuscrit sur vélin, exécuté dans le premier quart du xv° siècle.

La table des chapitres, qui occupe les trois premières pages, nous fait connaître dès le début le plan de cet ouvrage, divisé en trois parties : *Ci cōmence la table des ‖ rubriches du liure des ‖ .iij. vertus a lenseignement ‖ des dames. le quel dit liure ‖ est parti en troys parties. la ‖ premiere sadrece aux prin‖cepces et haultes dames. la ‖ seconde aux dames et damoi‖selles et premierement a cell‖les qui demeurent a court de ‖ princepses ou haulte dame. Et ‖ la tierce aux fēmes destats aux bourgeoises z femmes de ‖ cōmun peuple.*

Dans le préambule de la première partie, l'auteur explique ainsi les prémisses et le titre de ce travail : « Apres ce que j'oz ediffiée, à l'ayde et
« par le commandement des trois Dames de Vertus, c'est assavoir Rayson,
« Droitture et Justice, la *Cité des Dames*, par la fourme et maniere que
« ou contenu de la ditte cité est declairie; je, comme personne travaillie
« de si grant labour avoir accompli et mis sus, mes membres et mon
« corps lassez pour cause du long et continuel exercite, estant en oyseuse
« et quérant repos, s'apparurent à moy de rechief, gaires ne tardèrent,
« les sus dittes troys glorieuses, en disant toutes trois parolles d'une
« meisme substance en telle maniere : « Comment, *fille d'estude,* as tu ja
« remis et fichié en mue l'outil de ton entendement et délaissié en séche-
« resse encre, plume et le labour de ta main dextre, ou quel tant te sou-
« loys délitter?... Or sus, sus, baille çà ta main, drèce toy, plus ne soies
« accropie en la pouldrière de récréandise... » Lors moy, Christine, oyant
« les séries voix de mes tresvénérables maistresses, remplie de joye, en
« tressaillant tost me dreçay, et agenoillée devant elles m'offry à
« l'obéissance de leurs dignes vouloirs... »

La belle miniature (H. : 0,089; L. : 0,126) placée en tête de la première partie (f. 3 r°) représente précisément cette scène allégorique de l'inspiration, et en même temps aussi la scène corollaire de l'application de cette œuvre de Christine de Pisan. Dans la moitié gauche de la peinture, un édicule ouvert sur deux côtés nous laisse voir l'intérieur de la chambre à coucher de Christine. Vêtue d'une robe bleue à manches fendues et d'une cotte noire, la tête couverte d'un large atour en forme d'auvent, elle est couchée sur un lit confortable, surmonté d'un dais. Les *Trois dames de vertus*, dont il a été parlé ci-dessus, les têtes ceintes de couronnes royales, se tiennent debout auprès du lit, et l'une d'elles relève Christine par le bras. Dans la moitié droite, dont le fond est à damier or et couleurs, la même dame, assise dans une chaire, lit le livre d'enseignement à un auditoire féminin composé de quatre princesses couronnées et de sept femmes appartenant à la noblesse, à la bourgeoisie et au peuple. La plupart de ces dernières sont vues de dos. Cette peinture, si intéressante pour le costume du beau sexe sous le règne de Charles VI, est d'une exécution remarquable et d'une grande fraîcheur ; on en trouvera une reproduction au catalogue illustré.

On n'a pas encore remarqué que le dernier chapitre de la première partie est une simple reproduction d'une longue épître morale (vingt colonnes) tirée d'un livre inconnu intitulé : *Du Duc des vrais amans*, épître « *que Sebile de la Tour envoia à la duchesse* ».

Comme on l'a vu par le sommaire des trois parties, cet ouvrage est un traité de haute morale publique et privée à l'usage des femmes de tout âge et de toutes les conditions sociales, un code des droits et des devoirs du sexe féminin, depuis la reine jusqu'à la femme du laboureur. On n'en a pas exclu même les « femmes de fole vie », à la moralisation desquelles Christine a consacré un chapitre spécial.

C'est bien à tort aussi qu'on a dit qu'il n'y avait pas dans ce livre le moindre trait que l'on puisse appliquer à la science politique. Christine de Pisan, s'adressant dans la première partie de son ouvrage à des princesses d'un pays de loi salique, qui n'exerçaient le pouvoir souverain que fort rarement, à titre de régentes, n'avait pas à faire à leur usage un traité de science politique, comme plus tard elle a fait un traité systématique de l'art militaire et du droit des gens à l'usage des hommes de guerre (voir plus loin, le n° 44), mais elle ne les a nullement renvoyées à leurs quenouilles, et elle n'a point oublié de tracer les règles générales de conduite politique pour les femmes des princes, et quelquefois même elle est descendue jusqu'aux minuties du rôle à observer par elles pour concourir au bien de l'État. Les chapitres suivants sont consacrés à ces règles : ix. *Comment la sage et bonne princesse se penera de mettre paix entre le prince et les barons s'il y a aucun descort;* — xvii. *Comment la saige princepce mettra peine comment elle soit en la grâce et bénivolence de tous les estaz de ses subgiez;* — xxii. *Du gouvernement de la sage princepce demourée veuve;* — xxiii. *De ce meismes et des jœnnes princepces veuves.*

Ayant été témoin des désastres multiples causés par les guerres étrangères et civiles qui avaient désolé la France pendant tant d'années (son ouvrage a été composé vers 1406), Christine attachait le plus grand prix à la paix, considération qui domine dans ses enseignements aux princesses. Elle leur assigne dans l'État un rôle modérateur et conciliateur, en tant toutefois qu'il est compatible avec l'honneur du pays. « Si avisera,
« dit-elle, de toute sa poissance se elle pourra tout faire, *en gardant l'on-*
« *neur de son seigneur*, que ceste guerre puist estre eschivée, et en ce se
« vouldra traveillier et labourer saigement. »

« Se il avient, continue-t-elle plus loin, que aucuns des princes du

« royaume ou païs, ou des barons ou des chevaliers ou subgiez qu'ait
« poissance se soit d'aucune chose meffait meismement contre la majesté
« de son seigneur, ou que il en soit encoulpez, et elle voit que de le
« prendre et punir ou mouvoir contre lui guerre peust venir grand mal
« en la terre, si comme en cas pareil en a veu maintes fois en France et
« ailleurs, que par le contens [griefs] d'un bien petit baron ou chevalier
« au regart du roy de France, qui est si grant prince, sont venus mains
« grans maulx et domages ou royaume, si comme racontent les croni-
« ques de France du conte de Corbeil, du seigneur de Montlehery, et de
« plusieurs autres, et meismement avint n'a pas longtemps de messire
« Robert d'Artois, lequel, par le content que le roy ot à lui, dommaig[e]a
« moult le royaume de France à l'aide des Anglois [1343]; et pour ce
« la bonne dame, qui aura regart à ces choses et pitié de la destruccion
« du peuple, se vouldra traveiller d'y mettre paix... » Il ne faut pas
oublier, en effet, que Christine a dédié cet ouvrage à la dauphine Marguerite de Bourgogne, épouse de Louis, duc de Guyenne, « attendant la
couronne », c'est-à-dire le dauphin, auquel elle dédia plus tard son remarquable *Livre de la paix*, qui fait pendant au *Livre des trois vertus*. En
s'adressant à celle qui pouvait d'un moment à l'autre monter sur le trône
de France, Christine ne pouvait pas se borner au simple rôle de professeur de morale, mais, sous l'impulsion de son ardent patriotisme, elle
considérait comme un devoir impérieux de lui inculquer d'avance des
principes de sagesse politique. Elle lui apprend donc encore qu'une princesse doit user d'habileté envers toutes les classes de ses sujets, et prati-
quer dans certains cas une discrète dissimulation et « une juste hypocrisie,
nécessaire à princes et princesses qui ont à dominer aultruy ». Voilà
certes ce qui relève de la politique et non de la morale pure !

Nous avons cru devoir donner une idée assez complète de cet ouvrage
parce qu'il passe pour refléter le mieux le génie de Christine de Pisan,
parce qu'il est l'un de ses plus renommés, et parce que les moyens d'information sur ce livre ne sont pas à portée de tout le monde, en raison de
l'oubli immérité qui entoure les productions littéraires de cette femme
courageuse, l'une des plus illustres de son siècle. Christine elle-même
semble avoir attaché à cette œuvre un prix particulier. Elle, si modeste
d'ordinaire, elle ne dissimule pas la satisfaction et l'orgueil que lui a pro-
curés l'accomplissement de sa tâche, et rêve pour ce livre une réputation
universelle et durable. « Et je, Christine, dit-elle dans la conclusion,
« demouray... tres resjoye regardant la tresbelle œuvre de leurs [trois
« dames de vertus] dignes leçons, lesquelles de moy recapitulées, veues et
« reveues m'apparoient de mieulx en mieulx estre tresprouffitables au bien
« et augmentacion de meurs vertueux en accroissement d'onneur aux
« dammes et à toute l'université des femmes présens et à venir, là où se
« pourroit ceste ditte œuvre estendre et estre veue. Et pour ce, moy leur
« servante... me pensay que cette noble œuvre multiplieroye par le monde
« en plusieurs copies quel qu'en fut le coust, [et] seroit présentée en
« divers lieux à roynes, à princepces et haultes dames... et que par elles
« peust estre semée entre les autres femmes, laquelle ditte pensée et
« desir mis à effect, si que ja est entrepris, *sera ventilée, espandue et*
« *publiée en tous pais*, tout soit elle en langue françoise, mais parce que

« la ditte langue plus est commune par l'univers monde que quelcon-
« ques autre; ne demourra pas pour tant vague et non utile nostre ditte
« œuvre qui durera au siècle sans déchéement par diverses copies, si la
« verront et orront maintes vaillans dames et femmes d'auttorité *ou temps*
« *présent et en cil avenir*, qui prieront Dieu pour leur servante Christine,
« *désirant que de leurs temps fust sa vie au siècle ou que veoir la peus-*
« *sent....* »

On a quelquefois confondu ce livre avec celui de la *Cité des dames*, qui lui sert d'introduction et qui est consacré à la réhabilitation du sexe féminin (attaqué dans le *Roman de la Rose*), à l'aide des exemples tirés de l'histoire. La *Cité des Dames* est demeurée inédite, quoiqu'on ait dit le contraire, et le *Livre des trois vertus* a eu les honneurs de l'impression dès 1497, sous le titre trompeur de *Trésor de la cité des dames* (Paris, Vérard). Il a été réimprimé à Paris en 1503 et en 1536. Une seule traduction en a été publiée, et cela en portugais, sous le titre de *Miroir de Christine* (*Espelho de Christina*; Lisbonne, 1518). Les exemplaires des trois éditions françaises sont peut-être plus rares encore que les manuscrits, de sorte qu'au point de vue de la publicité, ce livre doit être considéré comme inédit, d'autant plus que ces éditions, comme nous avons pu le constater, s'écartent notablement et sous bien des rapports du texte original.

Notre volume finit ainsi (f. 98 r°) : *Explicit le liure des . iij . || vertus alenseignement des || dames. Deo grās.* Il est soigneusement écrit, « en lettres de court », et orné d'initiales enluminées.

A la dernière page, on lit cette mention de propriété d'une écriture de la fin du xvᵉ siècle : « *Ce liure contient xxiiii vingt feulies et une ystoyre. Et appertient à monseigneur* DE SAINCT VALLIER ; *qui le trouuera le luy rende et payera la payne d'icelluy qui le trouuera.* » Il s'agit très probablement de Jean de Poitiers, comte de Saint-Vallier, père de Diane de Poitiers. D'autres traces de provenances ont été grattées.

Ce précieux volume, d'une conservation irréprochable, a été acquis à la vente de la bibliothèque Yemeniz au prix de 9,500 francs.

41. AVERROES. Liber de medicina, qui dicitur Colliget. — In-fol., de 84 ff., à 2 col.; miniatures et lettres ornées; veau noir, armoiries (*anc. rel.*).

Fort beau manuscrit sur VÉLIN, exécuté en France dans la première moitié du xiiiᵉ siècle, et orné de CINQ MINIATURES sous forme de lettres historiées.

Il commence par cette rubrique : *Hic incipit liber mehe||met auenrost qui colliget nominatr· || Rubrica.*

Divisé en sept livres, cet ouvrage est la traduction latine d'un traité de médecine du célèbre médecin et philosophe arabe du xiiᵉ siècle, traité dont le titre original : *Kitab-el-Kulliyyat* (le Livre du Tout) a été corrompu dans l'Occident en *Colliget*. Il a été publié en latin dès 1482, à Venise, mais nous ignorons si c'est la même traduction que celle-ci.

Il finit ainsi à la dernière page : *Explicit liber mehemet auerost qui colli||get nominatur.*

JURISPRUDENCE, SCIENCES, BEAUX-ARTS.

Il était suivi du traité de Sénèque : *De Quatuor virtutibus cardinalibus*, dont nous n'avons ici qu'une demi-colonne.

Sur sept livres du *Colliget* cinq commencent par une belle initiale historiée, finement peinte. Elles représentent : 1° un *Professeur de médecine faisant son cours* (f. 1 r°) ; — 2° un *Médecin donnant une consultation à un homme et à une femme* (f. 7 r°) ; — 3° un *Médecin auprès du lit d'un malade* (f. 16 v°) ; — 4° un *Banquet* (f. 65 r°) ; — 5° un *Médecin remettant à une femme une fiole remplie d'un liquide vert* (f. 70 v°). Toutes ces initiales sont pourvues de longs appendices enluminés.

Le plat de dessus de la reliure porte ces armoiries : *Semé de fleurs de lis, avec un écu bandé en abime ;* l'écusson est surmonté d'une mitre d'abbé et d'une crosse, et entouré de cette inscription : *Bibliothèque de Cisteaux.*

---

42. **VEGETIUS** (Flavius). Epitome institutorum rei militaris. — In-fol., de 70 ff. ; miniatures et lettres historiées ; veau rouge, riches compart. à froid, tr. rouge, fermoirs (*rel. italienne du* XV° *siècle*).

Superbe manuscrit sur VÉLIN, exécuté en Italie au XIV° siècle, et orné de DEUX GRANDES MINIATURES et de CENT TRENTE-TROIS PETITES sous forme de lettres historiées.

Il commence par cette rubrique, qui précède le sommaire de l'ouvrage et la table des chapitres du livre premier : *Eutropij Flauij Vegecij renatium illust's* || *comitis constiantinopolitana* (sic) *Valentino* || *augusto consuli epitoma institutorum rei militaris de comētarijs Treia'* (sic) *ϱ adria'* || *ϱ Fortini augusti Incipit liber*. Le texte finit ainsi (f. 68 r°) : *Flauij Vegecij renati viri illustris Li* || *ber quartus explicit ϱ ultimus*. Les deux derniers feuillets sont occupés par des figures du zodiaque et de la rose des vents, accompagnées d'un petit texte.

L'illustration du volume n'a pas été entièrement terminée, car en tête du second livre deux espaces encadrés d'or ont été laissés en blanc pour recevoir de grandes miniatures.

Celle placée en tête du troisième livre représente un CAMP. Au milieu, sous une tente, on voit à table trois personnages servis par deux domestiques. Le seigneur assis au milieu est coiffé d'un chaperon rouge et revêtu d'un riche pourpoint armorié : *bandé d'or et de gueules* ; un écusson avec ces armes figure au sommet de la tente. C'est évidemment le personnage pour lequel ce manuscrit a été exécuté. A droite et à gauche de la tente, sont représentées différentes scènes de la vie des camps : des soldats jouent aux dés, d'autres ferrent un cheval, ou font leur cuisine ; enfin un chirurgien pratique une saignée au bras d'un malade, en présence d'un médecin. La composition entière est placée sous un hangar découvert, au toit tapissé de feuillage ; le fond général est à rinceaux dorés.

La seconde grande miniature, placée en tête du quatrième livre (f. 52 v°), représente les TRAVAUX DE FORTIFICATION D'UNE PLACE. Plusieurs ouvriers travaillent à une porte de forteresse; d'autres déchargent du matériel amené par bateau.

Les lettres historiées offrent toute une série de sujets empruntés à la vie militaire et à l'art de la guerre. On y voit des exercices de toutes sortes, des guerriers à pied et à cheval, à l'attaque et à la défense, des scènes de discipline, divers aspects des places fortes et des travaux de génie militaire, le matériel militaire, etc., etc., en un mot toute une petite galerie fort curieuse, et rare dans les manuscrits. La majeure partie de ces initiales sont enchâssées dans de petits carrés à fond d'or bruni, en relief; toutes se développent en appendices à larges feuillages qui s'étendent sur la marge.

La reliure de ce volume, admirablement conservée, est d'un beau style. Au centre des plats se trouve un compartiment losangé inscrit dans un compartiment rectangulaire, formés l'un et l'autre de bandes à rinceaux. La bordure des plats consiste en un ruban auquel sont attachées des armes et des armures.

43. **CHRISTINE DE PISAN.** Livre des faits d'armes et de chevalerie. — In-fol., de 138 ff. à 2 col.; miniatures, bordures et lettres ornées; veau antiqué noir, compart. à larges rinceaux dorés, tr. dor. (*Hagué*).

Précieux manuscrit sur VÉLIN, du premier quart du $xv^e$ siècle, orné de QUATRE MINIATURES.

Les trois premières pages sont occupées par la table des matières. (*Cy commence la ta||ble des rubriches ||.....*)

L'ouvrage est divisé en quatre parties. La première est précédée par cette rubrique : *Cy commance le liure de fait darmes et de cheua||leric. Le p'mier chapitre est le prologue auquel xp̄i||ne* [CHRISTINE] *se excuse de auoir ose emprendre a parler de si || haulte matiere qui est contenue ou dit liure.* Christine de Pisan y réclame l'indulgence du « treshault office de noble estat de chevalerie » pour avoir osé aborder un sujet aussi grave, « chose non acoustumée et hors usage à femme que communement ne se sceust entremetre ne mais de quenoilles et filaces et choses de mesnage ». Ce prologue se termine par une invocation à Minerve, « déesse d'armes et « de chevalerie », afin de lui demander aussi pardon de parler « de si « magnific office », elle « simple femmelette ». Elle sollicite ainsi son « appui : « Et en tant te plaise me estre favorable que je puisse estre « aucunement consonante à la nacion dont tu fus née, qui comme adont « fout nommée la Grant Grèce, le païs d'oultre les Alpes qui ores est dit « Poüille et Calabre en Ytalie où tu nasquis, *et je suis comme toy femme* « *ytalienne.* » Nous avons insisté sur ce prologue, où Christine de Pisan se fait si bien connaître, d'abord parce qu'il manque dans la plupart des manuscrits, et aussi parce que, un peu à cause de cette lacune, cet ouvrage a communément été attribué à un autre auteur, comme on le verra plus loin. Cette première partie « devise la manière que doivent tenir roys et princes ou fait de leurs guerres et batailles selon l'ordre des livres, dits et exemples des preux conquéreurs du monde », et c'est l'ouvrage de Végèce sur l'art de la guerre qui y a été principalement mis à contribution.

La seconde partie « parle, selon Frontin, des cautelles d'armes que il appelle stratagèmes, de l'ordre et manière de combatre et deffendre chastiaulx et villes, selon Végèce et *autres aucteurs*, et de donner bataille en fleuves et en mer ». A partir du vingtième chapitre, Christine nous donne la théorie très minutieuse des conditions et des moyens nécessaires pour assiéger heureusement une puissante place de guerre. L'énumération qu'elle fait des machines de guerre et des différentes espèces de pièces d'artillerie, canons, bombardes, couillards, etc., etc., est des plus curieuses et des plus intéressantes. Dans cette partie, Christine a été aidée « du conseil des saiges chevaliers, expers esdites choses d'armes », et il « ne plaist à leur humilité y estre alleguez ne nommez ». Elle y a surtout inséré un traité composé de son temps par un homme de guerre habile dont elle tait aussi le nom.

La troisième partie « parle des drois d'armes selon les loys et droit escript ». Afin de faire connaître au lecteur les sources où elle a puisé la matière de ce livre et du suivant, livres d'actualité pour lesquels les auteurs de l'antiquité ne pouvaient lui être d'aucun secours, Christine de Pisan, qui s'y nomme encore, déclare, selon la mode du temps, qu'un « très solennel homme » lui apparut en songe et lui offrit son concours comme maître à disciple. Le nom de cet inspirateur est facile à deviner. « Il est bon, dit-il à Christine, que tu cueilles sur l'*Arbre de bataille* QUI EST EN MON JARDIN aucuns fruis et que d'iceulx tu uses, si t'en croistra vigueur et force à mieulx povoir parachever la pesanteur de ton dit œuvre; et pour bastir edifice pertinant ausdictz de Végèce et des auteurs dont jusques ycy t'es aydée, te couvient retrencher des branches d'icellui arbre et prendre le meilleur, et sur cellui merrien fonder partie de ton dit ediffice. » Dans certains manuscrits, ce préambule, qu'on n'a pas encore cité, est complètement dénaturé ; le maître qu'on fait intervenir n'y est pas désigné, ni le disciple non plus, que le scribe lui fait appeler son *cher amy*, tandis que dans le volume que nous décrivons il le nomme *chière amie Christine!* Ce maître n'est autre qu'Honoré Bonnet, prieur de Salon, en Provence, auteur de l'*Arbre des batailles*, ouvrage bien connu et souvent réimprimé. Il avait été dédié au roi Charles VI et composé de 1384 à 1390, tandis que celui de Christine, qui le développe et le complète, est postérieur à 1408. Toute cette portion de l'ouvrage jusqu'à la fin est rédigée en forme de dialogues entre l'auteur de l'*Arbre des batailles* et Christine de Pisan. Parmi les chapitres du troisième livre on remarque les suivants : *Se l'empereur puet par droit mouvoir guerre au pape* (la solution est négative); — *Se le pape puet mouvoir guerre à l'empereur* (la solution est affirmative), — et plusieurs chapitres touchant à des questions de droit des gens en temps de guerre par rapport aux étudiants, seigneurs, bourgeois et gens d'église anglais séjournant ou se trouvant de passage sur la terre de France.

La quatrième et dernière partie « parle de droit d'armes en fait de saufconduit, de trèves, de marques et puis de champ de bataille ». Les trois derniers chapitres sont consacrés à l'héraldique : aux armoiries, devises, pennonceaux et couleurs.

Comme on vient de le voir, cet ouvrage est non-seulement un traité d'éducation chevaleresque et de stratégie (et il est rempli de curieux détails historiques relatifs aux règnes de Charles V et de Charles VI), mais aussi un code du droit des gens. Les deux dernières parties sont d'un grand intérêt pour l'étude de la jurisprudence militaire durant les grandes guerres du xiv° et du xv° siècle.

On l'a longtemps cru inédit, parce que Vérard, qui l'a publié en 1488, lui a imposé ce titre erroné : l'*Art de chevalerie selon Végèce*, et qu'il y a fait disparaître partout le nom de Christine. Aussi, trompés par ce titre et n'ayant sans doute pas parcouru le livre, tous les bibliographes, y compris Van Praet dans le catalogue de La Vallière, ont-ils attribué le texte imprimé à Jean de Meung qui, en effet, avait traduit Végèce pour Philippe le Bel en 1284. C'est M. Paulin Paris qui a rétabli la vérité (*Manuscrits français*, t. V (1842), pp. 94 et suiv., et 133 à 135), et, malgré cela, M. Brunet, dans la dernière édition de son *Manuel*, tout en rapportant l'opinion de l'éminent académicien, hésite encore à la partager et enregistre ce livre au mot Végèce. Et cependant le vieil imprimeur Caxton, qui le traduisit en anglais et l'imprima par ordre du roi Henri VII, en 1489, sous son titre réel, consigna dans le colophon le nom du véritable auteur de cet ouvrage.

L'édition de Vérard, la seule qui existe en français, est très-tronquée, très-fautive; le texte original y est souvent complètement dénaturé, le langage est modernisé, et les exemplaires en sont au moins aussi rares que les manuscrits. Il en résulte que cet important ouvrage peut en réalité être considéré comme inédit; du reste, sa publication est réclamée depuis longtemps.

Notre manuscrit est d'une écriture soignée et les miniatures en sont fort belles.

La première (f. 3 r°) représente Christine de Pisan agenouillée devant la sage dame Minerve, sceptre en main, assise sur une chaise de forme assez remarquable. Dans l'encadrement de cette page, un écusson a été laissé en blanc. (H. : 0,104; L. : 0,117.)

La seconde miniature (f. 46 r°) nous fait voir Minerve enseignant les stratagèmes de guerre a des hommes d'armes. Elle est assise sur une chaise semblable à celle de la précédente peinture, dans un verger enclos de murs. Elle est vêtue d'une houppelande bleue à manches fendues et coiffée d'un morceau d'étoffe blanche disposée en forme d'auvent, sous laquelle apparaissent les truffeaux ou gros sachets. Derrière son siège, Christine de Pisan se tient debout. Le groupe d'hommes compte trois personnes : un sergent tenant une hallebarde, suivi de deux hommes d'armes. Le sergent porte une courte cotte à larges mancherons par-dessus sa cotte de mailles; le vêtement de dessus des deux autres est une huque déchiquetée en *barbe d'escrevisse*, comme on disait alors. Ils sont coiffés de chaperons et portent des chausses d'une seule pièce. Nous donnons au catalogue illustré une reproduction de cette miniature si curieuse pour le costume. (H. : 0,108; L. : 0,124.)

La troisième peinture (f. 84 v°) représente un Combat judiciaire dans un champ clos. On voit qu'au xv° siècle ces combats se faisaient à pied plutôt qu'à cheval. Sur un échafaud couvert en forme de galerie sont les témoins du combat, au nombre de sept. (H. : 0,109 ; L. : 0,121.)

La dernière miniature (f. 114 r°) a pour sujet l'EXAMEN DE LA VALEUR D'UN SAUF-CONDUIT. Honoré Bonnet, « le maître », vêtu d'une ample et riche houppelande, est assis, ayant un sergent d'armes à ses côtés. Christine de Pisan, debout, vêtue d'une robe écarlate, lui présente un homme d'armes muni d'un sauf-conduit et paraît l'interroger sur la valeur de cette lettre. On trouvera également au catalogue illustré une reproduction de cette belle peinture. (H. : 0,110 ; L. : 0,122.)

Toutes ces pages sont richement encadrées et ornées de grandes initiales enluminées sur fond d'or. Les autres initiales disséminées dans le texte sont peintes en azur ou en carmin sur des fonds diaprés.

---

44. **VINCI (Leonardo da). Trattato della pittura. — Trattato della prospettiva. —** In-4, de 162 ff. ; dessins ; mar. rouge, riches compart. à petits fers, armes sur les plats, tr. dor. (*Le Gascon?*)

Précieux manuscrit sur papier, écrit en grande partie par l'illustre Nicolas POUSSIN et orné de TRENTE-NEUF PAGES de DESSINS de sa main. Il contient un *Traité* INÉDIT de Léonard de Vinci *sur la Perspective*, et a appartenu au célèbre chancelier MATHIEU MOLÉ.

C'est Ant.-Aug. Renouard, l'un des derniers possesseurs de ce volume, qui a eu l'honneur d'en reconnaître l'authenticité et la haute valeur, et, pour en donner l'historique, nous n'avons qu'à reproduire textuellement la notice que ce bibliophile éminent lui a consacrée dans son catalogue (1819, t. I$^{er}$, pp. 320-323) :

« En 1815, parmi les livres de James Edwards, ancien libraire, fut vendu à Londres, pour le prix de 102 liv. sterl. et 18 shellings, un manuscrit in-folio contenant le Traité de Léonard de Vinci sur la Peinture, en italien, avec vingt-neuf dessins, annoncés comme étant de la main de Nic. Poussin ; et ce volume paroît être la copie manuscrite qui lui fut demandée par M. de Chanteloup, sur laquelle on sait qu'a été faite à Paris, en 1651, in-folio, la première édition de cet ouvrage. Possesseur d'un autre manuscrit de ce même traité, pareillement du milieu du XVII$^e$ siècle, et accompagné de dessins que leur supériorité me faisoit juger devoir appartenir à un artiste du premier rang, j'ai dû chercher de qui pouvoient être et ces dessins et même aussi l'écriture du volume. De l'existence du manuscrit Chanteloup, il semble que l'on pourroit conclure qu'un second manuscrit doit être tout à fait étranger au Poussin, et qu'un artiste de ce mérite ne se sera pas assujetti à copier ou faire copier deux fois le texte d'un même livre, et encore moins à en faire deux fois les mêmes dessins ; mais j'ai cru devoir tirer une conséquence toute contraire. Il existe deux manuscrits : l'un, destiné pour un ami, un protecteur, a été exécuté en grand format in-folio, et probablement on l'a fait écrire par quelque copiste habile ; l'autre, d'une écriture courue, tant soit peu négligée, de deux mains, sur de petits cahiers in-4°, est l'exemplaire que l'artiste se sera réservé ; ou plutôt c'est celui qu'il s'étoit empressé de faire aussitôt qu'il avoit eu communication du manuscrit de Léonard de Vinci ; et cette première copie qui étoit dans ses mains, à son usage, aura fait venir à M. de Chanteloup le désir d'en avoir aussi un exemplaire, et de faire connoître cet important ouvrage aux artistes de la France. Ces deux volumes ont entre eux un air de famille qui rend très-peu probable qu'ils puissent venir de deux artistes différents. Les dessins se ressemblent assez pour rendre certain qu'ils sont d'une même main ; ils ont donc une même origine, et, s'ils sont de Nic. Poussin, les deux écritures de mon manuscrit, l'une françoise et l'autre italienne, pas assez bonnes pour être l'ouvrage de copistes payés, sont sans doute du Poussin lui-même et de son beau-frère Gaspar Duguest (Guaspre Poussin), que l'on sait lui avoir copié plusieurs autres ouvrages sur les arts, pareillement inédits, et souvent avoir tenu la plume pour sa correspondance épistolaire. Et ce manuscrit, d'une riche et ancienne reliure du temps de Louis XIV, se composant de feuillets un peu tachés et fatigués, tous coupés et encadrés sur d'autres feuillets avec un soin que l'on n'eût jamais pris pour un livre de peu d'importance, est à coup sûr un cahier long-temps feuilleté, long-temps resté sans reliure dans l'atelier du peintre. Après la mort du Poussin il aura été envoyé en France, à ses héritiers, avec ses principaux effets, et ensuite recueilli avec une sorte d'idolâtrie par quelque opulent amateur qui paroît avoir pris grand plaisir à le faire restaurer et décorer d'une somptueuse reliure.

« Les dessins examinés avec attention, sévérité même, par MM. Prud'hon, Gounod, feu Moreau le jeune et plusieurs autres artistes distingués, ont été par eux reconnus pour originaux et d'un faire trop franc, trop assuré pour pouvoir être des copies, même celles qu'un artiste très-habile auroit faites d'après son propre ouvrage. Voilà donc les dessins déclarés originaux, de la main d'un grand maître ; et, autant qu'une preuve peut résulter des plus fortes inductions, le texte est écrit par Nic. Poussin et par Duguest son beau-frère. Or, si Poussin a pris la peine d'écrire le texte de cet ouvrage, certainement il n'aura pas emprunté la main d'un autre pour en tracer les dessins. Faire une transcription de plus de soixante feuillets avoit dû être pour lui une corvée de laquelle il se sera dédommagé en dessinant les figures.

« J'en étois là de mes conjectures ; j'étois persuadé, mais il me manquoit ce qui vaut mieux que tous les raisonnements, des preuves positives : je les ai trouvées d'abord dans le manuscrit Chanteloup, qu'un voyage fait à Londres, en 1816, m'a donné l'occasion d'examiner, et ensuite dans un recueil de lettres de la main du Poussin. J'en avois inutilement cherché à la Bibliothèque du Roi, au Musée, chez divers amateurs ; j'appris enfin que M. Dufourni, architecte, connu par son amour éclairé pour les arts, étoit possesseur de plusieurs lettres originales de ce grand peintre, et ces lettres qu'il voulut bien me laisser examiner me prouvèrent qu'en tout j'avois deviné juste. Mon manuscrit est en entier des deux mêmes écritures que toutes ces missives, c'est-à-dire de Nic. Poussin et de Duguest son secrétaire. Autorisé à lever un calque dans ce recueil, j'ai donné la préférence à une lettre commencée et finie en italien par Duguest, ayant au milieu plusieurs lignes en langue françoise, écrites par Nic. Poussin, et au bas, sa signature. Ce double calque que j'ai annexé au manuscrit établit incontestablement son authenticité; et si l'on me dit que cette preuve suffisante auroit dû être ici le seul objet d'une note de quatre lignes, et qu'il n'étoit nul besoin de toutes les précédentes explications, je répondrai que j'ai voulu démontrer non-seulement que le manuscrit [est du Poussin, mais même qu'il est l'original, antérieur à celui qui est maintenant en Angleterre, ce que j'achève de prouver par ce manuscrit lui-même, que m'a très-obligeamment communiqué M. Esdaile, négociant anglois, son propriétaire actuel.

« L'écriture de ce volume, plus soignée que celles de mon manuscrit, ne leur ressemble point, et paroît être l'ouvrage d'un bon copiste. Quant aux dessins, ce que l'on n'avoit pas encore remarqué, c'est qu'ils sont faits sur papier huilé, preuve évidente qu'ils ont été calqués sur d'autres; ces autres auxquels ils sont conformes sont les miens, d'après lesquels Poussin les a fait copier pour satisfaire à la demande de M. de Chanteloup; et si ces dessins ou les miens ne sont pas rigoureusement reproduits dans les gravures de l'édition première de 1651, in-fol., la cause en est dans ces paysages et autres surcharges, ces *goffe* dont Poussin se plaint quelque part, et que s'étoit permises le peintre Errard, chargé de cette entreprise.

« Des cent soixante-deux feuillets qui composent mon volume, *les quarante premiers et le cent unième jusqu'à la fin sont de la main de Nic. Poussin;* les feuillets quarante-un à cent sont écrits par son beau-frère. Les feuillets cent trente-quatre à cent soixante-deux sont occupés par les dessins du traité de peinture, et sur les fol. cent seize à cent vingt-cinq sont d'autres dessins de perspective, beaucoup plus en lignes qu'en objets dessinés; ils sont pour un morceau inédit de Léonard de Vinci sur la perspective, qui occupe les feuillets cent deux à cent quinze, et qui ajoute un grand intérêt à ce manuscrit. Les huit feuillets cent vingt-six à cent trente-trois contiennent une autre pièce inédite du P. Mazzenta, barnabite, sur la vie et les ouvrages de Léonard de Vinci. Ce mémoire paroît avoir été connu de l'éditeur de 1716, et c'est peut-être ce même manuscrit qui lui aura été communiqué.

« Ce que dit Apostolo Zeno, tome II, page 409, n'est pas exact. Il dénature même le nom de M. de Chanteloup, qu'il nomme Ciantelou. Selon lui, l'ouvrage fut *magiormente nobilitato dall' Errardo, valentissimo designatore e pittore;* on sait, au contraire, que Poussin n'a pas été de cet avis. »

Il ne nous reste qu'à compléter la description matérielle du volume.

Un premier feuillet, contenant probablement le titre, a été enlevé. Le volume commence par le premier chapitre du traité de la peinture : *Capitolo primo. Quello che debbe imparare imprima il giovane.* Il compte trois cent soixante-dix chapitres, dont le dernier finit par ces mots : *... insieme misto col colore dell'altre cose che sono doppo te.* Suit un feuillet (101) avec la répétition du chapitre 367.

Le Traité de la perspective qui vient après est dépourvu du titre général et commence par ce titre de chapitre : *Delle cose eguali la più remota par maggiore.* Voici le début du texte : « *La prattica della prospettiva*

« si divide in due parti, delle quali la prima figura tutte le cose vedute dal occhio in qualunque distantia e questa in se mostra tutte esse cose come l'occhio le vede diminuite..... »

Ce traité est terminé par ce curieux épilogue relatif à l'exécution de ce travail : « Delle figure ricercate che non si mandano alcune sono partenute al Trattato dell'anatomia delle cose naturali, et altre al Trattato de' colori, QUALI TRATTATI SUONO (sic) NELLE MANI DEL RE D'INGHILTERRA ; e perciò li capitoli in tal materia non si suon confrontati, talori tutti son confrontati; e quanto alla verità del senzo (sic), e quanto alle frase del dire se non quanto all'ortograffia, quella nell' originale è un poco corotta per la scrittura roverscia (sic), e per esserne alcuni scritti col lapis smarrito ; nel resto se vi se [s'è] trovata cosa che paia non faccia senso o pur qualche parola manca, si è lasciata a cosi per esser conforme e (sic) l'originale (sic), pero da corregersi da miglior giudicio.

« Oltre alla gionta, che se [s'è] cavata dal modo di formar paesi, et altri capitoli con sue figure, che si mandano, si spera di cavar anco il trattato del ombre e lumi, se bene con un poco di tempo. » Le dernier alinéa a trait aux signes dont les planches sont marquées pour établir la concordance entre elles et le texte.

Les dix pages de dessins qui suivent sont à l'encre, sauf deux pages restées au crayon.

La pièce inédite du P. Mazzenta est intitulée : *Alcune memorie de' fatti da Leonardo da Vinci a Milano e de' suoi libri del P. D. Gio. Ambo Mazzenta, Milanese, Chierico Regre minore di S. Paolo altrim[ti] detti Barnabiti.* Ce mémoire est extrêmement curieux pour la vie et les travaux du grand artiste. On y apprend que le P. Mazzenta a eu entre les mains treize des volumes d'écrits composés par Léonard à la villa Vavero, près Milan, où il séjourna plusieurs années en qualité de professeur de beaux-arts du noble Francesco Melzi, durant la captivité du duc Ludovic le More. En partant pour la France, Léonard laissa tous ses papiers à ses héritiers « dont les études et les occupations différaient des siennes », dit le biographe, et qui cédèrent sans difficulté treize de ces volumes à un Lelio Guardi, qui se proposait d'abord de les porter au grand-duc de Toscane, mais qui les restitua ensuite à la famille Melzi, sur les conseils du P. Mazzenta, alors camarade d'études de Guardi à l'université de Pise. Le P. Orazio Melzi à qui ces treize volumes furent remis en fit cadeau au jeune Mazzenta, dans la famille duquel ils restèrent quelques temps. Le P. Mazzenta raconte leur sort ultérieur.

Le reste du volume est occupé par les dessins à la plume, ombrés de bistre. Parmi eux se trouvent vingt et une académies et un cheval, le tout remarquable par la hardiesse de la touche. L'importance de ces dessins originaux de Poussin est d'autant plus grande qu'il y en a probablement qui sont des copies de ceux de Léonard de Vinci.

La reliure de ce volume est un chef-d'œuvre de dessin et de dorure au pointillé ; au centre des plats sont les armes de Molé écartelées de celles de Mesgrigny, et surmontées de la toque. Elle a été exécutée avant 1656, date de la mort du chancelier Molé, et il faut en conclure que cet homme d'État avait reçu ce volume en cadeau de Poussin lui-même, mort seulement en 1665.

On trouvera au catalogue illustré une reproduction de cette superbe reliure, dont l'exécution ne saurait être attribuée qu'à Le Gascon.

45. GODONNESCHE (N.). Idée du Cabinet du Roy pour les médailles. — In-12, de 40 pp. chiffrées et 2 n. ch.; miniatures; mar. olive, fil., doublé de mar. rouge, dent., tr. dor. (*rel. du* XVIII<sup>e</sup> *siècle*).

Charmant manuscrit sur VÉLIN, exécuté en 1720 pour le roi LOUIS XV, et orné d'un frontispice, du PORTRAIT DU ROI, de la reproduction de DOUZE médailles et de DOUZE pierres antiques, enfin de titres illustrés, d'en-têtes, culs-de-lampe, etc.

Le frontispice allégorique, peint au lavis, avec les carnations légèrement colorées, représente une femme éclairant, à l'aide d'une torche, un amas d'objets d'antiquité, parmi lesquels une plaque de marbre porte l'inscription *Cabinet des antiques*, plaque qu'un Saturne, enveloppé en partie d'un nuage, indique du doigt.

En regard se trouve le titre rapporté plus haut, suivi de cette ligne : *Inv. N. Godonnesche.* Il est entouré d'une charmante couronne de fleurs.

Un avertissement de huit pages, donnant un aperçu du cabinet des médailles, est suivi d'un *Estat des médailles du Cabinet du Roy*, une simple statistique, de laquelle il résulte qu'en 1720 il comptait 23,600 pièces, qui se décomposaient ainsi : 14,855 médaillons et médailles antiques, dont 1,558 en or, 4,259 en argent et 9,038 en bronze ; et 8,745 pièces modernes, médailles, monnaies, jetons, dont 1,812 en or, 6,215 en argent et 718 en bronze.

Un titre encadré : *Testes des douze Césars et Pierres gravées du Cabinet* précède les reproductions des plus belles pièces de cette collection. Les médailles des douze Césars sont peintes au lavis et enfermées dans des cadres ornés; les deux premières sont accompagnées d'un texte explicatif. Cette série est terminée par le portrait en médaillon de *Louis XV enfant,* la tête ceinte d'une couronne de laurier ; le cul-de-lampe placé au-dessous consiste en une console supportant un coussin avec les insignes de la royauté.

Les reproductions des principales pierres gravées sont précédées d'une petite introduction où on lit ce qui suit : « On travaille à un volume in-12 « manuscrit, qui renfermera, en cent feuillets tout au plus, six volumes « in-folio des registres du Cabinet du Roi ; ce sera une espèce de Manuel « très curieux des médailles qui y ont été rassemblées depuis son origine « jusqu'à l'avènement de M. l'abbé Bignon à la Sur-Intendance de ce Ca- « binet. »

Les pierres gravées reproduites en couleurs et en grisaille sont : *Juno, Miltiade, Solon, Vénus,* un *Sacrifice, Apollon, Hercule, Phidias,* l'*Apothéose de Germanicus* (agathe-onyx), *Hercule liant le Cerbère,* le *Taureau de Bacchus, Cléopâtre.* Les huit premières sont disposées à quatre par page ; chacune des quatre autres occupe le recto d'un feuillet, avec le verso blanc, et est enfermée dans un joli cadre en camaïeu or.

Le volume est terminé par une table au bas de laquelle une délicieuse couronne de roses et de lis renferme cette inscription : *Scripsit, pinxit, invenit* N. GODONNESCHE. *Ann.* 1720.

L'écriture du volume, qui dans certaines pages peut rivaliser avec celle de Jarry; sa décoration et surtout les reproductions des médailles et pierres gravées, d'une finesse de pinceau remarquable, font le plus grand honneur à l'artiste.

# IMPRIMÉS

IMPRIMIS

# IMPRIMÉS

## INTRODUCTION

### IMPRESSION XYLOGRAPHIQUE.

46. OPERA NOUA CONTEMPLATIUA p∥ ogni fidel christiano laquale tra∥tta de le figure del testamento ∥ vecchio : le quale figure sonno veri∥ficate nel testamento ∥ nuouo : con le ∥ sue expositioni : Et con el detto ∥ de li propheti sopra esse figure : ∥ Sicome legendo trouerete : Et ∥ nota che ciaschuna figura del tes-∥tamento nuouo trouareti dua dil te-∥stamento vecchio : le quale sonno ∥ affiguratte a quella dil nuouo. Et ∥ sempre quella dil nuouo sara posta ∥ nel meggio di quelle dua dil ve-∥ chio : Cosa belissima da ītēdere ∥ achi se dilectano de la sacra ∥ scrittura : Nouamente ∥ stampata. (Au v° du 62° f. :) *Opera di Giouāniandrea ∥ Uauassore ditto Uadagni∥no : Stampata nouamēte ∥ nella inclita citta di ∥ Uinegia. ∥ Laus Deo.* S. d. Pet. in-8, de 64 ff., dont le dernier blanc ; mar. vert foncé, ornem. sur les plats dans le style italien, tr. dor. (*Lortic*).

> Imitation de la *Bible des Pauvres*, et le seul livre xylographique italien que l'on connaisse. Le titre et la souscription ci-dessus sont inexactement rapportés par Brunet, qui n'a pas reconnu que c'était un xylographe. Une jolie bordure d'entrelacs blancs sur fond noir décore la première page. Les planches sont au nombre de cent vingt, plus une image de la Madone, assise sur un trône et couronnée par deux anges (au verso de l'avant-dernier feuillet). La gravure de ces planches est de Giovanni Andrea Vavassore, dit Vadagnino, dont le nom figure dans la souscription finale : c'est sans doute l'artiste plus connu sous le nom de Zoan Andrea.

Leur exécution ne peut pas être antérieure à 1510 ou 1512, attendu que la planche représentant *Jésus chassant les vendeurs du Temple* est une copie fidèle du même sujet de la *Petite Passion de Jésus-Christ* d'Albert Dürer, publiée en 1509. Cicognara, qui le premier a décrit ce volume fort rare (*Catalogo*, t. I, n° 1992), nous dit que certaines planches semblent avoir été gravées d'après les dessins de Bellini, de Carpaccio, de Squarcione et de Montagna; celle de la Madone est très remarquable.

Libri, dans le catalogue de la partie réservée de sa collection (1862), a constaté l'existence de trois tirages différents de ce curieux volume. Dans le premier (dont il possédait un exemplaire [n° 570], réputé unique), le texte est entièrement xylographique et en caractères gothiques; dans le second, la petite planche de rapport qui se trouve au bas du 5° f. r° du cahier H, et qui offre les bustes des deux prophètes, a été gravée à nouveau, et le texte qui l'accompagne est en caractères ronds (Libri a donné une reproduction des deux tirages de cette page, dans ses *Monuments inédits*, pl. LIII); dans le troisième, il en est de même pour la partie analogue du 5° f. r° du cahier E. A ces remarques, on peut en ajouter d'autres qui porteraient le nombre de tirages à plus de trois. Ainsi, il y a trois sortes d'exemplaires du second tirage : dans le premier (auquel appartenait notre exemplaire décrit sous le n° 46 du catalogue de 1879), la planche de la Madone n'est entourée que d'un simple filet noir, lequel se trouvant ensuite brisé, on a ajouté, dans le tirage suivant (auquel appartient le présent exemplaire), deux petites bordures placées verticalement sur les côtés de la planche; dans les exemplaires de la troisième catégorie de ce même tirage, ces bordures sont d'un dessin différent et le filet qui borde la planche en tête est presque complètement usé.

Libri a nié l'existence du feuillet blanc final; il est cependant indispensable pour que le dernier cahier soit bien complet, et il se trouve, parfaitement authentique, dans notre exemplaire, qui est dans un bel état de conservation.

# THÉOLOGIE

## 1. ÉCRITURE SAINTE

47. (Biblia. *Antverpiæ, Chr. Plantinus*, 1575.) In-8, de 389, 207 et 121 pp.; plus 3 ff. ; mar. vert, compart., tr. dor. (*anc. rel.*).

Livre extrêmement rare et mal décrit. Il se compose de l'Ancien Testament en hébreu, imprimé sans points-voyelles, du Nouveau Testament en grec, accompagné de la version syriaque imprimée en caractères hébraïques. Les dernières pages contiennent les *Variæ Lectiones* de la version syriaque recueillies par Fr. Raphelengius dans le manuscrit de Cologne.
Très bel exemplaire, réglé.

48. Divinæ scripturæ, ueteris nouéq; omnia (en grec). *Argentorati, apud Vuolphum Cephal[æum]. An. M.D.XXVI* (1526). 3 vol. in-8; veau fauve, fil., et mar. brun, compart. genre Grolier, tr. dor. et cis. (*rel. du* XVI$^e$ *s.*).

Charmante impression strasbourgeoise. Cette publication, due aux soins de J. Leonicer, a été mise à l'index, surtout à cause de sa préface; aussi a-t-elle été enlevée du présent exemplaire. Ces trois volumes contiennent tout l'Ancien Testament; le Nouveau, annoncé sur le titre, avait été publié en 1524. Les titres sont entourés de jolies bordures gravées sur bois, et on y trouve des copies de l'alphabet de la mort de Holbein.
Les deux premiers volumes sont reliés en veau; le troisième est orné d'une très belle reliure, bien conservée.

49. Biblia cum summariorum ‖ apparatu pleno quadrupliciq; repertorio insignita... (A la fin :) .... *Impressa ‖ Parisius per Iohannem preuel Anno do‖mini Millesimo quingentesimo deci‖monono* (1519), *quarta augusti*. In-8, goth., à 2 col., de 80 ff. lim. et 480 ff. ch.; mar. La Vallière, compart. à froid et orn. dor. sur les plats, tr. cis. et dor. (*Hardy.*)

Impression parisienne extrêmement rare et non citée au *Manuel*, en caractères gothiques presque microscopiques, ornée de jolies initiales à fond criblé, et de quelques gravures au trait. A la suite de la table alphabétique est une grande gravure hors texte, à six compartiments, représentant les six jours de la création. Marque de Jehan Petit au titre.
C'est l'une des premières bibles imprimées à Paris.

**50.** Biblia. *Lvtetiæ, ex officina Roberti Stephani, M.D.XLV* (1545). 2 t. en 5 vol. gr. in-8; mar. rouge, fil. et tr. dor. (*anc. rel.*).

Édition remarquable par la difficulté d'exécution vaincue pour l'agencement du commentaire autour du texte. Elle est imprimée en caractères très fins. L'interprétation est tirée de l'édition de Zurich, de 1543, et les notes sont de Rob. Estienne lui-même.
C'est l'édition célèbre censurée par la Sorbonne et longuement stigmatisée dans un Index expurgatoire.

**51.** Biblia Sacra vulgatæ editionis Sixti V Pont. M. jussu recognita, et Clementis VIII auctoritate edita. *Coloniæ Agrippinæ, sumpt. Hær. Bernardi Gualteri et sociorum.* cIɔ. Iɔ.cxxxviii (1638). Pet. in-8, frontisp. grav.; mar. rouge, compart. à fil., dos orn., tr. dor. (*Du Seuil ?*).

Très belle reliure aux armes et au chiffre de l'abbé DE RICHELIEU.

**52.** La Bible, qui est toute la saincte escriture du vieil et nouueau Testament, autrement l'Ancienne et la nouuelle Alliance, le tout reveu et conferé sur les textes hebrieux et grecs par les Pasteurs et Docteurs de l'Eglise de Geneve. *A la Rochelle, de l'imprimerie de H. Haultin, par Corneille Hertman,* 1616. Gr. in-8, à 2 col.; mar. rouge, compart., tr. dor. (*anc. rel.*).

Bible à l'usage des réformés de La Rochelle, imprimée en très petits caractères, et la première bible française protestante qui ait été publiée en France. Fort rare, et non citée au *Manuel*.

**53.** Liber psalmorvm Davidis. Annotationes in eosdē ex Hebræorum commentariis. — Cantica. *Lvtetiæ, ex off. Rob. Stephani.* M.D.XLVI (1546). In-8; mar. La Vallière, tr. dor. (*Lortic*).

Édition censurée. Très bel exemplaire.

**54.** Davidis regis ac prophetæ psalmorvm liber. Ad exemplar Complutense (texte grec et latin). *Antverpiæ, ex offic. Christophori Plantini,* M.D.LXXXIIII (1584). In-16; mar. rouge, fil., tr. dor. (*anc. rel.*).

Texte établi sur l'édition de la Bible d'Alcala. Très bel exemplaire, réglé.

**55.** Les Pseaulmes de Dauid. Tant en Latin, qu'en Fraçois : les deux translations traduictes de l'Hebrieu, respondantes l'vne a l'autre, verset a verset, notez par nombres. (*Genève*) *De l'imprimerie de Robert Estienne*, *M.D.LII* (1552). (A la fin :) *Imprime par Robert Estienne, Lan M. D. LII. Le VII Apuril.* — Les Proverbes de Salomon, l'Ecclesiaste, le Cantique des cantiques, le liure de la Sapience, l'Ecclesiastique. *De l'imprim. de Rob. Estienne,* 1552. En 1 vol. in-16; mar. vert, fil., milieu, tr. dor. (*Lortic*).

> Livres très rares. La préface de Rob. Estienne aux lecteurs est fort intéressante. Très bel exemplaire.

56. Le Pseaultier de David, contenant cent cinquante Pseaumes, avec les cantiques : ausquels les accens requis et necessaires pour bien prononcer chacun mot, sont diligemment observez. *A Paris, chez Jamet Mettayer Imprimeur du Roy deuant le College de Laon.* M.D.LXXXVI (1586). In-4, gros caract., en rouge et noir; mar. olive, fil., tr. dor. (*rel. du temps*).

> Au titre une vignette, et au verso du 6º f. prélim. une grande figure sur cuivre. Cette édition, sous la date de 1586, est plus rare que celle de 1587.
> Exemplaire réglé, à la reliure de HENRI III, avec ses emblèmes, ses armes et sa devise au dos.

57. (Nouveau Testament [titre et texte en grec]. *Paris, Simon de Colines,* 1534.) In-8, de 2 ff. et 414 pp.; mar. brun, compart. à froid, anc tr. cis. et dor.

> Première édition parisienne du texte grec du Nouveau Testament. « Belle et correcte, dit Brunet; texte formé en partie sur celui d'Alcala, en partie sur celui de la quatrième édition d'Érasme, et corrigé d'après l'autorité de plusieurs bons manuscrits. »
> Exemplaire avec nombreuses notes manuscrites.

58. Nouum Testamentum. Ex bibliotheca regia (en grec). *Lutetiæ, ex offic. Rob. Stephani,* M.D.XLIX (1549). 2 part. en 1 vol. in-16; mar. fauve, compart. en mosaïque, tr. dor. (*anc. rel.*).

> Jolie édition donnée par Robert Estienne, premier du nom, et célèbre par la faute unique qui s'y trouve : *pulres* au lieu de *plures* (première page de la préface, avant-dernière ligne).
> Superbe exemplaire, avec témoins.

59. Nouum Iesv Christi D. N. Testamentum. Cum duplici interpretatione D. Erasmi, et Veteris interpretis : Harmonia item Euangelica, & copioso Indice. *Ex officina Roberti Stephani,*

*MDXLI* (*sic* pour 1551). Pet. in-8, de 463 ff. à 3 col.; mar. rouge, fil., tr. dor. et cis. (*anc. rel.*).

Excellente édition, avec texte grec et deux traductions latines : la version de la Vulgate et celle d'Érasme. Elle a été imprimée à Genève, et c'est l'une des premières productions du nouvel établissement d'Estienne. C'est la première édition où le texte grec du Nouveau Testament soit divisé en versets, distingués par chiffres, et c'est le plus rare de tous les Nouveaux Testaments grecs imprimés par Rob. Estienne.

Très bel exemplaire, de premier tirage, avec la date fausse et le X gratté. Il est réglé et aux premières armes de DE THOU.

60. Novum Testamentum. Ex bibliotheca regia (en grec). *Lutetiæ, ex officina Roberti Stephani. M.D.LXVIII* (1568). 2 part. en 1 vol. pet. in-12; mar. noir, compart. à fil., ornem. sur les plats, tr. dor. et cis. (*anc. rel.*).

Édition donnée par le second Robert Estienne, et terminée en 1569. On y trouve à la fin les *Diversæ lectiones*.

Magnifique exemplaire, revêtu d'une fort jolie reliure du temps.

61. Nouum Testamentum. Ex bibliotheca regia. *Lutetiæ, ex officina Rob. Stephani,* 1569. 2 part. en 1 vol. in-12; mar. olive, fil., ornem. sur les plats, doublé de même, tr. dor.

C'est la même édition que la précédente, avec le titre renouvelé.

62. Nouum Iesu Christi D. N. Testamentum (en grec). *Antverpiæ, ex officina Chr. Plantini,* 1574. Pet. in-16; mar. vert, fil., dos à petits fers, tr. dor. (*anc. rel.*).

Fort rare. Très belle reliure aux armes du comte D'HOYM.

63. Evangelium, secundum Matthæum, sec. Marcum, sec. Lucam, sec. Johannem. Acta Apostolorvm. Breues variarum tralationū annotationes, adiecta veterum Latinorū exemplarium manu scriptorum diuersa lectione. *Parisiis, ex officina Rob. Stephani, M D XLI* (1541). — Pauli apostoli epistolæ,—Epistolæ catholicæ,—Apocalypsis B. Johannis. *Ibid.* 2 t. en 1 vol. in-8; mar. brun, fil., compart., ornem. sur les plats, tr. dor. (*anc. rel.*).

Première édition latine du Nouveau Testament donnée par Rob. Estienne, et poursuivie par l'autorité. Elle est fort rare. En tête du volume se trouve un avertissement de 4 ff., en plus gros caractères : on ne l'a pas signalé dans d'autres exemplaires.

Jolie reliure lyonnaise du XVIe siècle.

64. Novum Iesu Christi Testamentum Vulgatæ Editionis Sixti V Pont. Max. iussu recognitum atque editum. *Parisiis, e typographia regia,* 1649. 2 vol. in-12 ; mar. rouge, fil., tr. dor. (*Derome*).

<blockquote>Joli exemplaire, grand de marges, de cette édition recherchée.</blockquote>

## II. LITURGIE.

### 1. Missels.

65. Missale s'm ɔsuetudinē Curie romane. (A la fin :) *Impressum venetijs arte ⁊ impensis Johānis emerici de Spira. Anno dñi M. cccxciij* (1493) *qrto Kl' maj.* In-8, goth., à 2 col. ; mar. rouge, milieu, tr. dor. (*Lortic*).

<blockquote>Impression en rouge et noir, avec le plain-chant noté. Une seule gravure sur bois, représentant le Christ en croix.<br>
Magnifique exemplaire, très pur.</blockquote>

66. Pontificale romanvm, etc., etc... *Venetiis, apud Iuntas, M D LXXXII* (1582). In-fol., impr. en rouge et noir, avec plain-chant ; mar. rouge, compart., fermoirs (*anc. rel.*).

<blockquote>Édition ornée de 261 figures sur bois, dont une (Jésus en croix) de la grandeur de la page, et quatre moyennes.</blockquote>

67. Missale insignis ecclesie Tornacēsis : optimis caracteribus ǁ (vt patet exaratū) hoc vno cetera excellit : q' officia que in cete=ǁris sola annonatione (atqʒ ob hoc nō sine magno plerūqʒ in ex=ǁquirēdo labore) designata sunt : in eo ad plenum describūtur. ǁ adiunctis ipsius ecclesie cōstitutionibus atqʒ cōsuetudinibus : ǁ singulisqʒ festiuitatib' cum suis prosis (etsi aberāt) adiectis/ ac ǁ suū ad locū appositis : ⁊ titulis/ numeris/ ⁊ mensibus cōciliatis/ ǁ vt semp ad cōsimiles numeros/ numerus cōsimilis respōdeat : ǁ vt facile celebrare volētibus singula occurrant. De emēdatioǁne vero ac impressione / aliis iudicandū derelinquo : id vnū ta=ǁmen rogo / ne ipsum opus dānent : nisi prius singula diligēter ǁ inspiciāt/ antea q̄ iudicent : Cū nil tam resonū cui nō obmur=ǁmuret eger. Semper in alterius felici liuor honore. (Au-dessous de ce titre, qui est

en rouge, une gravure : la *Messe de S. Grégoire,* et un distique ;
au bas de la 2° col. du dern. f., en rouge :) *Absolutū in Parhi-
seoɤ Aca‖demia diligentia Johãnis Hig‖mani. Impēsis vero
honesti viri ‖ vuilhelmi houtmart. Anno dñi ‖ M.cccc.xcviij*
(1498) *die vero vicesima ‖ Octobris.* In-fol., goth., à 2 col.,
de 8 ff. prél. n. ch. et CLV ff. ch.; CXXVII ff. ch. et 8 ff. n. ch.;
fig. s. bois; ais de bois recouverts de peau de truie estampée
(*rel. du temps*).

Précieux Missel de l'église de TOURNAY, d'une belle impression en rouge et noir. Le *Manuel* ne signale aucun missel à l'usage de cette église. Le même imprimeur avait exécuté l'année précédente un beau missel à l'usage d'Utrecht, aux frais de Wolfgang Hopyl, et la réclame qu'il se fait au titre de celui-ci est assez singulière dans un livre sacré.

Cet exemplaire a dû appartenir à l'une des églises du diocèse de Tournay, car il a encore tous ses sinets, etc., en parchemin et en cuir. Au bas du 9° f., on a peint ces armoiries : *d'argent au chevron d'azur.* Le volume est couvert de beaucoup d'annotations manuscrites. Les feuillets CXXXVIII à CLV de la première partie, comprenant le Canon de la Messe, ont été remplacés par des feuillets manuscrits sur VÉLIN, ce qui a lieu d'habitude dans les missels sur papier. Le verso du f. CXLVIII est occupé par une *grande miniature* représentant *Jésus en croix,* entourée, de même que la page en regard, d'une bordure de fleurs. Le plain-chant noté se trouve dans cette portion manuscrite.

L'exemplaire est à toutes marges, et fort bien conservé, sauf quelques déchirures.

68. Missale p̄dicatorū nup̄ īpressuȝ ‖ ac emēdatum cuȝ multis mis-‖
sis oͬonibʼ : pulcherrimis-‖ ɋ figuris ī capite missa‖rū festiui-
tatū soleñi‖uȝ de nouo suṗad‖ditis : vt inspici‖enti patebit.
(A la fin :) ... *arte ɀ impensis Luce antonij de giunta florētini
diligentissime impressum feliciter. explicit. Anno salutis. M.D.*12(?)
*xvj.calendas aprilis.* In-4, à 2 col., impr. en rouge et en noir,
fig. sur bois; peau de truie estampée, coins et fermoirs en
cuivre (*anc. rel.*).

Publié par Lucas Junte après les *Postilla,* ce beau et très rare missel, à l'usage des Frères Prêcheurs, contient plusieurs des petites figures de ce livre. Plusieurs des pages doubles imprimées en rouge et noir et encadrées de petites figures sont d'un bel aspect, mais la gravure en est rude. Il est probable que la date de cette édition est bien l'année 1512, quoique l'impression ne permette pas de lire sûrement les chiffres. (Didot, *Cat. rais.,* n° 376.)

Très bel exemplaire, d'une grande netteté de tirage, revêtu d'une curieuse reliure du temps. Un certain nombre de feuillets a été fortifié dans le bas au moyen de bandes de papier.

# LITURGIE.

69. Missale Cartusiani ordinis, ex ordinatione Capituli generalis, anno Domini M.DC.XXII celebrati, sub R. P. D. Brunone d'Haffringues, Priore Cartusiæ, ac totius eiusdem Ordinis Generali. *Lugduni, sumpt. Ioannis Pillehotte, sub signo nominis Iesu. M.DC.XXVII* (1627). (A la fin :) *Lugduni, Ex Typographia Claudii Cayne.* In-fol., fig. s. bois ; mar. rouge, fil., riches ornem. sur les plats et un écusson de la sainte Vierge, tr. dor. (*anc. rel.*).

Missel rare, à l'usage des Chartreux. Au titre, l'image de s. Bruno, gravée par C. Audran. Bel exemplaire. Au f. 225, un fort raccomm. très habilement fait, mais sans rétablissement de texte enlevé.

### 2. *Heures et Offices.*

A. — France.

**Paris.**

PH. PIGOUCHET, seul.

70. Heures à l'usage de Rome. (Marque et nom de Philippe Pigouchet. Almanach de 1488 à 1508.) Pet. in-8, goth., de 100 ff. n. ch. ; mar. rouge, fil., tr. dor.

C'est l'une des plus rares et des plus anciennes éditions données par Pigouchet. La souscription finale a malheureusement été grattée dans cet exemplaire, mais on est autorisé à croire que ces heures ont été publiées en 1487, ou au commencement de 1488. Elles sont ornées de dix-huit grands sujets, dont les 14° et 15° représentent les *Trois Morts et les Trois Vifs*, les mêmes que ceux de l'édition en gros caractères, décrite par Brunet sous le n° 1 de sa notice, et qui a figuré sous le n° 80 dans notre catalogue de 1879. Le caractère et les encadrements sont ceux de l'édition sans date, mais avec le même almanach, et l'adresse de la rue de la Harpe (n° 2 de la notice de Brunet).

« Le calendrier a, de même, un quatrain pour chaque mois. La pagination est la même, ainsi que le caractère, mais chaque page cependant diffère soit par l'emploi des sujets qui forment l'encadrement, soit par quelque différence dans la justification des lignes résultant ou de l'abréviation de quelque lettre, ou d'un espacement plus ou moinsserré. » (Didot, *Cat. rais.*, n° 766.)

Magnifique exemplaire sur VELIN, non colorié, haut de 172 mill.

PIGOUCHET, pour SIMON VOSTRE.

71. Ces presentes heures a lusaige de Rōme *furent ache∥uez le . xxi . iour de Nouēbre Lan mil.* (le reste de la date effacé) ∥ *pour Simon vostre Libraire : demourant a Pa∥ris a la rue neuue nostre dame a lenseigne Saint Iehan le ∥ uangeliste.* (Sur le titre la marque et le nom de *Philippe Pigouchet;* almanach de 1488 à 1508.) Pet. in-8, goth., de 90 ff. non ch.; mar. rouge, tr. dor.

Cette édition rarissime contient les quatorze grandes planches qui figurent dans les plus anciennes éditions de Simon Vostre, et une 15ᵉ nouvelle représentant la Trinité. Les bordures, à fond criblé, présentent, outre de jolies arabesques, les Vertus théologales et cardinales, la Vie et la passion de Jésus, la Vie de la Vierge, l'Histoire de Susanne, celle de l'Enfant prodigue, les 15 signes et le Jugement dernier, et enfin la Danse des morts, en 78 sujets. (Didot, *Cat. rais.*, n° 768.)

Très bel exemplaire sur VÉLIN, avec gravures en partie coloriées, le SEUL CONNU jusqu'à présent.

72. Ces p̄sentes heures a lusage de Rōme *furēt* ∥ *acheuees le xx . iour de aoust. Lā Mil.CCCC* ∥ *quatre vingtz z xvi.* (1496) *pour Simon vostre libraire...* (Au-dessus la marque et le nom de Ph. Pigouchet.) In-4, goth., de 92 ff.; mar. noir, tr. dor.

« Ces Heures sont ornées de dix-huit grandes figures et de plusieurs petites. Une gravure et certains entourages primitifs de Pigouchet y reparaissent. Les bordures représentent les sujets ordinaires, mais avec cette particularité que la Danse de la Mort ne se compose plus que de 72 sujets. A la fin 8 ff. des *Sept Psaumes translatés du latin.* » (Didot, *Catal. rais.*, n° 769.)

Exemplaire sur VÉLIN, non colorié, avec initiales et alinéas peints en couleur et en or. Haut. : 188 mill.

73. Ces presētes heures a lusaige de BESENSON *furēt ache∥uees Lan Mil. cinq cens z quatre* (1504). *le . v . iour de Aoust. pour* ∥ *Symon vostre : libraire demourāt a Paris a la rue neuue* ∥ *Nostre dame a lenseigne sainct Iehan leuangeliste.* (Marque de Pigouchet.) In-8, goth., de 95 ff.; bas. brune.

Ces Heures sont fort rares et NON DÉCRITES. Seize grands sujets, dont l'arbre de Jessé.

Exemplaire sur VÉLIN, non colorié, le SEUL CONNU jusqu'à présent, mais incomplet du f. M1.

## LITURGIE.

### NICOLAS HIGMAN, pour SIMON VOSTRE.

74. Hore beate Marie ỹginis scđm vsuȝ Romanũ cũ ‖ illi' miraculis : vnacũ figuris apocalipsis post biblie ‖ figuras insertis : omnino ad longum sine require. (Au v° du dern. f. :) *Explicĩut hore... im͞psse parisi'* ‖ *opera Nicolai higman. Impensis ho‖nesti viri Symonis vostre.* S. d. (almanach de 1512 à 1530 ; sur le titre la marque et le nom de Vostre.) In-8, goth. ; vélin écaille, fil. et ornem. à froid, tr. cis. et dor.

> Ces Heures fort rares contiennent dix-huit grandes planches et des bordures semblables à celles qu'employait Vostre à la même époque. Les trois planches représentant S. Michel, S<sup>te</sup> Catherine et S<sup>te</sup> Barbe offrent un caractère particulier ; la seconde porte un monogramme composé des lettres P D V (Pierre de Vingle ?).
> Exemplaire sur papier. Hauteur : 186 mill.

### Marque seule de SIMON VOSTRE.

75. Ces p͞sentes heures a lusaige de ‖ ROUAN (Rouen) au long sans require. (Marque de Simon Vostre ; almanach de 1502 à 1520.) In-8, goth., de 120 ff. ; mar. brun, ornem. à froid, avec plaques sur les plats, dor. sur l'un, arg. sur l'autre, tr. dor. (*anc. rel.*).

> « Ces Heures précieuses et bien imprimées par un imprimeur autre que Pigouchet et qui peut être Nicolas Higman, renferment quinze grandes figures la plupart nouvelles, moins archaïques d'exécution, et différentes de celles des autres heures (manque le dern. f. du cah. *a*, contenant la planche du miracle de S. Jean Porte Latine) ; les encadrements sont à peu près les mêmes que dans les éditions antérieures de Simon Vostre de quinze figures. » (Didot, *Cat. rais.*, n° 785.)
> Très bel exemplaire sur VÉLIN, non colorié.

76. Ces presentes heures a lusaig (*sic*) de Tou : (TOUL) ‖ au long sans requerir. (Marque de Simon Vostre.) *S. d.* (almanach de 1502 à 1520). In-8, goth., de 134 ff., sign. *a-s*, 21 lignes à la page ; veau antiqué, compart.

> Édition NON DÉCRITE, ornée de seize grandes planches et de plusieurs petites. Dans les encadrements on remarque l'*Apocalypse*, l'*Histoire de Joseph*, celle de *Suzanne* et de l'*Enfant prodigue*, avec les explications rimées en français, la *Danse des Morts*, etc. Dans le Propre des saints, on trouve une oraison à S. Gérard, patron de Toul (*O Gerarde Tullensium bone dux...*).
> Exemplaire sur VÉLIN, non colorié, un peu taché. Hauteur : 163 mill.

77. Psalterium intemerate dei genitricis ⁊ glorio‖sissime virginis Marie : facinorum aduocata.·. (Au-dessus la marque et le nom de S. Vostre; à la fin du vol., en rouge :) *Finis psalterij virginis marie* ‖ *a beato Bonauentura conditi*. S. d. Pet. in-8, goth., de 44 ff., avec fig. et encadrements sur bois; vélin bl., tr. dor.

Ce Psalterium de la Vierge Marie *Facinorum advocata*, inconnu aux bibliographes, était placé à la suite du livre d'Heures de l'abbaye de Fontevrault. Il contient plusieurs gravures très remarquables où l'on voit reparaître sur deux d'entre elles une marque formée de deux V entrelacés, et sur trois autres un monogramme offrant soit la lettre G, soit les initiales G. F. (Voir Didot, *Cat. rais.*, n° 796.) Exemplaire sur papier.

ANTOINE VERARD.

78. (Heures à l'usage de PARIS.) (Au v° du dern. f. :) *Ces heures furẽt acheuees en lhõneur de no‖streseigneur iesucrist : ⁊ de la glorieuse vierge ma‖rie. Le .xx. iour daoust. Mil .cccc. quatre vings ⁊* ‖ *dix* (1490). *Pour Anthoine verard libraire demorãt a* ‖ *paris . sur le pont nostre dame . a lymage . s. iehan* ‖ *leuãgeliste . ou au palaiz au p̃mier pillier deuãt* ‖ *la chappelle ou len chante la messe de messeig=‖neurs le presidens*. In-4, goth., de 90 ff., à 29 lignes par pages pleines, sign. A de 4 ff., *p*, *a*, *b*, *c* par 8, *d* de 2, *a* de 8, *e* de 4, *d*, *e* par 8, *f* de 12, *l* et *m* par 4; mar. La Vallière, riches compart. à froid, doublé de mar. rouge, dent., gardes en soie, tr. dor., étui (*Lortic*).

Exemplaire sur vélin, d'une édition NON DÉCRITE des *Grandes Heures* de Verard (Brunet en cite une avec la même date, au n° 125 de sa notice, mais sans la décrire, et il lui attribue 106 ff.). A la première page, elle n'a point le titre (A la louenge de Dieu.....) qui figure au même endroit dans toutes les autres éditions décrites des Grandes Heures, mais seulement trois stances : l'une de cinq vers, commençant par : *Iesus soit en ma teste...;* une autre de quatre vers, commençant par : *Qui du tout son cueur...*, et un sixain, précédé de ce titre : *Bon et brief regime*. La page suivante est occupée par un *Petit Almanac pour vingt ans*, ou plutôt pour vingt et un ans, de 1488 à 1508. Les trois feuillets suivants sont consacrés au calendrier, remarquable en ce que chaque jour y porte une indication hagiologique, tandis que dans le calendrier des autres Grandes Heures de Verard beaucoup de lignes sont en blanc. C'est à tort qu'entre le premier et le second feuillet de ce cahier on a intercalé un feuillet, admirablement refait, et représentant d'un côté l'Homme anatomique et de l'autre le Saint-Graal; ce premier cahier est bien complet sans cette addition arbitraire, et, si la présence de ce feuillet refait est nécessaire dans cette édition, ce qui reste encore à prouver, ce serait plutôt à la suite du calendrier, en tête du second cahier, qui sans cela n'aurait que sept feuillets. Ce second cahier commence par les évangiles, et, particularité extraordinaire, le texte des huit premières pages est *écrit à la main*, à l'époque même de la publication de ce livre, tandis que les encadrements sont imprimés.

A la dernière page de ce cahier, on lit ce titre pour les Heures de la Vierge, qui suivent : *Incipiunt hore intemera=‖ te virginis marie secundũ ‖ vsum* Parisiensem, ce qui ajoute encore à la valeur de ce volume ; car, à notre connaissance, c'est la seule de toutes les éditions connues des Grandes Heures de Verard qui soit à l'usage de Paris.

Le verso du dernier feuillet du cahier *ẽ* est blanc. Au-dessus de la suscription finale que nous avons rapportée plus haut, se trouve la grande marque de Verard.

Les grandes planches sont au nombre de quinze ; nous n'y comprenons ni la figure de l'Homme anatomique ni le Saint-Graal, dont la présence dans cette édition n'est pas démontrée. Douze de ces planches avaient déjà figuré dans les éditions antérieures de ces Grandes Heures ; les deux autres sont nouvelles : la *Rencontre de Joachim et d'Anne à la porte dorée* (répétée ici une seconde fois à la place de l'ancienne planche de l'*Immaculée Conception*, alors probablement détruite) et la *Nativité*. Les petites gravures sont au nombre de seize. Les bordures, très larges, à quatre compartiments superposés, sont composées de sujets avec des légendes tantôt en latin, tantôt en français. Ce sont les mêmes dans toutes les Grandes Heures.

Toutes les gravures sont presque au trait, et de style très archaïque, ce qui constitue la seconde manière de Verard ; elles étaient destinées à servir d'esquisses aux miniaturistes.

Notre volume, admirablement conservé, est très probablement unique de cette édition, et ce qui le rend encore plus précieux c'est qu'il est l'exemplaire présenté à la régente ANNE DE BEAUJEU. En effet, au-dessus du titre des Heures de la Vierge (voir ci-dessus), la gravure ayant pour sujet la Création d'Ève a été soit supprimée au tirage, soit recouverte au pinceau, et à sa place nous voyons le *Portrait de cette princesse*, agenouillée devant un prie-Dieu, sous un riche dais. Elle est vêtue d'une robe de brocart et coiffée d'une cornette. *Sainte Anne*, sa patronne, se tient debout auprès d'elle et lui pose la main droite sur l'épaule. Un petit chien blanc est couché en avant du prie-Dieu, dont les côtés portent les armoiries de Pierre de Beaujeu, époux de la régente Anne : *d'azur à trois fleurs de lis d'or ; au bâton de gueules en bande*. Les mêmes armoiries figurent dans un grand écusson enluminé, dans la partie inférieure de la bordure, à la place d'une gravure, et aussi à la page en regard, au bas de la bordure latérale, où elles remplissent un petit écusson tenu par un ange.

En raison de cette destination illustre, cet exemplaire a été entouré d'un luxe exceptionnel. Ainsi, à la page décorée du portrait d'Anne de Beaujeu, sur l'emplacement des trois gravures de la bordure latérale, on a peint trois miniatures, représentant le *Cortége féminin de la princesse dans l'attitude de la prière*. Les gravures ayant pour sujet la *Création du Monde* (sign. *p*, 1ᵉʳ f. rᵒ) et l'*Annonciation aux Bergers* (sign. *b*, 8ᵉ f. vᵒ) ont été remplacées par des miniatures d'une composition tout à fait différente; à la place de l'*Office des Morts* (sign. *e*, 3° f. v°), on voit une belle miniature représentant *Job sur son fumier causant avec ses amis*. Toutes les autres grandes planches, de même que les sujets des encadrements des quatorze pages où se trouvent les grandes planches, sont enluminés avec un soin extrême; dans certaines pages, les peintures sont l'œuvre d'un excellent enlumineur.

Parmi les petites gravures, les cinq premières ont été remplacées par des miniatures originales; les autres sont simplement enluminées. Le texte est orné d'une profusion d'initiales et de bouts de ligne en or et couleurs.

En dehors des pages à grands sujets, toutes les autres bordures sont en noir, en général d'une grande vigueur et d'une remarquable pureté de tirage. On a ainsi, au point de vue de l'art, une œuvre éclectique : un véritable monument de la typographie, de la gravure sur bois et de l'enluminure réunies. Hauteur : 235 mill.

79. A la louenge de Dieu..... *furent commencees ces presentes heu‖res pour Anthoine verard libraire demourāt ‖ sur le pont nostre Dame a lymage saint Iehan ‖ leuangeliste...* S. d. (almanach de 1488 à 1508). Gr. in-8, goth., de 112 ff., sign. A-N et A par 8 ff., à 33 lign. par page; mar. brun, fil. à fr., tr. rouge.

« Ces Heures de Verard diffèrent de celles qui ont le même calendrier primitif de 1488 à 1508, et que M. Brunet a décrites sous les n°$^s$ 120, 121 et 122 de sa Notice. On y compte seize grandes gravures (non compris l'Homme anatomique et le Saint-Graal), indépendamment de celles qui forment les bordures, et qui sont au nombre de 5 ou 6 par page. La marque de Verard est au verso du 8° f. du cah. *n*. Beaucoup de prières sont en français, quelques-unes sont en vers. » (Didot, *Cat. rais.*, n° 800.)

Exemplaire sur VÉLIN, non colorié et bien conservé, sauf quelques taches.

80. Heures à l'usage de Rome (sans titre). Pet. in-8, goth., de 92 ff., 26 lignes à la page, sign. *a-l* par 8, et *m* par 4; vélin vert.

« Ces Heures contiennent quatorze grandes figures et vingt-neuf petites. Le recto du 1$^{er}$ f. est resté blanc (sans doute pour y placer soit une miniature, soit une marque de libraire); au verso se trouve *Almanach povr xxi ans* (1488-1508); au bas, 4 lignes : *Qui veult sçauoir les brādons*, etc. Au recto du 2° f. l'*Homme anatomique* de Verard, qui se voit dans ses premières éditions et dont l'aspect est xylographique. Aux ff. 5, 6 et 8 du cah. D, on rencontre les GRAVURES PRIMITIVES de ses Heures, reconnaissables à leurs formes plus gothiques et aux inscriptions latines en lettres initiales d'une forme archaïque. Il en est de même aux ff. 2, 4 et 5 du cah. *e* et de la pl. *Ad Completorium*. Toute cette partie archaïque, qui ne reparaît plus dans les éditions postérieures de Verard, prouve que cette édition

## LITURGIE.

les a précédées, et l'on y rencontre les encadrements dans le genre de Pigouchet, et quelques autres grandes gravures au commencement, qui indiquent l'époque de transition entre les deux styles. Déjà on voit, dans l'édition précédente (n° 801), paraître dans les encadrements quelques sujets plus complets dans celle-ci. Ils sont plus complets encore dans l'édition de 1503. » (Didot, *Cat. rais.*, n° 802.)

Édition rarissime. Exemplaire sur VÉLIN, non colorié, le seul cité au *Manuel*.

81. Heures a lusaige de Rõme sans riẽs reqrir. ‖ *Imprimees a Paris le . xix . iour du mois de* ‖ *Iuing Mil cinq cens et trõis.* (1503). (Titre surmonté par la grande marque de Verard.) Pet. in-4, goth.; mar. La Vallière, fil. à froid et ornem. aux angles, tr. dor. (*Capé*).

« Les grandes planches, au nombre de quinze (non compris celle du Saint-Graal, qui est au v° du 2° f.), ainsi que les petits sujets des bordures, sont évidemment imités des éditions de Vostre, et sont presque aussi bien exécutés. Celles de la Danse des morts commencent au recto du prem. f. du cah. *h*, et finissent au verso du 7° f. du cah. *i*. » (Didot, *Cat. rais.*, n° 805.)

Magnifique exemplaire sur VÉLIN (H. : 0,213), non colorié, avec les initiales enluminées. Sur un feuillet de garde, sont ces armes : *d'argent à trois fasces de gueules*; l'écu surmonté de la couronne de comte et environné du collier de la Toison d'or.

D'après nos renseignements, les marges de ce volume étaient couvertes de mottos, sentences et signatures autographes des grandes familles de Villiers, de Granville, et autres, dont on voit encore la trace et que M. Capé a malencontreusement fait disparaître au moment de la reliure. Deux pages blanches à la fin du volume portent encore des vers français et italiens, et autres inscriptions.

82. Ces presentes heures a lusage de ROUEN ‖ sont au long sans Riẽs requerir auecqs les heu‖res de la Cõception Et plusieurs aultres suf‖frages. *Nouuellemẽt Imprimees a Paris pour* ‖ *Iehã burges Pierres huuin ⁊ Jacques cousin.* (Au-dessus le S$^t$ Graal; au dernier f. la marque de Verard.) S. d. (alman. de 1503 à 1520). In-8, goth., sign. *a, b, c* par 8; *d* par 4; *e-q* par 8 (pas de cah. *r*) et *s* par 4; veau fauve, fil. et compart. à froid, tr. dor.

« Dix-neuf grandes figures, sans compter l'Homme anatomique, et de nombreuses petites. Elles sont différentes des précédentes et imitées de la seconde manière de Simon Vostre. La Danse des morts figure deux fois dans les bordures des pages. Ce volume est remarquable en ce qu'on y voit apparaître, au verso du 5° f. du cah. *q*, une figure représentant le chapelet de *Nostre Dame* avec un *cœur* au milieu, entouré d'une couronne de roses. » (Didot, *Cat. rais.*, n° 806.)

Édition de toute rareté, que Brunet n'a connue que par la citation du *Bibliographe Normand*, de M. Frère. Très bel exemplaire sur VÉLIN, non colorié.

83. Hore beate marie virginis scdʒ ‖ vsum Romanũ sine require. (Au v° du 4° f. du cah. c des Suffragia :) *Ces presentes heures a lusage de* ‖ *Romme furent acheuees le . xiii . iour* ‖ *Doctobre. Lan Mil cinq cens et* ‖ *huyt* (1508). *Pour Anthoine verard libraire* ‖ *demourant a Paris.* (Ensuite sous la sign. ã : *Sensuiuent les sept pseaulmes en françoys* ‖ *translatez au plus pres du latin;* en 8 ff. dont le verso du dernier contient 27 lign. et le mot *Finis*.) Pet. in-4, goth.; veau rac. (*anc. rel.*).

« Il s'y trouve dix-sept grandes planches, déjà produites dans le n° 806 (ci-dessus), mais point de bordures autour du texte. Les planches ont été coloriées avec soin, et toutes les initiales peintes en or et en couleurs. » (Didot, *Cat. rais.*, n° 808.)

Exemplaire sur VÉLIN, le seul cité par Brunet.

#### ESTIENNE JEHANNOT.

84. Incipiunt hore beate ma‖rie virginis. M. E. Iehannot. (Au v° du dern. f. :) *Ces presentes heures a lusage de Rõ‖me furent acheuees le . xxi . iour de aoust* ‖ *Lan. M.CCCC. iiii. xx. et xvii.* (1497). In-8, goth., de 90 ff. ; veau brun gaufré, tr. dor. (*anc. rel.*).

« Ce sont, selon M. Brunet, les mêmes Heures que celles qu'il a décrites sous le n° 158 de sa notice, et qui sont imprimées par Jean Philippe pour Thielman Kerver. Cependant, il y a ici confusion, car ces deux volumes ne présentent rien de conforme, si ce n'est le caractère du texte. Au recto du 1ᵉʳ feuillet se trouve la marque d'Estienne Janot; au recto du 2°, l'Homme anatomique. Les figures sont au nombre de trente-neuf, quinze grandes et vingt-quatre petites. On y voit reparaître, vers le commencement, plusieurs des planches de Verard, n° 804, et les entourages de ce même Verard n° 799. Les grandes planches ont été enluminées avec soin. Les pages sont entourées de bordures à compartiments, assez bien gravées, mais où les mêmes sujets, comme dans presque toutes les anciennes Heures imprimées, sont souvent répétés. Les sujets des bordures encadrant les grandes figures ont été aussi enluminés. Cette curieuse édition nous révèle qu'Estienne Janot, ancêtre de Denys Janot, a dû être un des premiers imprimeurs de Verard. » (Didot, *Cat. rais.*, n° 813.)

Exemplaire sur VÉLIN, très bien conservé, mais dont le 8°. f. du cah. *i* et le premier du cah. *l* manquent.

## LITURGIE.

#### ULRICH GERING et BERCHTOLD REMBOLT.

85. Hore beate Marie virgi‖nis ad vsum Parisiēsem to‖taliter ad lōgū sine require (marque de B. Rembolt). (Au r° du dern. f., en rouge:) *Finit officium .... impressum Pari‖sius in Sole aureo vici Sorboni=‖ci Opera Udalrici gering et magi‖stri Berchtoldi Rēbolt sociorum. ‖ Anno dn̄i Millesimo q̄nḡetesimo ‖ secundo. die vero vigesimo Maij* (1502). In-8, goth., de 8 ff. prél. et 144 ff., sign. *a-s* par 8, en tout 152 ff., 20 et 21 lignes à la page; veau fauve, ornements sur les plats et médaillons, tr. dor. (*anc. rel.*).

Heures à l'usage de Paris d'une insigne rareté et un des chefs-d'œuvre de la typographie parisienne. Elles sont imprimées avec les deux mêmes caractères que les plus anciennes Heures de Gering, décrites sous le n° 107 dans notre catalogue de 1879.

Exemplaire sur VÉLIN, contenant treize planches, tirées d'abord en noir et ensuite peintes en miniature avec beaucoup de soin et par un artiste habile, au point que le dessin de la gravure disparaît pour ainsi dire sous la délicatesse du pinceau qui en adoucit les traits trop durs. On peut considérer ces planches, avec toute justice, comme de véritables peintures d'une grande finesse et d'un coloris habilement nuancé.

Presque toutes ces planches ont été empruntées aux Heures faites par Pigouchet pour Simon Vostre. Verard a donné, dans quelques-unes de ces éditions, des copies serviles, mais grossières, de ces gravures.

Brunet ne signale de ce beau livre que l'exemplaire conservé à la bibliothèque de l'Institut. Celui-ci porte, sur un feuillet ajouté à la fin, un écusson en losange, entouré d'une cordelière, avec ces armoiries : *Parti* : 1° *d'argent au chevron de sable chargé de trois molettes d'argent et accompagné de deux trèfles de sinople en tête, et d'une rose au naturel en pointe*; 2° *d'azur à une fleur de lis d'or fleuronnée.*

La reliure, exécutée au XVI° s., est fort riche ; au centre des plats, une plaque représentant *Jésus en croix.* Au-dessus le nom de JEHAN DE LA PELONNYE, recouvrant un autre nom effacé.

#### THIELMAN I<sup>er</sup> KERVER.

86. Hore intemerate virgīs ‖ marie secūdū vsum Ro‖manū totaliter ad longū sine req're : cū plurib' ora=‖tionibus in gallico et latino. (A la fin :) *Ces presentes heures a lusaige de Romme fu‖rent acheuees le. xxviii. iour doctobre. Lan Mil. ‖ CCCC. iiii. xx ⁊ xviii* (1498). *Par Tielmā Keruer Li‖braire demourant a Paris sur le pōt saint Michel ‖ a lenseigne de la licorne.* Gr. in-8, goth., de 92 ff., sign. *a-l* par 8, *m* de 4 ff.; mar. vert, fil. à fr., tr. dor. (*Kœhler*).

Édition fort rare et l'une des premières de Thielman I<sup>er</sup> Kerver, dont la belle marque figure au-dessus du titre. Elle est ornée de dix-sept grandes planches (dont l'une est répétée deux fois), et de quarante-huit petites, dont beaucoup se répètent. Ce qu'on ne paraît pas encore avoir remarqué, c'est qu'un morceau de bordure, toujours le même, placé au-dessus des six grandes planches porte gravé, en grosses majuscules, le nom de G. WOLF. Or le nom de *maistre George Wolf*, sans doute le graveur des planches de ce livre, figure exceptionnellement à côté de celui de Kerver dans le colophon d'une édition rarissime d'Heures, datée du 26 avril 1499. Les bordures historiées, assez finement exécutées dans le genre de Simon Vostre, représentent les histoires de l'Ancien et du Nouveau Testament, les douze Sibylles, les quinze signes du Jugement dernier, etc.

Magnifique exemplaire sur vélin, non colorié, d'une rare pureté de tirage, avec les initiales et les bouts de lignes enluminés. Haut. : 208 millim.

THIELMAN KERVER, pour GILLET REMACLE.

87. Hore intemerate beate marie virginis : ‖ secundum vsum Romanum. (Sur le titre la marque et le nom de Th. Kerver, et au v° du dern. f. :) *Ces presentes heures a lusage de* ‖ *Rōme furēnt acheuees le. xx. iour de* ‖ *Octobre. Lan mil cinq cens et cinq* (1505). ‖ *par Thielman keruer imprimeur et* ‖ *libraire iure de luniuersite de Paris* ‖ *demourāt a lenseigne du Gril en la* ‖ *rue saīt Iaques. pour Gillet rema‖cle aussi libraire iure demourant a* ‖ *Paris sur le pōt saint Michel a len‖seigne de la Licorne.* Pet. in-8, goth., de 121 ff., sign. *a-l* par 8, *m* par 7 (?), *n-o* par 8, *p* par 6, et *q* par 4; veau fauve racine, fil. et tr. dor.

« Dans cette édition de 1505, la première figure, placée à l'évangile de saint Jean, représentant saint Jean Porte Latine, est tout à fait différente de celle qui se trouve à l'édit. de 1504. Il en est de même de plusieurs autres planches qui ont été refaites avec plus d'art et de finesse. Il s'y trouve dix-huit grandes fig. et plusieurs petites dans le texte. Les encadrements présentent des sujets de l'Écriture sainte, des personnages religieux ou séculiers, des chasses et des arabesques dans le genre de celles des éditions de Vostre et de Verard, mais pas de danse des morts. » (Didot, *Cat. rais.*, n° 823.)

Exemplaire sur vélin, avec initiales enluminées, le seul cité par Brunet.

YOLANDE BONHOMME, veuve de Thielman Kerver.

88. Ces presentes heures a lusai‖ge de PARIS.... (Au r° du dern. f. des Heures :) *Cy finissent ces p̄sentes heures a lusaige de Paris / nouuellemēt imprimees..... par la veufue de feu Thielmā Keruer..... et furent acheuees Lā Mil. ccccc. xxij.* (1522) *le xvj.*

## LITURGIE.

*iour de Feurier*. (Au v° du dern. f. du cah. *aa*, contenant les *cōmendationes defunctorū*, on lit :) *Les recōmandāces des trespasses nouuellemēt imprimees a Paris par la veufue de feu Thielmā keruer*... *M. ccccxxij* (1522). Gr. in-8, ou in-4, goth., de 132 ff., gros caract.; veau brun, fil., tr. dor. (*rel. du* xvi° *siècle*).

Toutes les gravures de l'édition de septembre 1522 se retrouvent dans celle-ci, moins les bordures. Elle contient cinquante-neuf figures, y compris celles du calendrier et les armes du Rédempteur. La 40° et la 41° représentent les *Trois Morts et les Trois Vifs*.

Exemplaire sur vélin, d'une beauté exceptionnelle. Toutes les gravures, grandes et petites, ont été enluminées avec soin et rehaussées d'or. L'artiste n'a souvent conservé que les principaux auteurs des scènes représentées, et a supprimé les autres au profit de l'élément pittoresque. Il a aussi modifié beaucoup de détails, de sorte que ces cinquante-neuf peintures ne rappellent qu'assez vaguement les gravures originales, et constituent, avec leurs cadres, qui ont aussi subi de profondes modifications, de véritables miniatures. Toutes les pages du texte sont entourées de cadres en camaïeu or, formant dans le bas des dessins variés; toutes les initiales sont peintes à la main et les bouts de lignes sont garnis de tirets enluminés. Le volume ainsi embelli a plutôt l'apparence d'un manuscrit que d'un livre imprimé. Au titre et dans le bas d'un certain nombre de pages figure un écusson *d'azur à un chevron d'or accompagné de trois quintefeuilles d'argent*. A deux endroits on lit la devise : *Spes mea Deus*.

Ce somptueux exemplaire (haut. : 218 mill.) provient de l'ancien château de Bercy, propriété de la famille de Nicolay.

89. Ensuiuent les heures de nostre dame ‖ a lusaige **DANGERS** ./ toutes au long sans ‖ riens requerir / nouuellement imprimees ‖ a Paris / auec plusieurs belles histoi‖res.... ⁊ requestes / tāt en latin que en francoys. (Au-dessous, la marque et le nom de Kerver avec cette date : m. d. xxx (1530); au verso du dern. f. de la table :) *Cy finissent ces presentes heures a lusaige Dangers..... Et ont este imprimees a Paris par la veufue de Thielman keruer.... Pour sire Iehan varice libraire de luniuersité Dāgers / demourant a la chaussee sainct pierre. Et furēt acheuees le. x. iour de ianuier. lan. M. D. xxx* (1530). In-8 allongé, goth., ff. ch. jusqu'à clxxvii, et 3 ff. pour la fin de la table; basane brune.

Édition non décrite. Elle contient cinquante-huit figures moyennes dans un encadrement ovale et plusieurs petites, toutes d'un style médiocre. Les 45° et 46° représentent les Trois Morts et les Trois Vifs. Les figures du calendrier portent la croix de Lorraine.

Exemplaire sur vélin, de la bibliothèque de J.-A. Zaluski.

THIELMAN II KERVER.

90. Horæ in laudem beatissi‖me virginis Marię ad usum ‖ Romanum. ‖ *Parisiis, Apud Thielmanum Keruer in vico Sancti Iacobi sub signo cratis.* 1550. (A la fin :) *Excudebat Parisijs Thielmannus Keruer...* Pet. in-8, de 172 ff., lettres rondes, impr. en rouge et noir ; veau fauve, comp. en mosaïque, tr. dor.

« Édition donnée par Thielman (II), frère de Jacques Kerver. Elle contient des bordures d'oiseaux, de fleurs et d'insectes dans le genre des Heures de Tory de 1527 à *la moderne ;* mais ce ne sont pas les mêmes. Dix-neuf grav. très petites, au simple trait, sont dans la manière des orfèvres. Deux d'entre elles seulement avaient passé dans les Heures de Mallard. M. Bernard dit s'être assuré qu'après la mort d'Olivier Mallard, qui aurait succédé à la veuve de Tory, le matériel de l'imprimerie avait été acquis, vers 1542, par Jacques Kerver. Il doit y avoir erreur, Mallard existait encore en 1543. » (Didot, *Cat. rais.*, n° 735.)

Très bel exemplaire, sur papier, dans une fort jolie reliure moderne à la Grolier.

JACQUES KERVER.

91. Heures de nostre dame a ‖ lusage de Rome. *A Paris, par Iaques Keruer demourant en la grand' rue S. Iaques à l'enseigne de la Licorne,* 1569. In-8, goth., sign. *a-z*, ensuite *la Patenostre*, 8 ff.; *Devotes oraisons*, 8 ff.; *Preparations pour recevoir le saint sacrement de l'autel*, sign. A-B ; *Commendationes defunctorum*, sign. *aa* et *bb*, avec cette souscription : *Les recommandãces des trespassez nouuellement imprimees a Paris par Iean le Blanc Imprimeur pour Iacques Keruer Libraire demeurant en la grãde rue sainct Iacques / au dessus des Mathurins / a lenseigne de la Licorne.* M.D.LXX. (1570). — Propositions, dicts et sentences..... extraicts de plusieurs saincts docteurs (suivis de plusieurs morceaux en prose et en vers ; même adresse : M. D. LXX, sign. A-R, formant la seconde partie des Heures). En 1 vol. in-8 ; mar. La Vallière, doublé de tabis, fil. à froid, ornem., anc. tr. cis. et dor. (*Bruyère*).

Cinquante-six grandes gravures sur bois, entre autres les Trois Morts et les Trois Vifs, et compris celles du calendrier. Dans la seconde partie, à partir de la signature M, on en trouve seize petites assez fines, marquées I. L. B. (Jean le Blanc) avec la croix de Lorraine.

Exemplaire sur papier.

LITURGIE.

LES HARDOUIN.

92. **Heures à l'usage de Rome.** (Au v° du dern. f. :)..... *Ces presentes heures a lusaige de Rōme tout au long sans riēs requerir Auec les figures de lapocalipse z plusieurs autres belles hystoires faictes a la mode dytalie. Ont este nouuellement imprimees a Paris par Guillaume anabat Imprimeur demourant en la Rue sainct Iehan de beauuais en lenseigne des Connis pres les grandes escoles de decret. pour Gillet hardouyn, libraire demourant au bout du pont au change a lenseigne de la Rose. Et pour Germain hardouyn Libraire demourāt deuant le Palais entre les deux portes a lymaige saincte marguerite.* S. d. (almanach de 1500 à 1520). In-8, goth., de 100 ff.; mar. brun, fil. ornem. avec écussons sur les plats, sur l'un desquels on lit : CARBONARO, et sur l'autre : COLA (*anc. rel.*).

Édition ornée de dix-sept grandes figures et de nombreuses petites. « Les planches et les entourages des Hardouyn, bien qu'assez finement exécutés, sont d'un dessin dénué de la grâce et de l'esprit qu'on remarque dans ceux de Simon Vostre et justifient peu la qualification d'*histoires à la mode d'Italie*, qu'on trouve dans la souscription. La marque qui est en tête, représentant l'enlèvement de Déjanire, est la plus ancienne marque des Hardouyn. » (Didot, *Cat. rais.*, n° 834.) C'est l'une des plus anciennes éditions des Hardouin.

Exemplaire sur VÉLIN, le seul cité par Brunet.

93. **Heures a lusaige de Rōme tout au ∥ long sans riens reqrir. Auec les figu∥res de la vie de lhōme : z plusieurs aul∥tres belles figures.** (Au-dessus, la marque de Hardouin; au v° du dern. f. :) *Cy finissent ces p̄sentes heures a lu∥saige de Rōme tout au long sans riēs re ∥ querir. Imprimees nouuellement a Pa ∥ ris par Gillet hardouyn libraire demou∥rant au bout du pont Nostre dame de∥uant sainct Denis de la chartre a Len ∥ seigne de la Rose dor.* S. d. (alman. de 1516 à 1530). Gr. in-4, goth., de 64 ff.; mar. La Vallière, riches compart. à froid, tr. dor. (*Hagué*).

Belle édition, ornée de dix-neuf grandes figures, et de plusieurs petites insérées dans le texte; autour des pages, de grands cadres présentant des sujets variés, où la figure de la Mort est plusieurs fois répétée.

Magnifique exemplaire sur VÉLIN, haut de 250 mill. Toutes les grandes planches sont recouvertes par de belles MINIATURES, rehaussées d'or, qui sont peut-être l'œuvre de Germain Hardouyn lui-même, *in arte litterariæ picturæ peritissimus*. Au titre, un écusson d'armoiries : *d'argent à un paon au naturel ;* à la bordure d'azur denchée de pourpre bordé d'un filet d'argent.

94. Horæ diuę virginis marię secun‖dum ritum ac cōsuetudinem ‖ insignis ecclesię Romanę ‖ totaliter ad longum. (Au v° du dern. f. :) *Finis. Horę... Impressę v'o Parisijs per Petru vidoue. Impensis honesti viri Germani. hardouin cōmorātē ppe Palatium.* M.D.XXV (1525). In-16, lettres rondes; vélin blanc, riches ornem. sur les plats, tr. dor. (*rel. du* xvi° *siècle*).

> Édition ornée de quinze gravures moyennes, et de plusieurs petites, lesquelles dans le présent exemplaire, qui est sur VÉLIN, sont recouvertes par des MINIATURES originales, faites avec soin. Haut. : 110 mill.
> Cet exemplaire est le seul cité par Brunet.

95. Hore beate marie virginis secundū ‖ vsum Romanum totaliter ad longum ‖ sine require. Cum multis suffragiis et ‖ Orationibus de nouo additis Nouiter ‖ impressis Parisius per Germanum ‖ Hardouyn : commorantem inter duas ‖ portas Palatii ad intersignium Sanc‖te Margarete. (Au v° du dern. f. :) *Ces presentes heures sont a lusaige* ‖ *de Rōme toutes au long sans requerir* ‖ *ont este nouuellemēt Imprimes* (sic) *a Pa* ‖ *ris : par Germain Hardouyn, Impri* ‖ *meur & Libraire : demourāt audict lieu* ‖ *eņtre les deux portes du Palais : a len* ‖ *seigne Saincte Marguerite. Et ce* (sic) ‖ *vendent audict lieu.* S. d. (almanach de 1527 à 1541). In-8, goth., de 112 ff.; veau brun, tr. dor.

> « Seize grandes figures et plusieurs petites; grandes bordures historiées et à sujets différents de celles des Heures de Gillet Hardouyn, et dont quelques-unes se rapprochent de celles des Heures de Tory de 1527. C'est un charmant spécimen de l'art des Hardouyn. » (Didot, Cat. rais., n° 846.)
> Exemplaire sur VÉLIN, le seul cité par Brunet, avec toutes les figures recouvertes par des MINIATURES originales.

96. Horæ beatæ mariæ virginis. (A la fin :) *Hore beate marie virginis secū* ‖ *dum vsum Romanum expliciunt* ‖ *feliciter Parisius p Egi* ‖ *dium hardouyn commorantem in* ‖ *confinio Pontis nostre domine an* ‖ *te templum diui Dionysii de carce* ‖ *re : ad intersignium Rose deautere.* S. d. (avant 1520). In-8 allongé, goth., de 62 ff., dont 1 blanc; vélin blanc, à compart. à froid, tr. dor. (*rel. du* xvi° *siècle*).

> Édition rarissime, sans figures ni bordures, remarquable par son format. Exemplaire sur VÉLIN, le seul cité par Brunet, avec toutes les initiales enluminées. La reliure, très originale, couverte de rinceaux noirs sur fond blanc, porte la date de MDXXXIIII (1534) et ces devises : *Post tenebras lux* (c'est aussi la devise de la ville de Genève). *Aderit post Nub. Phœbus.*

97. Hore beate Marie virginis ‖ secundum vsum Romanum... *Parisiis ‖ ex officina G. Hardouyn / sub signo ‖ diue Margarete / inter ianuas palatii.* (A la fin :)... *Parisijs impressum : caracteribus impensisq3 viri G. Hardouyn /* .... S. d. (alman. de 1539 à 1554). Pet. in-8, goth.; mar. rouge, fil. tr., dor.

« Derrière le titre est la légende :

Ung iuif mutilant jadis
Lhostie du saint sacrement, etc.

Quelques-unes des bordures, toutes remarquables, sont dans le goût de G. Tory, dont on sent ici l'influence. Les planches, qui sont au nombre de quatorze, sont finement gravées, et les fonds habilement composés. Elles sont toutes de style français renaissance. On ne trouve pas d'autres marques que les initiales G. H. (Germain Hardouin) dans un cartouche de la bordure. Ce petit volume est très joli. » (Didot, *Cat. rais.*, n° 847.)
Exemplaire sur papier, le seul cité par Brunet. (Haut. : 140 mill.)

98. Heures a lusai‖ge de Rōme / *Imprimees a Paris ‖ pour germain har‖douin / demourāt ‖ entre les deux por ‖ tes du palais a lē‖seigne saīcte mar ‖ guerite.* S. d. In-64, goth., sign. *a-q* par 8; mar. noir, ornem. à froid, tr. dor., fermoirs dorés.

Édition rarissime, NON CITÉE au *Manuel*. Exemplaire sur VÉLIN.
« Ce livre, d'un format excessivement petit (46 mill. de haut.), contient quinze gravures qui ont été enluminées avec assez de soin. Ces gravures ont un petit cadre peint en or, ainsi que quelques pages qui sont en regard; point de bordures. » (Didot, *Cat. rais.*, n° 849.)

#### GUILLAUME EUSTACE.

99. Ces presentes heures a lusaige de rōme ‖ sont toutes au long sans riens reqrir auec ‖ ques les grans suffrages imprimees nou ‖ uellement pour Guillaume eustace librai ‖ re du roy. Et se vendent a la rue neufue nō ‖ stre dame a Lagnus dei ou au palais au troisiesme pillier. (Au-dessus, la marque d'Eustace; au v°, calendrier de 1512 à 1527; au v° du dern. f. :)... *imprimees a Paris par Iehan de la roche Lan mil cinq cēs et quatorze (1514) pour guillaume eustace libraire du roy demourant en lad. ville*... In-8, goth., de 113 ff.; veau br. gaufré (anc. rel.).

Cette édition rare contient dix-huit grandes gravures et quatorze petites, imitées grossièrement de Vostre et autres. Pas de bordures.
Très bel exemplaire sur VÉLIN, non colorié. Ex-libris de Thomas Barrett of Lee, Esq.

### GUILLAUME GODARD.

100. Ces presentes heures de nostre dame ‖ ont este nouuellement impri ‖ mees. a Paris pour Godard. (Au r.° du dern. f. :) *Ces presentes heures ont este imprimees a Paris pour Guillaume godard libraire demourant sur le pont au change A lenseigne de lhōme sauuaige : deuāt lorloge du Palays.* S. d. (almanach de 1514 à 1430). In-8, goth., de 126 ff.; basane brune, fil.

« Ces Heures contiennent dix-sept grandes figures, dont plusieurs ont été déjà employées par les Hardouyn; elles ont des bordures avec des sujets variés imitées de Simon Vostre; ceux de la *Danse des morts* y figurent deux fois. Au verso du dernier f. se trouve le *rebus* : *Saluons Marie*. » (Didot, *Cat. rais.*, n° 853.)

Exemplaire sur VÉLIN, non colorié, le seul cité au *Manuel*.

101. Hore beate Marie ‖ virginis secundum vsum Roma ‖ num / totaliter ad longum / si ‖ ne require. *Venundan* ‖ *tur apud Guiller* ‖ *mum Godard*. (Au v° du dern. f. :) *Ces presentes heures... ont este imprimees nouuellemēt a Paris / par Iehan amazur / pour Guillaume godard... demourāt... deuāt lorloge du palais a lēseigne de lhōme sauluaige.* S. d. (alman. de 1534 à 1546). In-16, goth., de 128 ff.; mar. rouge, large bordure, tr. dor.

« Les petites fig. et les bordures sont charmantes; elles sont dans le genre de celles des petites éditions de G. Hardouyn, dont elles se distinguent par des images relatives à la mort, entre autres un homme et une femme sortant du tombeau, et on lit au-dessus sur deux tablettes : AUIOURD'HUI VIF — DEMAIN MORT. » (Didot, *Cat. rais.*, N° 855.)

Exemplaire sur papier, le seul cité au *Manuel*.

### FRANÇOIS REGNAULT.

102. Die ghetijden van onser lic ‖ uer vrouwē met vele schoone lo ‖ uen ende oracien. (Ce titre est en rouge au-dessous de l'éléphant, marque de François Regnault; au v°, alm. de 1518 à 1530.) In-8, goth., de 120 ff.; veau brun.

« Ces Heures sont en hollandais et non en allemand, comme le dit la Notice de M. Brunet. Quatorze grandes planches. Les grandes compositions aux ff. B⁶, B⁷ et N⁸ sont allemandes et très curieuses; elles représentent le *Martyre de saint Jean* et l'*Annonciation* et portent le monogramme composé des lettres P V. Quelques-uns des entourages sont imités de Simon Vostre. » (Didot, *Cat. rais.*, N° 856.)

Édition fort rare, dont le *Manuel* ne cite aucune adjudication. Exemplaire sur papier.

**103.** (Hore beatissime Virginis Marie ad usum SARUM.) (Au v° du dern. f. :) *Hore beatissime virginis Marie| secundum vsum || Sa*℣ *| totaliter ad longum| cum multis pulcherri-||mis orationibus ⁊ indulgentijs ia vltimo adiectis. || Impresse Parrhisiis per Frāciscum Regnault : im=||pensis ⁊ sumptibus eiusdē : alme vniversitatis Par=||rhisieñ. librarij iurati. Anno domini millesimo quin||gentesimo tricesimo sexto* (1536). *Die vero. xxv. Maij.* (Au-dessous, la marque de Regnault, à l'Éléphant.) In-4, goth., de 160 ff. ch. et 4 ff. n. ch., sign. A-X ; impression en rouge et noir ; veau brun, fil. (anc. rel.).

Précieux livre d'Heures à l'usage de SALISBURY, orné de quinze grandes et belles gravures sur bois, dont plusieurs se répètent. Quelques-unes sont de style germanique, et les trois premières, représentant le *Martyre de s. Jean, Jésus en prière au Jardin des Oliviers* et l'*Annonciation*, portent le monogramme composé des lettres P et V qu'on attribue à Philippe Uffenbach, peintre de Francfort. La seconde planche est celle mentionnée par Brulliot, *Dictionnaire des monogrammes*, N° 1096 ; les deux autres figurent dans le livre d'Heures hollandais décrit au N° précédent. En dehors des grandes planches, il y en a un bon nombre de moyennes et de petites, et plusieurs d'entre elles portent aussi le monogramme ci-dessus. Les pages ornées de grandes planches sont entourées d'encadrements variés, quelquefois aux armes d'Angleterre. Une grande partie du texte est en anglais.

Exemplaire sur vélin, mais malheureusement incomplet du cahier préliminaire, dont l'absence résulte des indications de la table des matières, et aussi des ff. xcviij, ciij et ciiij. Le volume commence directement par les Évangiles, cahier signé A. Brunet ne cite de cette édition que l'exemplaire de lord Spencer, également sur vélin.

### JEAN PYCHORE ET REMI DE LAISTRE.

**104.** Heures à l'usage de Rome. (Au v° du dern. f. :) *Ces presentes heures a lusage de Rome ont || este imprimees et acheuees A paris le cīquiesme || iour dapuril. Lā mil. cinq cēs ⁊ trois* (1503). *Par Iehā || pychore : ⁊ Remy de laistre : demourāt au croissāt || en la grāt rue des carmes dess' la place maubert.* In-4, goth., de 96 ff. ; veau brun écaille.

« Ces Heures, où l'on retrouve une partie des jolis encadrements employés par Simon Vostre, portent, sur le recto du prem. f., la marque de Jehan Pychore et Remy de Laistre ; cette marque ne diffère de celle de G. Eustace que par ces deux noms, substitués à celui de ce dernier, et par le monogramme substitué dans l'écusson à celui du même libraire. Quatorze grandes figures, dont quelques-unes avaient déjà figuré dans les grandes heures de Simon Vostre. » (Didot, *Cat. rais.*, N° 861.)

Ces deux associés ne sont connus que par la présente édition qui est fort rare. Exemplaire sur papier, grand de marges, avec qq. raccomm.

## THÉOLOGIE.

### NICOLAS VIVIAN.

105. Ces presentes heures a lusa∥ge De rōme au long sans requerir ont este impri∥mees pour Nicolas Viuian Libraire demourāt a ∥ Paris en la rue neufue nostre dame a la courōne. (Au-dessus, le Saint-Graal; au v° du dern. f. :) *Ces presentes heures ont este imprimees a Paris par Iehan de la roche imprimeur pour Nicolas Viuiā libraire demourant à Paris / en la rue neufue nostre Dame / a lenseigne de la couronne. Et furent acheuees le xxiii. iour de Feurier lan mil cinq cens et quatorze* (1514). In-8, goth., sign. A-M et ā, ē par 8 et ī par 4; mar. brun, riches orn. en mos., tr. dor. (*rel. du* xvi° *siècle*).

Édition extrêmement rare et NON CITÉE au *Manuel*. Les dix-sept grandes gravures et les petites sont imitées lourdement de S. Vostre et Kerver.
Très bel exemplaire sur papier, revêtu d'une reliure genre Grolier.

### JEAN DE BRIE.

106. Heures nouuellement imprimees a lu∥saige de Rōme au long auec plusieurs belles ∥ hystoyres nouuellemēt imprimees a Paris ∥ par Iehan bignon imprimeur pour Iehā de ∥ brie libraire demourāt en la rue sainct Iacq̄s ∥ pres sainct yues a lenseigne de la Lymace. (Au-dessus, la marque et le nom de Jean de Brie; au v° du dern. f. :) *Ces presentes heures a lusaige* ∥ *de Rōme / au lōg sans riens requerir* ∥ *auec l'office de la conceptiō nr̄e dame* ∥ *z plusieurs aultres suffrages nouuel* ∥ *lemēt adioustees ont este imprimees* ∥ *par Iehan bignon imprimeur : pour Iehan de brie...* S. d. (alm. de 1516 à 1527). Pet. in-4, goth., de 112 ff.; mar. fauve, ornem. mos., tr. cis. et dor. (*anc. rel.*).

« Quatorze grandes figures et entourages à chaque page, imitation grossoyée des Heures des Hardouyn. » (Didot, *Cat. rais.*, N° 866.)
Exemplaire sur papier, le seul cité au *Manuel*.

### LOUIS ROYER.

107. Ces presentes heures a lusaige de Rōme ∥ toutes au long sans requerir : auec aucūs des ∥ miracles de nostre dame / et de la creation du ∥ monde / et du soleil et de la lune / et plusieurs ∥ aultres belles hystoires / Nouuellemēt impri∥mees a paris par Nicolas hygman / pour la ∥ veufue Iehā de brie demourāt en la rue saīct ∥ Iacq̄s pres saīct yues a lēseigne de la

LITURGIE. 103

limaec (*sic*). (Sur le titre la marque de Jean de Brie; au v° du
dern. f. :) *Ces presētes heures a lusaige de Rōme ont* ‖ *este nouuellemēt īprimees a Paris p Nicolas hig* ‖ *man / pour Loys royer
/ libraire demourant audit* ‖ *lieu en la rue sainct Iacques pres
sainct yues a* ‖ *lenseigne de la Lymace*. S. d. (au v° du titre :
*Tabula ad inveniendum mobilia festa* ccccxxiii à ccccxxxiii
(1523-33). In-4, goth., sign. *a*, *b* par 8, *c* par 4, *d-i* par 8, *k*
par 6, et *a*, *e*, *ī* par 8, *o* par 6; mar. brun, ornem. et compart. mosaïq., tr. dor. (*anc. rel.*).

« Édition NON DÉCRITE. Dix-huit grandes figures, inférieures à celles
des Heures des Hardouyn, dont elles se rapprochent quelque peu, et bordures à chaque page, peu variées. » (Didot, *Cat. rais.*, n° 867.)

Louis Royer, libraire inconnu à Lottin, est probablement le successeur
de Jean de Brie, dont la veuve serait rentrée plus tard en possession de
sa maison.

Très bel exemplaire sur papier. Hauteur : 234 millim. La reliure, qui
est du XVI° siècle, porte au centre des plats ce nom : *Marie Bechatz*.

108. Hore beate Marie ‖ ad vsum Roma. hist. (Au-dessous la
petite marque de Jean de Brie; au v° de l'av.-dern. f. :)...
*Parisijs impressa in vico sancti Iacobi per Claudium Cheuallon /
expensis honesti viri Ludouici Royer librarij Parisiensis in eodem
vico commoratis ad insigne vulgariter dictum / La Lymace :
prope sanctum yuonem : vbi et venduntur*. S. d. In-12, goth.,
de ccxxviij ff., plus 7 pp. pour la table et la souscription, et
1 f. qui contient le rébus : *Saluons Marie;* mar. noir, gaufré,
tr. dor. (*anc. rel.*).

Édition extrêmement rare. « Sans aucun entourage. Toutes les
figures, depuis les f°⁸ xxx jusqu'à CLII, portent les lettres L. R.; parmi
elles quelques-unes portent en outre la lettre L, excepté cinq, qui n'ont
aucune marque, et dont l'exécution est inférieure. Parmi les figures qui
montrent les lettres L. R. il s'en trouve trois (f°⁸ CXIX, CXXI, CXXV), qui
portent la croix de Lorraine. L'exécution de ces quatre figures semble
un peu supérieure à celle des autres, mais toutes ne sont, en somme,
qu'une imagerie sans aucun caractère. Ces initiales L. R. indiquent-elles
le libraire Louis Royer, comme propriétaire des planches ou comme en
étant le graveur ? » (Didot, *Cat. rais.*, N° 868.)

Exemplaire sur papier.

#### GILLES DE GOURMONT.

109. Horæ in laudem Beatiss. Virginis secundum consuetudinem
Romanæ Curiæ. Septem psalmi pœnitentiales cum litaniis et
orationibus (en grec). (A la fin :) *Luteciæ, in ædibus Aegidij*

## THÉOLOGIE.

*Gormontij sub insigni trium coronarum*, 1528. In-16, de 107 ff. ch. en chiff. romains; mar. bleu, compart. à fil., tr. dor. (*Lortic*).

> Édition de toute rareté, NON CITÉE au *Manuel*. C'est la réimpression de la célèbre édition aldine de 1497. Au verso du dernier feuillet se trouve la marque de Pierre Vidoue avec la souscription : *Par sit fortuna labori*.
> Magnifique exemplaire sur papier, avec témoins.

### JACQUES DU PUYS.

110. Horæ in laudem beatissimæ virginis Mariæ, secundum consuetudinem Romanæ curiæ. Additis mortuorum Vigiliis, etc. (en grec et en latin). *Parisiis, apud Jacobū du Puys, sub signo Samaritanæ, è regione Collegij Cameracen.*, 1549. In-16, de 184 ff., plus 8 ff. non chiff., impression rouge et noire; mar. olive, fil., tr. dor. (*anc. rel.*).

> « Les huit derniers ff. non chiffrés contiennent l'opuscule de Jean Damascène : *de Resurrectione*. Cette édition précieuse, NON DÉCRITE dans le *Manuel*, est ornée de cinq magnifiques gravures sur bois exécutées au trait par JEAN COUSIN, pour l'imprimeur Jacques du Puy, qui, comme on sait, a mis au jour plusieurs belles compositions de ce maître, telles que la Samaritaine, etc. Le grand style de ces vignettes ne laisse aucun doute sur leur origine. » (Didot, *Cat. rais.*, N° 890[d].)
> Très bel exemplaire sur papier.

### LÉON CAVELLAT.

111. Heures de Nostre Dame, a l'usage de Romme, en latin et en françois, nouuellement imprimées. *A Paris, de l'imprimerie de Leon Cauellat à l'enseigne du Griffon d'argent, ruë S. Iean de Latran*, 1579. In-8, lettres rondes, de 52 ff. lim. non ch., 252 ff. ch. (manquent les ff. 120 et 121). — Le Formulaire des prières, etc. *Paris, pour la veufue Gabriel Buon*, 1597. In-8, de 60 ff. ch., suivi des Quinze Effusions, 8 ff., et la Vie de Madame saincte Marguerite, 12 ff. En 1 vol.; veau fauve, dor. pleine, tr. dor. (*rel. du* XVI° *siècle*).

> « Ce beau volume, qui doit être bien rare puisque je ne l'ai vu figurer dans aucun catalogue, est une tentative d'application aux Heures de l'art profane de la Renaissance, tentative qui n'a pas dû être approuvée par les personnes d'une piété rigide. De riches entourages du style de Fontainebleau entourent toutes les pages, sauf celles de la seconde partie; mais ils reparaissent aux Quinze Effusions, qui, bien que placées à la fin, font suite à la première partie. Ces entourages sont mieux dessinés et mieux gravés que ceux des Heures de Roville.

## LITURGIE.

« Leur exécution remonte, du moins pour la plupart, à une époque antérieure à l'année 1579, car un d'entre eux porte la devise de l'Y *lata via arcta*, et un autre le monogramme composé des lettres N D C que nous savons appartenir tous deux à Nicolas Du Chemin, car ces monogrammes se voient dans son édition de la *Missa cum quinque vocibus... auctore Claudio de Sermisy* (Paris, Nicolas Du Chemin, 1556, grand in-fol.), exemplaire très rare et peut-être unique que possède la bibliothèque Mazarine. (Voir l'*Essai sur Jean Cousin*.) Ce Nicolas Du Chemin a produit plusieurs ouvrages renfermant des bois dessinés par Jean Cousin, et nous reconnaissons dans ceux de ces Heures tous les caractères de ce maître. Les entourages représentent des chimères, des faunes, des termes, des têtes macaroniques et des attributs de musique. Les figures sur bois placées en tête des chapitres ont moins d'intérêt. Toutefois les toutes petites planches des *Effusions* se rapprochent pour la composition de celles de Jean Cousin du même genre. (Didot, *Cat. rais.*, N° 874.)

GUILLAUME DE LA NOUE.

112. Heures de no‖stre Dame a lusaige de Paris tou‖tes au long sans rien requerir ‖ Nouuellement imprimees. *A Paris / pour Guillaume de la Noue / Libraire en la rue sanict* (sic) *Iacques au nom de Iesus. M. D.* (le reste du millésime est gratté). In-16, goth.; mar. brun, fil., ornem. et tr. dor. (*Lortic*).

Édition NON CITÉE au *Manuel*. Ces Heures ont été faites par archaïsme à l'imitation des anciennes Heures. Elles sont en gros caractères. Le chiffre gratté sur le titre était sans doute LXXXIII et la date entière 1583, car l'almanach s'étend de 1584 à 1597.
Vingt figures sur bois (tant moyennes que grandes) et plusieurs petites. La plupart des grandes figures portent la marque G D (Guillaume Delanoue), et les autres, ainsi que les petites, le monogramme, composé des lettres G. I. N. Ces dernières sont très remarquables par leur finesse.
Très bel exemplaire, réglé.

---

113. Exercice spirituel où est enseigné au Chrestien la manière d'employer le jour au seruice de Dieu, par V. C. P. Dédié à M<sup>me</sup> la Chancellière [Seguier]. Nouvelle édit. *Paris, P. Rocolet*, 1642. In-8, fig.; mar. rouge, riches compart. en mosaïque, tr. dor. (*anc. rel.*).

Gravures de G. Huret, J. Couvay, H. Boulanger, etc.
Splendide reliure au pointillé dans le genre de Le Gascon.

114. Heures présentées à Madame la Dauphine par *Théodore de Hansy, libraire à Paris, sur le Pont au Change, à S. Nicolas.*

S. d. (1745 ou 1746). In-8, fig. sur cuivre, vignettes et initiales; mar. rouge, larg. dent., tr. dor. (*anc. rel.*).

> Volume entièrement gravé et orné d'images de saints d'après Le Sueur, Ph. de Champagne, Coypel, Mignard, etc. Joli titre aux armes de la Dauphine Marie-Thérèse, infante d'Espagne, morte en 1746.

---

### Besançon.

115. Officium B. Mariæ Virginis ad usum romanum, unà cum Vigilijs, Psalmis gradualibus & pœnitentiarijs atque multis alijs devotis precibus, cum calendario gregoriano. *Vesontione* (sic), *apvd Ianvm Exerterium,* 1591. Pet. in-8, de 8 ff. et 400 pp., lettres rondes; veau fauve, écusson aux init. de Jésus-Christ : IHS. (*anc. rel.*).

> Édition rarissime, et NON CITÉE au *Manuel*, donnée par Jean Exertier. Elle contient vingt gravures insignifiantes, dans des entourages assez bien exécutés, mais qui se répètent.
> Très bel exemplaire sur papier.

### Lyon.

116. Horæ B. Virginis Mariæ, ad vsum Romanū summa diligentia recognitæ, plurimisq; in locis recenter restitutæ. *Lvgdvni, apvd hæredes Iac. Iuntæ.* 1558. (Au v° du dern. f. :) *Lvgdvni, Excudebat Petrus Fradin, M.D.LVIII.* In-16, de 16 ff. n. ch. et 231 ff. ch.; veau brun, doré en plein, avec compart. en mosaïque, tr. cis. et dor. (*rel. du temps*).

> Charmante édition, NON CITÉE au *Manuel,* imprimée en caractères italiques, en rouge et noir. Elle est ornée de douze vignettes au calendrier, représentant des scènes de la vie de campagne, de vingt-deux grandes gravures sur bois, très fines et très jolies, entourées de cadres style Renaissance, d'une gravure moyenne (*la Trinité*) non encadrée, et de quarante-huit petites gravures au Propre des saints. Un petit nombre de ces gravures seulement ont reparu dans les Heures en espagnol publiées par les mêmes éditeurs deux ans plus tard.
> Très joli exemplaire, réglé, avec témoins, dans sa première reliure lyonnaise, fort remarquable sous tous les rapports, et admirablement conservée. Au centre des plats, les initiales I. B. B. Au f. 8, un morceau enlevé dans la partie blanche a été remplacé.

### Rouen.

117. Hore ‖ beatissime virginis Marie secun=‖ dum vsum Sa ♃, totaliter ad longū ‖ cum orationibus beate Brigitte / ac ‖ multis

alijs deuotis orationibus ‖ *Impresse Rothomagi per Nicolaū*‖ *le roux. Anno domini millesimo quī*‖*gentesimo tricesimo octauo* (1538). (Au-dessous, une petite gravure s. bois; au v° du dern. f. :) *Expliciunt ho*‖*re beatissime virginis Marie…* (suite comme ci-dessus et même vignette au-dessous). Pet. in-8, goth., de clvij ff. ch. (le dernier f. du calendrier manque) et de 3 ff. n. ch. (table); mar. orange, fil. tr. dor. (*rel. anglaise*).

Ces Heures à l'usage de SALISBURY, exécutées à Rouen la même année et par le même typographe que le *Prymer of Salisbury*, sont extrêmement rares, et ont échappé aux recherches de M. Brunet et de M. Frère. Elles sont très bien imprimées en rouge et noir, et ornées d'un grand nombre de gravures sur bois de peu d'importance. Beaucoup de prières sont en anglais.

Exemplaire provenant de la collection George Offor, dont la vente commença à Londres le 27 juin 1865. Dans la nuit qui suivit la deuxième vacation, un incendie détruisit presque tous les livres de cette vente, et ce volume est un des rares qui aient échappé à la destruction.

### Sens.

118. Heures a lusage de ‖ Sens : au long sans‖rien requerir. 1569. *Imprime a Sens*‖*p Iean Sauine, pour*‖*Iean de la Mare.* In-12 all., goth.; veau fauve, compart. à fil., tr. dor.

Édition de toute rareté, NON CITÉE au *Manuel*. « Quelques gravures sur bois médiocres. Celle de Bethsabé porte la croix de Lorraine. Pas d'entourages. On remarque au 8e feuillet du cah. M les *cinq* commandements de la sainte Église. On n'avait pas encore admis partout le 6e : « Vendredi chair ne mangeras, ni le samedi mêmement. » (Didot, *Cat. rais.*, N° 883.) Au titre, marque parlante de l'éditeur (une mare aux canards). Très joli exemplaire.

### B. — Étranger.

### Annecy.

119. Sequuntur Horæ gloriosissimæ Virginis, Dei genitricis Mariæ, secundū ordinem diui monasterij Sanctorū Eugendī & Claudii. Ordinis sancti Benedicti, ad Romanā ecclesiam nullo medio pertinētis, per venerabiles viros et dños dicti monasterij nouiter correctæ, & emendatæ. *Annesiaci, per Franciscum Pomardum.* S. d. (almanach de 1543 à 1555). In-16, lettres rondes; mar. La Vallière, compart. à fr.

Édition extrêmement rare, NON CITÉE au *Manuel*. « Dix grandes figures dont la 8° représente la *Mort terrassant les rois*, et plusieurs petites. Ces compositions sont d'un goût italien, de même que les encadrements, portant souvent répétées les lettres F. P., initiales sans doute de François Pomard; elles se rapprochent cependant de ceux des petites Heures de Gilles Hardouyn. » (Didot, *Cat. rais.*, n° 884.)

C'est un des plus anciens livres imprimés à Annecy, en Savoie.

Exemplaire sur VÉLIN, mais incomplet de la fin.

### Anvers.

120. Horarium sdcm vsum traiecten ǁ dyoecesis. (Au-dessous, l'Annonciation; au r°, alm. de 1492 à 1505; au v° du dern. f.:) *Ad laudē dei..... z...ūginis marie necnō scōrū scāruqȝ omniū presens hoc orariū īpressū est Antwerpie per me Adrianū de liesvelt a° dñi. M° cccc°. Nonagesimo quīto.* (1495) *xiij ydus iunij.* Pet. in-8, goth., de 142 ff.; mar. La Vallière, compart. à fr., tr. dor.

Ce livre d'heures à l'usage d'UTRECHT est encadré de bordures, et orné de 12 fig. sur bois, dont une (la Vierge et l'Enfant Jésus entourés d'une auréole de flammes) est répétée deux fois. Il est extrêmement rare, et n'est pas cité au *Manuel*.

Exemplaire sur papier, non colorié, avec initiales peintes à la main.

### Nuremberg.

121. Hortulus animë zu Tewtsch, selen wurtzgertlein genāt mit vil schönen gebeten uñ figuren. (A la fin :) *Gedrückt zu Nürnberg durch Friderich Peypusz für den Ersamen Johann Koberger burger dasebst im Iar nach der geburdt Christi M. cccc xviii.* (1518). In-8; cart. en vél. et dans un étui rouge.

« Cet Hortulus, exécuté à Nuremberg, contient de plus jolies gravures que celui que ce même Koburger avait fait exécuter à Lyon, deux ans auparavant, par l'imprimeur Clein, et où se trouvent seulement trois des gravures portant la marque de Springklee et non pas 50, comme le dit par erreur Passavant. Quant aux 20 compositions d'Erhard Schön, qu'il dit se trouver dans l'édition de Lyon, j'ignore où il a pris ce renseignement. Les entourages portent la date de 1517. On sent dans cet Hortulus de Nuremberg l'influence déjà très marquée de l'école créée par Albert Dürer. Les figures, au nombre de 60, sont d'une très belle exécution, et presque toutes portent la marque de Hans Springklee. A la page CXLIII, au-dessous de la marque de Springklee, est un monogramme composé des lettres R. et W. » (Didot, *Catal. rais.*, n° 139.)

Très bel exemplaire sur papier, non colorié.

### Strasbourg.

122. Hortulus anime. (A la fin :) *Getruckt und geendet zü Strassburg durch Iohannē Knoblouch am donrstag nach sant Sebastiansz tag. nach gottes geburt fünstze hundert und sybē iar* (1507). Pet. in-8 carré, goth.; mar. bleu, fil., tr. dor. (*Simier*).

<blockquote>
Livre rare, orné de soixante-treize gravures sur bois, dont quelques-unes sont dans le genre de Cranach le Vieux.

Bel exemplaire, de la bibliothèque Yemeniz.
</blockquote>

### Londres.

123. A Booke of christian Praiers, collected out of the ancient Writers, and best learned in our time... *At London, Printed for the Company of Stationers.* 1608. Pet. in-4, de 8 ff. non chiffrés, 138 ff. ch. et 2 ff. pour la table; mar. bleu, fil., tr. dor. (*F. Bedford*).

<blockquote>
Livre rare et fort curieux pour l'histoire de la gravure sur bois. Le titre est entouré d'un large cadre représentant l'Arbre de Jessé. Au verso, le *portrait de la reine Élisabeth* en prière. Il n'y a point d'autres grandes gravures, mais toutes les pages sont encadrées de bordures à compartiments, tantôt d'ornementation pure dans le style Renaissance, tantôt historiées. Les sujets représentés sont très variés : on y trouve la *Vie de la Vierge*, la *Vie de Jésus*, les *Vertus chrétiennes*, les *Sept Bénédictions*, les *Cinq Sens*, les *Signes du Jugement dernier*, les *Sacrements*, une Danse des morts composée de quarante-six sujets de danse des hommes et de vingt-six de danse des femmes, enfin le *Triomphe de la Mort* et le *Jugement dernier*. Toutes ces bordures sont répétées plusieurs fois. Un grand nombre portent les initiales C I avec le couteau de graveur, marque attribuée par Brulliot à *Christophe Jegher*, habile graveur allemand, né en 1578 et établi à Anvers. Les bordures intérieures offrent souvent les *Herses* et les *Roses*, emblèmes du roi Henri VIII d'Angleterre, et doivent provenir d'un ouvrage publié sous son règne. L'impression est entièrement en noir, en caractères gothiques et romains. Racc. au titre et au dernier feuillet.
</blockquote>

### Venise.

124. Officium beate Marie s'm vsum Romanū ‖ nouiter impressum : in quo multa vtilia τ de=‖uotione digna que in alijsantea impressis ‖ non habentur : inuenies..... (titre en rouge). *Venetiis, per Bernardum Stagninum de Montisferati*, 1511. In-8, goth.; veau brun, riches compart., tr., dor., ferm. (*rel. ital. du temps*).

<blockquote>
« Livre d'heures de toute rareté, richement décoré par Zoan Andrea
</blockquote>

(voir Cicognara, *Premier Siècle de la chalcographie*, p. 149, où ce livre est cité avec un petit changement). Il contient douze grandes gravures et de riches entourages à chaque page. » (Didot, *Catal. rais.*, n° 889.)

Exemplaire sur papier.

125. Rosario della gl'iosa v̄gine Maria. (A la fin :) *Questo sacro Rosario e sta diligētemēte ordinato, correcto ⁊ emēdato ⁊ nella Inclita cita di Uenetia studiosissimamente impresso per Marchio Sessa ⁊ Piero da la Serena compagni nel Anno del signore M. ccccc. xxiiij* (1524) *adi xv. Decēbrio*. In-8, de 252 ff. ch. et 4 ff. non ch.; mar. rouge, jans., tr. dor. (*Thompson*).

« Deuxième édition du *Rosario* de Sessa : la première est de 1522. Elle contient une suite de gravures au nombre de 188 avec des entourages à chaque page. Quelques-unes des vignettes, quoique toutes grossoyées, sont d'un assez bon style. Plusieurs sont répétées. Cette édition est mieux imprimée que les suivantes. » (Didot, *Catal. rais.*, n° 382.)

126. Officivm Beate ‖ Marie Virginis. (Au r° du dern. f. :) *Venetiis in of- ‖ ficina Fran- ‖ cisci Mar- ‖ colini.* ‖ MDXLV (1545). In-8, de 24 ff. n. ch. et 184 ff. ch.; mar. La Vallière, riches ornem. dorés et en mosaïque dans le style vénitien, tr. dor. (*Hagué*).

Livre d'heures fait avec grand luxe, NON CITÉ au *Manuel* et dont les exemplaires sont extrêmement rares. Il est imprimé en rouge et noir et chaque page est entourée d'un beau cadre historié, à compartiments. Les grandes figures, au nombre de vingt-deux, dont plusieurs se répètent, sont d'un beau style. Au-dessus du titre, se trouve une grande marque, représentant un cerf, avec la devise *Olim*, qui est souvent répétée dans les bordures, où l'on voit aussi les initiales A. F. G., qui sont probablement celles du graveur. La dernière page est occupée par la belle marque de Marcolini, avec la devise : *Veritas filia temporis*.

Très bel exemplaire sur papier (sauf quelques racc.), revêtu d'une reliure fort originale, avec des médaillons et compartiments en creux, mosaïqués ou en or ciselé.

127. Hore della gloriosa vergine Maria regina de' cieli. Tradotte semplicemente in versi sciolti, dal R. P. Francesco da Trevigi Carmelitano. *In Vinegia, appresso Gabriel Giolito de' Ferrari*, 1570. In-12; mar. vert, large dentelle à l'oiseau, tr. dor. (*Padeloup*).

Toutes les pages de ce joli livre d'heures sont entourées d'un encadrement de bon goût. Vingt et une grandes vignettes, dont plusieurs se répètent. Lettres initiales à sujets. Sur le titre, la signature de *Joannes Ballesdens*. Armoiries sur les plats de la reliure. Exempl. Yemeniz.

## II. SAINTS PÈRES.

128. GREGORIUS NAZIANZENUS. Gregorii Nazanzeni theologi orationes lectissimæ XVI (en grec). (A la fin :) *Venetiis, in ædibvs Aldi et Andreæ soceri mense Aprili M.D.XVI* (1516). In-8; mar. rouge, fil., tr. dor. (*Hardy*).

Première édition, publiée par les soins de Marc Musurus, qui déclare dans sa préface que depuis 1503 il exerçait, par ordre du sénat de Venise, en quelque sorte les fonctions de censeur des livres grecs, pour qu'il ne s'y trouvât rien de contraire à la religion.
Bel exemplaire, à toutes marges. Piq. de vers racc.

129. GREGORIUS NAZIANZENUS. Gregorii Nazanzeni theologi orationes novem elegantissimæ. Gregorii Nysseni liber de homine, quæ omnia nunc primum, emendatissima, in lucem prodeunt (en grec). (A la fin :) *Venetiis, in ædibvs Hæredvm Aldi, et Andreæ Asvlani soceri, M.D.XXXVI* (1536). 2 part. en 1 vol. in-8; mar. bleu, compart., doublé de mar. orange, avec compart., tr. dor. (*Bozérian jeune*).

Exemplaire très pur et à toutes marges.

130. LACTANTIUS FIRMIANUS. (Opera, cum præfatione J. Andreæ, episcopi Aleriensis.) (A la fin :)

Cŏradus Suueynheym : Arnoldus pānartzq͵ magistri
Rome impresserunt talia multa simul.
Petrus cū fratre Francisco Maximus ambo
Huic operi aptatam contribuere domum.
M. CCCC. LXX (1470).

In-fol.; mar. bleu foncé, compart., doublé de tabis, tr. dor. (*Bozérian jeune*).

Troisième édition des œuvres de Lactance et la seconde donnée par les mêmes imprimeurs. Bel exemplaire, à toutes marges, avec des initiales historiées peintes à la main. Piq. de vers racc.

131. CYPRIANUS (S.) (Epistolæ et opuscula, ex recensione Joan. Andreæ, episc. Aleriensis. *Romæ, Conrad. Sweynheym et Arnold. Pannartz,* 1471) (colophon en vers comme au

n° précédent). In-fol.; mar. rouge, fil. à compart. tr. dor. (anc. rel.).

Première édition. Exemplaire orné d'un beau cadre à entrelacs à la première page du texte. Piq. de vers.

132. JÉROME (S.). La Reigle de deuotion des epistres de mõseigneur ‖ sainct ierosme a ses seurs fraternelles en religi‖on : en latin et en francoys. ‖ *Et sont a vendre au pellican deuant sainct yuez ‖ a paris : et a bourges en la grant rue a ladicte en ‖ seigne du pellican.* (A la fin :) *Cy finist la regle q̄ enuoya monseigneur saint hierosme ad eustochium : nouuellemēt translatee ‖ de latin en francois, par scientifique homme dam ‖ Guy iuuenal profes en la regle saït benoist. Im ‖ prime a paris pour Geoffroy de marnef libraire.* S. d. Pet. in-4, goth., fig. s. b.; mar. olive, tr. cis. et dor. (anc. rel.).

Édition de toute rareté. Très bel exemplaire aux troisièmes armes de DE THOU.

133. AUGUSTINUS (S.). Aurelii Augustini de ciuitate dei... (libri XXII). (*Venetiis, per Joannem et Vindelinum de Spira.*) *M. CCCC. LXX.* (1470). Gr. in-fol.; mar. bleu, compart. à fil., tr. dor.

Troisième ou quatrième édition et la première qui ait été donnée à Venise.

Superbe exemplaire, à toutes marges (quelques piq. de vers), avec riches bordures et initiales peintes en or et en couleurs. Aux armes du duc DE ROXBURGHE.

134. AUGUSTINUS (S.). (S. Aurelii Augustini de ciuitate dei...). (A la fin, en rouge :) *Diui Aurelij Augustini hipponensiuz ‖ p̄sulis p̄clarissimū opus de ciuitate dei vna ‖ cū ɔmento thome valois ꝛ nicolai triuech ‖ eximioꝛ sacre pagine pfessoꝛ expletū ē. Im ‖ pressu ī alma vniuersitate louaniēsi q̄ brabā ‖ tiam haud paꝛ p̄ ceteris ornata reddit : in ‖ genio ac īdustria Joānis. Westfalensis. An ‖ no domini M. cccc. lxxxviij.* (1488). *xiiij kalendas ‖ octobris.* Gr. in-fol., goth., à 2 col., sign. a-P du sec. alph.; mar. rouge, riche dent. en or et à fr., tr. dor.

Belle et fort rare édition, imprimée à Louvain, et omise au *Manuel*. Superbe exemplaire.

135. AUGUSTINUS (S.). Canon p reconmendacōe huius famosi

operis siue ‖ libelli sequētis. de arte predicandi sancti augustini. *S. l. n. d.* (*Strasbourg, Mentelin, vers* 1466). Pet. in-fol., goth., de 22 ff. (le dernier blanc), à 39 lign. à la page ; mar. La Vallière, compart. à fil., ornem., tr. dor. (*Lortic*).

Incunable fort rare et précieux pour l'histoire de la typographie. Le même opuscule avait été imprimé avant 1466 à Mayence par J. Fust (voir le n° 162 de notre catalogue de 1879), et à la page 2 de l'avertissement on y lit : ... *discreto viro* Johanni Fust *incole magūtinensi impressoriæ artis magistro.* Dans la présente édition, on a substitué au nom de Fust celui de J. Mentelin (Johannis Mentelin *incole argētenēsi*...). Les partisans du prototypographe strasbourgeois prétendent que cette édition est antérieure à celle de Fust. Mentelin en a donné deux éditions composées d'un même nombre de feuillets. Le présent exemplaire est de l'édition commençant au verso du premier feuillet. Il est superbe et avec témoins.

136. AUGUSTINUS (S.). Canon pro recommendacione huius famosi operis siue ‖ libelli sequentis. de arte predicandi sancti augustini. *S. l. n. d.* (*Strasbourg, Mentelin, vers* 1466). Pet. in-fol., goth., de 22 ff. (le dernier blanc), à 39 lign. à la page ; mar. La Vallière, compart. à fil., ornem., tr. dor. (*Lortic*).

Autre édition du même imprimeur, commençant à la première page, avec la quatrième blanche. Elle est imprimée avec les mêmes caractères que la précédente, mais c'est une nouvelle composition. On peut remarquer que l'intitulé de l'avertissement est sans aucune abréviation, ce qui n'a pas lieu dans l'autre.

Superbe exemplaire.

137. AUGUSTINUS (S.). Regula beati Augustini cum constitutionibus de modo vivēdi servorum beatę Marię Virginis de observantia. *S. l. n. d.* (*Florence, vers* 1515). In-4, de 38 ff. ; mar. bleu, fil., tr. dor.

Exemplaire sur vélin de ce livre fort rare. Au verso du titre, une figure sur bois de la grandeur de la page.

138. GREGORIUS Magnus (S). Incipit liber regule pastoral' Gre‖gorij pape ad johānem Archiepi‖scopum Rauēnensem Prologus. (Au r° du dern. f. :) *Explicit liber regule pastoral' gre‖gorij pape : ad Johănen* (sic) *archiepi‖scopū Rauēnensem.* S. l. n. d. In-4, goth., de 152 ff. non chiff., à 24 lign. par page ; mar. bleu, fil. et tr. dor.

Première édition, imprimée à Mayence par Fust et Schœffer, vers 1470. Extrêmement rare. Superbe exemplaire.

139. AUGUSTINUS (S.). Incipit lib' Regule pastoral' Gregorij Pape ‖ ad Johānē Archiepm Rauēnēsē Prolog'. (Au v° du dern. f. :) *Explicit liber Regule pastoral' Gregorij Pa‖pe ad Johānem Archiepm Rauēnensem.* S. l. n. d. In-4, goth., de 106 ff. non chiff. (le dernier blanc), à 27 lign. par page ; mar. bleu, fil. et tr. dor.

<small>Édition non moins rare que la précédente, exécutée à Cologne, par Ulric Zell, vers la même date. Superbe exemplaire, avec témoins.</small>

140. HUGUES DE SAINT-VICTOR. Cy commence vng petit traicte intitule le li‖ure de Larre de Lespouse : compille par ‖ Maistre Hugues de sainct Victor [trad. par Jean de S. Victor] : ‖ *nouellement imprime a Paris :* ‖ *pour Symō Vostre librai‖re demourant en la rue* ‖ *neufue nostre dame* ‖ *a lenseigne sainct* ‖ *Jehan leuā‖geliste.* (A la fin :) *Cy fine le liure de Maistre Hugues* ‖ *de sainct Victor. Intitule le trai‖ctie de Larre de Lespou‖se / ou de Lame.* S. d. Pet. in-8, goth., de 36 ff. — BONAVENTURE (S.). Traicte qui est dit larbre de la ‖ croix : compose par sainct Bon‖auenture docteur seraphique. S. l. n. d. (marque de S. Vostre). Pet. in-8, goth., de 60 ff. En 1 vol.; mar. rouge, fil. (*anc. rel.*).

<small>Exemplaire du duc DE LA VALLIÈRE, le seul cité au *Manuel*.</small>

## IV. THÉOLOGIENS.

#### 1. *Théologie scolastique, dogmatique et morale.*

141. LOTHARIUS. (A la fin :) *Explicit liber lotharii de vilitate cōditionis hūane. Impressus parisi' anno dñi M° Quadrigentesimo* (sic) *octuagesimo die secunda Augusti.* (1480). In-4, goth., sign. *a-d ;* veau écaille, fil.

<small>Édition parisienne, fort rare, de ce livre célèbre, dont l'auteur est le futur pape Innocent III.
Exemplaire du duc de LA VALLIÈRE, avec initiales et bordure enluminées.</small>

142. GREGORIUS DE ARIMINO. Tractatus Subtilissimi Doctoris Gregorii de Arimino : De Imprestantiis Venetorum. Et de Usura. (A la fin :) *Explicit Tractatus de Vsuris subtilissimi*

*sacræ theologiæ magistri autēticiqʒ doctoris Gregorii de Arimino olim totius ordinis Heremitaɤ. S. Aug. Prioris Generalis. q̄ legit sñias Parisiis circa annū dñi .1344. Et Impēsa .D. Ludouici de Mazalis Regień. In Inclita Ciuitate Regii Aemiliæ Impressus. Anno Dñi. M.D.VIII. Kaleñ. Februarii.* (1509 n. st.). In-4, de 19 ff.; vél. blanc.

> Ouvrage extrêmement rare, imprimé à Reggio, dans le Modénat.
>
> Grégoire de Rimini, célèbre philosophe scolastique, surnommé le *Docteur authentique,* était pendant quelque temps professeur à la Sorbonne, ce que ses biographes passent sous silence. Non seulement la souscription ci-dessus constate qu'il fit à Paris en 1344 un cours sur les *Sentences* (de Pierre Lombard), qui fut imprimé en 1482 et en 1494, mais en tête du présent traité (f. 5 r°), on dit positivement : *qui floruit Parisiis, ubi divinæ sapientiæ cathedram tenuit circa annos D. 1344.* En tête est une curieuse épître de frère *Antonius Melius,* de Crémone, ancien élève de l'Université de Paris, et éditeur de cet opuscule, adressée à frère *Innocentius Astensis,* son ancien condisciple, et professeur in *Florenti Gymnasio Parisiensi.*
>
> Exemplaire sur VÉLIN de ce livre insuffisamment décrit; c'est celui de Libri, le seul cité au *Manuel.*

143. THOMAS DE AQUINO (S.). (Secunda Secundæ.) (A la fin :)...... *qui est super oīnia deus benedictus in secula. Amen.* S. l. n. d. (*Strasbourg, J. Mentelin, vers* 1472). In-fol., goth., de 244 ff., à 2 col., de 59 lign.; mar. vert, comp., tr. dor.

> Édition fort rare. Superbe exemplaire, à toutes marges.

144. THOMAS DE AQUINO (S.). (Summa de articulis fidei...) (A la fin :) *Explicit summa de articulis fidei et ec‖clesie sacramentis. edita a fratre tho‖ma de aquino. ordinis fratrum predi‖catorum. Deo. Gracias.* S. l. n. d. In-4, semi-goth., de 13 ff., à 34 lign. par page, sans titre, ch., récl. ni sign.; mar. vert, fil., tr. dor. (*Duru*).

> Précieux incunable, non cité au *Manuel*, mais enregistré par Hain et par M. Deschamps. Il est imprimé avec les mêmes caractères que les *Tractatus de Mathaeus de Cracovia* (voir ci-dessous, n° 148), que tous les bibliographes attribuent aux presses de Gutenberg.
>
> Magnifique exemplaire, très pur.

145. THOMAS DE AQUINO (S.). Incipit liber primus de veritate catolice fidei ɔ errores gentiliū : editus a.... Thoma de Aqˈno... (A la fin :) *Diuinum opus.... Divi Thome acquinatis.... Petrus Lantianus.... eīnendauit : castigauitqʒ. Impressum uero dedit..... Nicolaus Jenson gallicus.... Anno....* Mccccʟxxx

(1480). *ydibus Junijs. Venetiis feliciter.* In-fol.; mar. olive, fil., compart. à froid, ornem. et tr. dor. (*Lortic*).

Belle et rare édition.
On trouve en tête et à la fin de cet exemplaire, qui est superbe et avec témoins, un feuillet manuscrit, sur vélin, provenant de la reliure primitive. Sur le premier se trouve collée une belle estampe de *nielle*, de la première moitié du xv° siècle.

146. PETRUS DE OSMA. Commentaria magistri Petri de Osoma ‖ in simbolū Quicunq; vult saluus esse. (A la fin :) *Commentaria... finiunt. Impressaq; Parisius per Martinū chrantz, Udalricū gering et Michaelē friburger.* S. d. (vers 1474). Pet. in-4, de 36 ff. n. ch., de 24 lign. à la page, sans récl. ni sign.; mar. rouge, fil., tr. dor. (*Bauzonnet*).

Commentaire d'un chanoine de Salamanque sur le symbole de S. Athanase. Cette édition, d'une rareté insigne et non citée au *Manuel*, est bien décrite par M. Deschamps, d'après l'excellente monographie (*Lettres d'un bibliographe*, v° série) de M. Madden. C'est la sixième impression des trois fondateurs de la typographie parisienne, et exécutée en la rue S. Jacques, au *Soleil d'or*, avec un caractère différent de leurs premières productions, et plus gros que celui des *Épîtres* de Gasparin.

147. FISHER (J.). Reuerendi patris Joannis Fisscher Roffensis in Anglia Episcopi, necnon Cantibrigiēn. academię Cancellarii dignissimi, de vnica Magdalena, libri tres. *Venundatur in ędibus Iodoci Badii Ascēsii eorūdem Impressoris,* etc. (A la fin :) *Finis in ædibus Iodoci Badii Ascensii, Ad octauū Calendas Martias.* MDXIX (1519). In-4, de 54 ff. ch.; vélin, tr. dor.

C'est la réponse de Fisher, évêque de Rochester, à la dissertation de Le Fèvre d'Étaples (Faber Stapulensis) intitulée : *De Maria Magdalena,* etc.
Exemplaire sur VÉLIN de ce livre fort rare.

148. MATTHÆUS DE CRACOVIA. (Tractatus racionis et consciencie de sumpcōne pa‖buli salutiferi corpis dn̄i nostri ihu xp̄i. Finis.) *S. l. n. d.* In-4, de 22 ff., à 30 lign., car. semi-goth.; mar. vert, fil., tr. dor. (*Duru*).

Précieux opuscule, imprimé avec les caractères du *Catholicon*, de 1460, et attribué aux presses de Gutenberg. Deux feuillets sont manuscrits dans cet exemplaire, mais d'une main du xv° siècle.

149. Des bonnes ‖ œuures sur les commandemens ‖ de Dieu. Acheuez de lire : et ‖ puis iuges. *S. l. n. d.* In-12, goth., de

112 ff., non ch. (le dernier blanc), sign. A-O; mar. La Vallière, compart. à fil., ornem., tr. dor. (*Duru*).

<blockquote>
Ouvrage anonyme, NON DÉCRIT. Les commandements commentés sont au nombre de huit; sur les deux derniers, il n'y a qu'une page. Le volume est terminé par le mot : *Fin*.

Très bel exemplaire, avec témoins, provenant des doubles du Musée Britannique.
</blockquote>

150. ERASME. Enchiridion ‖ (ou Manuel) du Cheualier Chre‖stien : aorne de cōmandemēs tres‖salutaires / Par Desydere Erasme ‖ de Roterodame / Auec vng plogue ‖ merueilleusement vtile, et de nou‖ueau adiouste. *S. l.* (A la fin : 1501.) Pet. in-8, goth., de 166 ff. ch. et de 2 ff. blancs; mar. La Vallière, riches ornem. sur les plats, tr. dor. (*Capé*).

<blockquote>
Première et rarissime édition de la traduction de Louis de Berquin, à peine citée au *Manuel* qui n'en enregistre aucune adjudication. La date placée à la fin semblerait prouver que cette traduction a été faite sur une copie manuscrite, l'original latin n'ayant paru qu'en 1509; on croit néanmoins que c'est une faute d'impression, pour 1521. Elle paraît n'avoir pas été étrangère aux évènements qui ont amené le supplice du malheureux traducteur, en 1529.

Superbe exemplaire.
</blockquote>

151. ERASME (D.). Le Chevalier chrestien. Premieremeut composé en Latin par Erasme : & depuis traduict en Francoys. *A Lyon, chés Estienne Dolet*, 1542. In-16; mar. rouge, fil., tr. dor. (*anc. rel.*).

<blockquote>
Traduction de Louis de Berquin, retouchée par Dolet, qui dit que cet ouvrage a été regardé « par quelques-uns, comme scandaleux et illicite ». Édition extrêmement rare.
</blockquote>

152. DOLET (E.). Cato christianus. Stephano Doleto Gallo Aurelio autore. *Lugduni, apud eundem Doletum*, 1538. In-8 ; veau fauve, fil., tr. dor. (*Bauzonnet-Purgold*).

<blockquote>
Plaquette fort rare. Très bel exemplaire.
</blockquote>

153. NYDER (J.). Consolatorium timorate conscientie venerabilis fratris Iohannis Nyder. (A la fin, avant la table :) *Exaratum quippe est hoc opusculū Parisius per Magistrū Vlricū Cognomento Gering. Anno millesimo. cccc.lxxviii* (1478). *xvi. decembris*. In-4, lettres rondes, sign. *a-r;* mar. noir.

<blockquote>
Un des rares livres imprimés par Gering seul.
Exemplaire avec témoins. Piqûres de vers.
</blockquote>

**154.** MONTE ROCHERII (Guido de). Liber qui Manipulus curatorum appellatur. (À la fin, avant la table :) *Doctissimi viri domini guidonis de monte rocherii liber.... finit feliciter. Impressus parisius in vico sancti iacobi sub signo follis viridis. Anno domini millesimo quadringentesimo septuagesimo sexto (1476) mensis maii die vero vicesimo quinto.* In-4 ; veau fauve, fil., tr. rouge (*anc. rel.*).

<small>Édition rare et précieuse pour l'histoire de la typographie parisienne. Le *Soufflet vert* est l'adresse de Jean Stoll et Pierre de Kaysere (Cesaris), concurrents de Gering et seconds prototypographes de Paris.

Très bel exemplaire, probablement en grand papier, à en juger par quelques feuillets de la fin qui sont un peu plus petits, quoiqu'ils soient à toutes marges, sans être rognés.</small>

**155.** GERSON (J.). Incipit Tractatulus venerabilis Magistri Johānis Gerson cancellarij parisiens' tractās de pollucōne nocturna. an impediat celebrantem vel non. — Incipit Tractatulus .... de Cognitione castitatis. et pollucionibus diurnis. — Incipit forma absolutionis sacramentalis... *S. l. n. d.* In-4, goth.; mar. vert, fil. à fr., tr. dor. (*Duru*).

<small>Première et rare édition, imprimée avec les caractères d'Ulric Zell, vers 1470. Magnifique exemplaire.</small>

**156.** R. D. G. M. Ad peccatorē Sodomitam ǁ vt cognoscat q̃ [quam] ceteris criminibus crimē sodomiǁticum sit detestabilius. *S. l. n. d.* In-4, goth., de 10 ff. dont 1 bl.; mar. bleu, jans., tr. dor. (*Smeers*).

<small>Curieuse dissertation d'un théologien catholique, et passablement scabreuse. Elle est extrêmement rare et Brunet ne l'a connue que par la description qu'en fait Hain.</small>

**157.** PLATEA (Fr. de). Tractatus de vsuris... fratris Francisci de platea ordinis fratrū minorū bononień... (A la fin :)... *Impressus Parisius In sole aureo*. — Tractatus de excōicatiōibus... (A la fin :)... *Impressus parisius In sole aureo p Martinū. Udalricum. et Michaelē. Anno. M.CCCC.lxxvi* (1476) *quarta die mensis Ianuarij* (1477 n. st.). — Tractatus restitutionum.... (A la fin :).... *Impressus parisius in sole aureo.* — En. 1 vol. in-4, car. semi-goth.; mar. La Vallière, fers à froid, orn. sur les plats, tr. dor. (*Lortic*).

<small>Ouvrage fort rare, composé de trois traités. Le dernier (avec les signa-</small>

tures manuscrites) a été imprimé avant les deux autres qui sont les premières impressions auxquelles les trois prototypographes de Paris aient appliqué des signatures.

Superbe exemplaire, presque à toutes marges, ayant appartenu à un cardinal vénitien dont les armes sont peintes deux fois au bas de la troisième page : *Coupé :* 1° *Parti, au* 1er, *de gueules au lion de Saint-Marc d'argent; au* 2° *d'argent plein;* 2° *d'or plein.* Les écussons sont surmontés du chapeau de cardinal.

Bel exemplaire. Quelques additions marginales manuscrites.

158. Traité des danses, auquel est amplement resolue la question, asauoir s'il est permis aux Chrestiens de danser (attribué à Lambert DANEAU). Nouvellement mis en lumière. (*Genève*) *Par Franç. Estienne*, M.D.LXXIX (1579). Pet. in-8; mar. rouge, fil. et tr. dor. (*Lortic*).

Première édition. En tête est une épître dédicatoire au roi de Navarre, remarquable par son énergie austère, adressée par *N. N.*, *ministres du sainct Évangile ès Églises Françoises reformées*. On y trouve aussi trois sonnets. Très joli exemplaire de ce livre peu commun.

159. BOSSUET. Maximes et réflexions sur la Comédie, par J. B. Bossuet, de Meaux. *Paris, J. Anisson*, 1694. In-12; veau gris, fil. à froid, tr. dor. (*Petit, succ. de Simier*).

Édition originale. Bel exemplaire.

2. *Théologie catéchétique, parénétique, ascétique et polémique.*

160. BOSSUET. Catéchisme du diocèse de Meaux, par Messire Jacques Benigne Boussuet (*sic*). *Meaux, Vve Charles,* 1691. In-12; mar. vert, fil. à fr., tr. dor. (*Lortic*).

Édition rare. Bel exemplaire.

161. Sermo ad populum predicabilis. In festo psen‖tationis. Beatissime marie semper v'ginis noui‖ter cum magna diligeñ. ad communem vsū mul‖torū sacerdotum presertim curatoꝝ collectus. Et ‖ *idcirco per īpressionē multiplicatus. sub hoc currente Anno domini M.cccc.lxx.* (1470). Pet. in-4, goth., de 12 ff., à 27 lignes par page; vél. bl. (*Smeers*).

Au verso du titre, on trouve une préface dans laquelle le lieu d'impression et le nom de l'imprimeur sont indiqués de la manière suivante : *eūdē per artē īpssoriā librorū ad magnā nume'ositatē m̄ltiplicari in ciuitate colō-*

*iēsē per discretū viʀ Arnoldū terhöernē* ..... Ce livre rare est le premier qui soit sorti des presses d'Arnold Therhoernen, à Cologne, et il est aussi le premier dont les feuillets soient chiffrés (sur le côté, en chiffres arabes). Une autre édition de cet opuscule, identique en apparence avec celle-ci, ne donne pas l'importante préface dont il vient d'être question.

162. GUILLELMUS CARTUSIENSIS. Sermones suṗ ‖ orationem dominicam singulas ‖ dictiones in ea cōtentas abundā‖tissime declarātes. Compositi ‖ per fratrē Guillermū religiosum Hilacēsis cenobij. (A la fin :) *Finis Sermonū fratris Guillelmi Cartusiensis orōnem dñicam exponentium* ‖ *Impressoʀ parisiʾ Oṗa Vdalrici gering* ‖ *etBerchtoldi Renbolt socioʀ in vico sor*‖*bonico cōmorantiū ad intersignium solis* ‖ *aurei.* Anno dñi *M.CCCC. xciiii.* (1494). Pet. in-8, goth.; mar. La Vallière, fil., milieu, tr. dor. (*Lortic*).

Livre rare, non cité au *Manuel*. Au verso du titre, la marque de Rembolt. Une épître adressée à Guillaume, évêque de Lausanne, nous apprend que l'auteur de ce livre était d'abord cordelier et qu'il s'affilia ensuite à l'ordre de Saint-Benoît.

Magnifique exemplaire, rempli de témoins.

163. SAVONAROLA. Prediche del reverendo Padre fra Girolamo Sauonarola da Ferrara, sopra il Salmo Qvam bonvs Israel Deus, Predicate in Firenze, in Santa Maria del Fiore in uno aduento, nel 1493. dal medesimo poi in Latina lingua raccolte. Et da Fra Girolamo Giannoti da Pistoia in lingua uolgare tradotte. Et da molti eccellentissimi huomini diligentemente reuiste et emendate, et in lingua Toscha impresse. (A la fin :) *Stampata in Vinegia, per Bernardino de Bindoni Milanese. Anno Domini M.D.XLIII* (1544). In-8, de 8 ff., 302 ff. et 2 ff.
— Le Prediche dil reverendo padre frate Hieronimo Savonarola da Ferrara, Sopra li Salmi, & molte altre notabilissime materie, a qualunque predicatore dil verbo diuino vtilissime, nuouamente riuiste & con ogni diligentia corette. *In Venetia al segno del Pozzo. M.D.XLIII* (1543). (Au v° du f. 130 :) *Stampata in Venetia, per Bernardino de Viano de Iesona Vercelese MDXXXXIII*..... In-8, de 7 ff. n. ch. et 133 ff. ch. Ensemble 2 vol. in-8; mar. vert, large dent., tr. dor. (*rel. du* XVIII° *siècle*).

Sur le titre du premier volume, une charmante gravure sur bois représente Savonarole en chaire entouré d'auditeurs. Elle est du plus beau style et bien gravée. Portrait de Savonarole ajouté.

La reliure est parsemée au dos de croix de Lorraine.

## THÉOLOGIENS.

164. SAVONAROLA. Prediche del rev. P. F. Hieronymo Sauonarola dell' ordine de predicatori sopra alquanti salmi & sopra Aggeo Profeta fatte del mese di Nouēbre & Dicembre l'anno 1494 raccolte dalla sua uiua voce. Da frate Stefano da Co di Ponte suo discepolo. Nuouamente uenute in luce. (A la fin :) *In Vinegia, per Bernardino de Bindoni Milanese Anno M.D.LIIII* (1544). In-8, de 8 ff. lim., 185 ff. et 2 ff. d'err. — Triompho della croce di Christo, della verita della fide christiana, composto per il medesimo. *Venetia, al segno della Speranza*, 1547. In-8, de 103 ff. — Opera del medesimo, della simplicita della uita christiana. *Ib., id.*, 64 ff. — Solatio del viaggio mio, 32 ff. — Del medesimo nella prima epistola di San Giouanni. *Ib., id.*, 1547, de 103 ff. En 1 vol.; vél.

Recueil curieux des sermons du célèbre révolutionnaire florentin.

165. BOSSUET. Sermon presché à l'ouverture de l'Assemblée générale du clergé de France le 9 novembre 1681, à la Messe solemnelle du Saint-Esprit... par M<sup>re</sup> Jaques Benigne Bossuet... *Paris, Federic Leonard*, 1682. In-4, de 74 pp.; mar. rouge, comp., orn., tr. dor. (*rel. du temps*).

Édition originale. Précieux exemplaire avec plusieurs corrections autographes de la main de BOSSUET, bien authentiques.

166. Le liuret des conso‖lacions contre toutes tribulacions. (A la fin :) ... *Imprime par ‖ Maistre Guy Marchant demourāt au ‖ Champgaillart a Paris. Lan de grace ‖ M.cccc.xcix.* (1499). *Le .xxviii. iour de may ‖ Pour Iehan Petit*. Pet. in-8, goth., de 72 ff. non ch., fig. s. bois; mar. rouge, fil., tr. dor. (*Lortic*).

Première et fort rare édition. On y lit à la fin, avant le colophon, cette phrase curieuse, déjà relevée par l'abbé Mercier de Saint-Léger (voir Brunet) : « Priez pour celluy qui a translaté ce présent traictié de latin en françois et *l'a fait mectre en molle* (c'est-à-dire : qui l'a fait imprimer) pour le salut des âmes ». Très bel exemplaire.

167. (LE ROY, Franç.) Le liure de la fēme forte et vertueu=‖se declaratif du cātique de Salomon et ‖ prouerbes au chapitre qui se cōmence ‖ *Mulierem forte quis ĩueniet*. Laq̃lle ‖ exposicion est extraicte de plusieurs ex‖cellens docteurs vtile et profitable a ‖ personnes religieuses et aultres gens ‖ de deuocion fait et cōpose par vng reli‖gieux de la reformacion de lordre de fō‖teurault a la req̃ste de sa seur religieu‖se reformee dudit

ordre. (Au-dessous, la marque de Jehan Frellon; au v° du 256° f.:) *Ceste p̄sente exposicion sur ce cantiq̄ Mu‖liere fortē a este imprimee a Paris par mai‖stre Pierre le dru / pour Jehā frellon libraye ‖ demourāt en la rue des Mathurins deuant la ‖ maison de Clugny. Et pour Romain loriot de‖mourāt en la rue saint Jaques deuāt lhōme ‖ sauuaige.* S. d. In-8, goth., de 260 ff. non ch. dont 1 blanc; mar. rouge, fil. à fr., tr. dor. (*Duru*).

Édition fort rare et non citée. La souscription qui contient deux noms de libraires et le nom d'imprimeur nous fait connaître que cette édition a dû paraître entre les années 1508 à 1510. Le libraire Romain Loriot est inconnu à Lottin. Les quatre feuillets de la fin contiennent des *Meditaciōs pour lespace d'une basse messe*.

Très bel exemplaire, avec nombreux témoins.

168. Le liure intitule Internelle consolation ‖ nouuellement corrige. ‖ Cōsolationes tue letificauerūt animā meā. ‖ *On les vēt à Paris, en la rue saīct Ja‖ques a lenseingne de la Licorne.* (A la fin :) *Cy fine le liure de linternelle consolation ‖ nouuellement imprime a Paris par Ioland ‖ bonhōme mourāte à la rue saīct Jaq̄s a lē‖seigne de la licorne pres des maturīs. Et fust ‖ acheue lan M.D.xxxix. le .viij. de Feurier* (1539). (Au v° du même f. la marque de Thielman Kerver et la date : *M.D.xxxix* (1539). Pet. in-8, goth., fig. sur bois; mar. brun, riches ornem. et tr. dor.

Édition peu commune de ce livre célèbre qui a beaucoup d'affinité avec l'*Imitation de Jésus-Christ*.

Plats d'une riche reliure du xvi° siècle enchâssés dans une reliure moderne.

169. Le grant Ordinai‖re des Xp̄iens : qui ‖ enseigne a chacun ‖ bon chrestien et cre‖stienne / la voye et le chemin pour ‖ aller en Paradis. Et declare la ‖ ioye et felicite des saulues et pa‖reillement la miserable peine et ‖ tourment perpetuel des damp‖nes. Imprime nouuellement. (A la fin :) *Cy finist lordinaire des ‖ crestiēs nouuellemēt Imprime a Paris par ‖ la veufue feu Iehan trepperel et Ie‖han Iehannot libraire Iure en ‖ luniuersite de Paris de‖mourant en la rue ‖ neufue nostre da‖me a lescu‖de Frāce.* S. d. In-4, goth., à 2 col., de 4 et cxlix ff. ch. plus 1 f. non ch., fig. sur bois; mar. La Vallière, compart. à fil., ornem., tr. dor. (*Lortic*).

Édition fort rare. La veuve Trepperel a été associée avec Jean Janot de 1511 à 1520. Magnifique exemplaire, presque non rogné.

170. Chantepleure deaue viue redundant ‖ Cueur cōpunct fait ioyeulx / en lermoiāt. ‖ ..... Penitētiale irriguū. Cum focario et scintillantibus Sulphuratis.

> Châtepleure et fosil (si penitēs vo' estes)
> Auec estincellans Sulphurees Allumettes.

(A la fin :) ..... *Impressum in inclyta Parrisioɤ academia anno dñi. 1537. ad idus Junii / in edibus Desiderii maheu calcographi / ..... Impensis aūt Johannis coignet sacerdotis* ..... Gr. in-8, goth.; mar. rouge, fil. et tr. dor. (*Derome?*).

> Livre peu commun et peu connu, entièrement en latin. Il commence par le *Focarium penitentiale : le fosil de penitence*, suivi du *Penitentiale irriguum*, dont les trente-six premiers feuillets, imprimés en rouge et en noir, offrent une partie liturgique avec plain-chant noté. En tête de cette partie, est une très curieuse gravure sur bois symbolique, occupant une page entière.

171. FÉNELON. Explication des Maximes des Saints sur la vie intérieure, par Mess. Fr. de Salignac Fénelon. *Paris, Pierre Aubouin*, 1697. In-12; veau brun (*anc. rel.*).

> Édition originale, rare. Elle fut condamnée et causa la persécution dirigée contre l'auteur.
> Très bel exemplaire avec le feuillet d'*errata*.

172. BOSSUET. Divers écrits ou Mémoires sur le livre intitulé : Explication des Maximes des saints, etc., par J. B. Bossuet. *Paris, J. Anisson*, 1698. In-8; mar. rouge, fil., tr. dor. (*Padeloup?*)

> Édition originale. Très bel exemplaire dans une reliure très fraîche.

173. BOSSUET. Relation sur le quiétisme, par Messire Jacques Benigne Bossuet, etc. *Paris, Jean Anisson*, 1698. In-8, de 2 ff. et 148 pp. — Remarques sur la réponse de M. l'archev. de Cambray à la Relation sur le quiétisme, par Messire Jacques Benigne Bossuet, etc. *Paris, J. Anisson*, 1698. In-8, de 6 ff. et 239 pp. En 1 vol.; veau fauve, fil. (*anc. rel.*).

> Éditions originales. Le premier ouvrage a été *achevé d'imprimer* le 31 *May* 1698, et le second, le 18 *octobre* de la même année. Ce dernier offre cette particularité qu'il y a des exemplaires, et celui-ci est du nombre, dont la p. 240 (la dernière) contient des *errata*, tandis que dans d'autres elle est blanche.
> Très bel exemplaire, aux armes et au chiffre de P. Prondre de Guer-

mante, receveur général des finances à Lyon, puis président de la Chambre des comptes.

174. BOSSUET. Instruction sur les estats d'oraison, où sont exposées les erreurs des faux mystiques de nos jours : avec les actes de leur condamnation, par Mess. J. B. Bossuet. *Paris, J. Anisson*, 1697. In-8; mar. rouge, fil. et tr. dor. (*anc. rel.*).

Première édition.
Magnifique et précieux exemplaire, revêtu d'une belle reliure aux armes de BOSSUET, et offrant un *autographe* de l'illustre prélat, sous forme de bande attachée au feuillet de garde. L'authenticité de cet autographe a été établie par feu M. A. Floquet, l'éminent historien de Bossuet, dans une curieuse note jointe au volume et accompagnée d'une lettre adressée à M. A. Firmin-Didot. Nous reproduisons l'une et l'autre.

« *Rue de l'Arcade, 25.*

*Monsieur,*

*C'est la petite note, relative à l'autographe de Bossuet inséré dans votre exemplaire de l'*Instruction Pastorale *du Prélat, sur les* Etats d'Oraison.

*Je demeure reconnaissant et pénétré, Monsieur, du très obligeant accueil dont vous m'avez honoré, hier, dans votre bibliothèque, trésor inestimable, que je me sens heureux de savoir en des mains si dignes.*

*A vous, Monsieur, en toute gratitude et en tout respect.*

*Votre humble et bien dévoué serviteur,*

A. FLOQUET.

*Paris, 9 avril* 1866.
*M. Ambroise Firmin-Didot, Père.* »

Voici maintenant la note :
« Bossuet, sans nul doute, traça les lignes qu'offre le feuillet attaché à cet exemplaire de son *Instruction sur les États d'Oraison*. C'est bien, ici, son écriture, mais celle de la première moitié de sa vie, et du temps où il prêchait à Metz, à Paris, à la Cour. On s'en assurera par la comparaison de ces lignes avec tous les sermons *autographes* du grand homme, conservés tant à la Bibliothèque impériale que dans celle du séminaire de Meaux. J'ai sous les yeux : 1° le manuscrit *autographe* de son *Panégyrique de s. Joseph;* 2° l'*Allocution adressée* par lui (le 2 juillet 1660), dans l'église de la Visitation de Chaillot, à *la reine-mère d'Angleterre,* peu de jours après le rétablissement de Charles II sur le trône. La conformité de ces deux *autographes* avec le manuscrit de M. Didot est frappante. L'écriture de Bossuet se modifie avec le temps; mais dans ce qu'il écrivit de 1680 à 1704, époque de sa mort, on remarque encore plusieurs lettres, dont la forme, toute particulière, décèle sa main, et ne permet aucun doute; la lettre P, entre autres, offre encore, dans l'écriture du prélat, en ces derniers temps, la forme singulière qu'elle avait à l'époque où (de 1652 à 1670) il prit le soin d'écrire ses *Sermons*. »

175. Decor puellarum. Questa sie una opera la quale si chiama decor puellarum : zoe honore de le donzelle : la quale da regola forma e modo al stato de le honeste donzelle. (A la fin :) *Anno a Christi incarnatione* MCCCCLXI (1461 (*sic*, au lieu de 1471), *per magistrum Nicolaum Jenson hoc opus…. impressum est* [*à Venise*]. In-4, de 118 ff., lettres rondes; mar. rouge, comp., tr. dor. (*anc. rel. ital.*).

Volume précieux et rare, dont la date a donné lieu à une polémique acharnée. On l'attribue à D. Giovanni di Dio Certosino, ce qui veut dire Jean le Chartreux.

Exemplaire bien complet, avec le 9° f. qui manque souvent; le premier feuillet est refait avec une perfection surprenante. Il est revêtu d'une riche reliure italienne, et provient de la bibliothèque Yemeniz.

176. HÆDUS (Petrus). De ‖ amoris generibvs. (A la fin :) *Accvratissime impressvm* ‖ *Tarvisii, per Gerardvm* [*de Lisa*] ‖ *de Flandria. Anno salv* ‖ *tis M.CCCC.XCII* (1492) *die XIII oc* ‖ *tobris*… In-4 ; mar. citr., fil., orn., tr. dor. (*Lortic*).

Première et fort rare édition de cet ouvrage de théologie dirigé contre l'amour. Le caractère est d'une frappe singulière, à l'imitation de l'écriture des manuscrits du temps.

Très bel exemplaire avec témoins.

177. RICHELIEU (Le card. de). Instruction du Chrestien par Mgr l'éminentissime cardinal de Richelieu. Revue, corrigée, augmentée et remise en meilleur ordre par S. E. peu de temps auant sa mort. Derniere édition. *Paris, Séb. Huré et Fréd. Leonard,* 1658. Pet. in-8; mar. rouge, fil., comp., tr. dor. (*rel. du temps*).

Bel exemplaire, bien relié.

178. RICHELIEU (Le card. de). Traitté de la perfection du Chrestien, par l'éminentissime cardinal duc de Richelieu; huictiesme edition. (*Paris*) *De l'imprimerie d'Antoine Vitré,* 1662. In-8, de 447 pp.; mar. rouge, fil., tr. dor., (*anc. rel.*).

Le frontispice représente le cardinal de Richelieu à genoux devant la Vierge.

Bel exemplaire, réglé.

179. PASCAL. Pensées de M. Pascal sur la religion et sur quelques autres sujets, qui ont esté trouvées après sa mort parmy

ses papiers. *Paris, Guillaume Desprez*, 1670. In-12, de 40 ff. prél. non chiff., 358 pp. (chiffrées par erreur jusqu'à 334 seulement) et 10 ff. pour la table ; mar. vert, fil. tr. dor. (*Smeers*).

Édition originale, selon M. Brunet, M. Claudin et d'autres, mais contestée par M. Potier, qui ne lui assigne que le second rang (voir à ce sujet une longue dissertation dans le *Supplément* au *Manuel*).
Très bel exemplaire. Haut. : 156 mill.

180. BOSSUET. Traitez du libre-arbitre et de la concupiscence, avec un mandement de M. l'évêque de Troyes, neveu de Bossuet, pour recommander la lecture de ces traités ; ouvrages posthumes de Mess. J. B. Bossuet. *Paris, Barthel. Alix*, 1731. In-12 ; mar. rouge, fil. et tr. dor. (*anc. rel.*).

Première édition. Très bel exemplaire aux armes de Louis-Auguste de Bourbon, prince DE DOMBES, colonel général des Suisses, fils du duc du Maine.

181. GROTIUS (Hugo). La Vérité de la Religion chrestienne. Ouvrage traduit du Latin de Monsieur Grottius, Ambassadeur de la Reine, etc., Couronne de Suéde, vers le Roy Très Chrestien. *A Paris, de l'imprimerie des nouueaux Caractères inuentez par Pierre Moreau M<sup>e</sup> Escriuain à Paris. Et se vend au Palais à la Salle Dauphine, par F. Rouuelin, à la Verité. Auec privilége du Roy.* In-8 ; mar. olive, fil. et tr. dor. (*Lortic*).

Livre curieux pour sa typographie. Très bel exemplaire, sauf raccomm. aux premiers ff.

# JURISPRUDENCE

182. **JUSTINIANUS.** Corpus juris civilis.... opera et studio Simonis van Leeuwen, JC. Lugd. Bat. *Amstelodami, apud J. Blaeu, Ludov. et Dan. Elzevirios*.... 1663. 4 part. en 1 vol. in-fol.; mar. rouge, fil., dos orné, tr. dor. (*Hardy*).

>Édition la plus recherchée. « C'est peut-être, dit M. Willems, le plus beau livre qui soit sorti des presses elzéviriennes d'Amsterdam. »
>Superbe exemplaire, aux armes du prince d'Essling.

183. **JUSTINIANUS.** In noīe dn̄i..... Incip̄ liber p̄mus dn̄i iustiñ. impatoris institucōnū seu elementorum. (A la fin, en rouge :) *Pñs institutionū p̄clarū opus Alma in vrbe magūtina..... ē ɔsummatū p Petrū schoyffer de Gerns'hem. Anno domīce incarnationis Mlliesimo* (sic). *cccc.lxxij.* (1472) *xix. die mensis octobris.* In-fol., goth., à 2 col., texte entouré de la glose; ais de bois recouverts de veau brun estampé (*anc. rel.*).

>Réimpression fidèle de la première édition donnée à Mayence par les mêmes imprimeurs en 1468, avec les mêmes caractères qui sont ceux de la Bible de 1462, pour le texte, et du Rationale de Durand, de 1459, pour la glose. A la dernière page, on y trouve aussi les célèbres douze distiques relatifs à l'invention.
>Magnifique exemplaire sur papier, très pur, avec de nombreux témoins; initiales peintes. Le dos de la reliure refait.

184. **JUSTINIANUS.** (Institutiones, cum glossis.) (Au r° du dernier f. :) *Optimi ing enij vir Jacobus rubei natione gallicus huius operis ī∥stitutionum diligentissimus artifex extitit cui extremaȝ impressionis ∥ manum uenetiis. iiij. noñ. quintiles. Inclyto duce Andrea uendra∥mino felicissime imposuit. M.cccc.lxxvi.* (1476). In-fol., de 90 ff. (dont le premier blanc), à 2 col.; ais de bois recouverts de mar. rouge, riches compart. à froid (*reliure du temps*).

>L'une des plus belles impressions de Jacques Le Rouge, originaire de Chablis, qui a acquis comme typographe une célébrité justement méritée.
>Précieux exemplaire sur vélin (Brunet ne cite que celui de Pinelli). Au-dessus du texte de la première page est une belle miniature (L. :

0m,147 ; H; : 0m,064) représentant un *Empereur assis sur un trône*, tenant le globe symbolique dans une main et l'épée de justice dans l'autre. L'Aigle du saint empire romain est peinte sur sa dalmatique. Deux rangées de personnages sont à genoux aux côtés du trône ; l'un d'eux, vêtu d'une robe écarlate, au col bordé d'hermine, tient un livre ouvert, et tous les assistants ont l'air de prêter serment. Derrière les personnages agenouillés, il y en a d'autres qui sont debout, tous en costumes vénitiens. Au bas de la page, il y a trois miniatures en médaillons, représentant *s. Jérôme dans le désert*, la *Tentation de s. Antoine* et *s. François recevant les stigmates*; le premier médaillon est tenu par deux anges, le second par deux sauvages, le troisième par deux guerriers. Belles initiales peintes à la main.

Ce volume ainsi embelli devait être un exemplaire de présentation à un haut personnage. Il provient de la bibliothèque du marquis d'Astorga dans le catalogue de la vente de laquelle (1re partie, n° 22) il a été présenté comme ayant été dédié à Ferdinand IV, empereur d'Autriche! On aura voulu dire Frédéric III, empereur d'Allemagne, mort en 1493.

185. Juris orientalis libri III, ab Enimundo Bonefidio digesti ac notis illustrati et nunc primūm in lucem editi. Cum latina interpretatione. *Anno M.D.LXXIII* (1573) *excudebat Henr. Stephanus.* In-8 ; mar. vert, fil., tr. dor. (*anc. rel.*).

Bel exemplaire aux premières armes de J.-A. DE THOU.

186. Les Ordonnances royaux sur le faict et iuridiction de la prevoste des marchands et echeuinage de la ville de Paris..... Reveües et augmentees de plusieurs edicts, etc. *Paris, P. Recollet,* 1644. In-fol., fig. sur cuivre ; mar. rouge, semé de fleurs de lis, tr. dor. (*rel. du temps*).

Exemplaire de présentation au roi LOUIS XIV, dont la reliure porte les armes. A la suite du titre, une grande gravure représente la scène de présentation du livre au jeune roi, assisté d'Anne d'Autriche, par Macé le Boullanger, prévôt des marchands, et sept autres fonctionnaires de la municipalité de Paris, dont les armes sont gravées au bas. Parmi eux se trouve le célèbre imprimeur Sébastien Cramoisy, alors échevin. Cette intéressante gravure nous offre des portraits authentiques. Au titre, une belle marque de P. Rocolet, aux armes de la ville de Paris, gravée par Briot.

187. Ordonnances de Louis XIV, Roy de France et de Navarre, Concernant la Jurisdiction des Prevost (*sic*) des Marchands & Eschevins de la ville de Paris. *Paris, Frederic Leonard,* 1676. In-12 ; mar. rouge, compart. à fil., tr. dor. (*anc. rel.*).

Très bel exemplaire, bien relié.

188. Recueil contenant les edits et declarations du Roy sur l'etablissement et confirmation de la jurisdiction des Consuls en la ville de Paris et autres : et les Ordonnances & Arrests donnés en faveur de cette justice. Divisé en deux parties. *Paris, de l'impr. de Denys Thierry,* 1705. In-4 ; mar. rouge, semé de fleurs de lis, tr. dor. (*rel. du temps*).

Très bel exemplaire aux armes de la ville de Paris.

189. BONIFACIUS VIII. Incipit liber sextus decretalium dñi bonifacij pape. viij. (A la fin :) *Presens huius sexti decretaliũ preclarã opus. Alma in vrbe maguntina..... per Petrum schoiffer de gernsshem. Anno domini M cccc l xx.* (1470). *Die vero xvij mensis aprilis*. In-fol., goth., à 2 col. ; mar. brun clair, riches compart. à froid, tr. dor., dans un étui (*Lortic*).

Seconde édition, imprimée avec les mêmes caractères que la première. Exemplaire sur vélin, fort beau et revêtu d'une riche reliure.

190. (Pragmatica Sanctio.) (Le volume commence ainsi :) Carolvs dei gracia francorum..... *S. l. n. d.* Pet. in-4, de 38 ff. (dont le dernier blanc, et non pas 35 comme dit Brunet), caract. semi-goth. ; veau antiqué, fil., tr. dor.

C'est la plus ancienne édition connue de la *Pragmatique sanction*, c'est-à-dire des décrets du Concile national de l'Église gallicane réuni à Bourges, sous le roi Charles VII, le 11 juillet 1438. Elle est extrêmement rare. Brunet la croit sortie des presses des premiers imprimeurs de Paris, U. Gering et ses associés, vers 1472, ce qui nous paraît douteux.

191. (LANIER DE L'EFFRETIER.) Traicté des libertez de l'Église gallicane. Laquelle composition monstre la pure et sincère intelligence de ces libertez. *Paris, Gilles Robinot,* 1608. In-12, de 4 ff. n. ch. et 134 ff. chiff. ; bas. rouge, fil., tr. dor.

Ouvrage extrêmement rare, non cité par Brunet. Le Père Le Long, qui en parle, ne l'a connu qu'en manuscrit.

# SCIENCES ET ARTS

I. SCIENCES PHILOSOPHIQUES ET POLITIQUES.

192. PLATON. Platonis Cratylus, siue de recta nominum ratione (en grec). *Lutetiæ, apud Ægidium Gormontium, Mense Maio. Anno* 1527. In-4, de 40 ff.; mar. vert, orn., tr. dor. (*Lortic*).

Édition parisienne, fort rare, imprimée avec de jolis petits caractères, et publiée par Jean Chéradame et dédiée à Jean Clarke, de Bath, évêque et orateur de l'Angleterre. Exemplaire presque non rogné. Titre restauré.

193. PLATON. Le Sympose de Platon, ov de l'Amovr et de Beavté, traduit de grec en François..... par Loys le Roy, dit Regius. Plvsievrs passages des meilleurs Poêtes Grecs et Latins, citez aux Commentaires, mis en vers François par I. du Bellay. *Paris, V. Sertenas,* 1559. In-4; veau fauve, compart., tr. dor. (*rel. du temps*).

Au premier livre est inséré le poème : *L'Androgyne de Mess. Ant. Heroët, Evesque de Digne, au Roy François.* Belles initiales dans le style de Jean Cousin.
Très bel exemplaire, réglé, rempli de témoins.

194. AMMONIUS. ...... Ammonii Hermei commentaria in librvm peri Hermenias. Margentini archiepiscopi mitylenensis in eundem enarratio (en grec). (A fin du 1er traité :) *Venetiis, apud Aldum, Mense Iunio, M.D.III* (1503). In-fol.; vélin bl.

Ce volume contient d'autres traités non mentionnés sur le titre. Il est imprimé avec les plus petits caractères grecs qu'Alde ait employés. Dans la préface adressée au prince Alberto Pio de Carpi, l'illustre imprimeur ajoute pour la première fois à son propre nom celui de Pio.
Très bel exemplaire.

195. PLUTARCHUS. Plvtarchi opvscvla LXXXXII. (En grec; à la fin :) *Venetiis in ædibus Aldi et Andreæ Asulani Soceri.*

*Mense Martio. M.D.IX* (1509). Gr. in-4 ; veau fauve, tr. dor. (*anc. rel.*).

Première édition des opuscules, connus sous le nom de *Moralia*, faite par les soins de Démétrius Doucas de Crète, avec le concours d'Erasme et de J. Aleander. Curieuse préface, traduite par M. Didot dans son *Alde Manuce*, pp. 318 à 321.

Très bel exemplaire, portant au titre cette note autographe du célèbre Beatus Rhenanus : *Sum Beati Rhenani. Nec muto dominū. Basileæ.* M.D.XIII, et la signature d'Ant.-Aug. Renouard. Il a aussi appartenu à Brunck.

196. IAMBLICHUS de mysteriis Ægyptiorum. Chaldæorum. Assyriorum. PROCLUS in Platonicum alcibiadem de anima, atq; dæmone. Proclus de sacrificio et magia.... (A la fin :) *Venetiis mense septembri. M.III D* (1497). *In ædibus Aldi.* In-fol. ; dos de mar. citron, plats de mar. rouge.

Première édition de ce recueil, dédiée par Marcile Ficin au cardinal Jean de Médicis, depuis Léon X.
Exemplaire grand de marges, mais avec des piqûres de vers.

197. (CICERO. De natura Deorum lib. III; de divinatione lib. II; de fato; de legibus; academic. quæstionum lib. secundus; (Modestus) de disciplina militari, et M. T. Ciceronis vita ex dictis Plutarchi breviter excerpta. *Venetiis, per Vindelinum de Spira,* 1471.) Gr. in-4 ; mar. bleu, large dent., dos orné, doublé de tabis, dent., tr. dor. (*Bozérian jeune.*)

Première édition, fort rare. Superbe exemplaire, réglé. Quelques marges restaurées.

198. CICERO (M. T.). Cato major. Ad T. Pomponium Atticum. *Lutetiæ, typis Josephi Barbou,* 1758. In-32 ; mar. rouge, fil. et tr. dor. (*anc. rel.*).

Jolie édition imprimée avec des caractères microscopiques gravés par Fournier, et ornée d'un buste de Cicéron, gravé par Ficquet d'après un dessin de Rubens.

199. CICERO (M. T.). De Officiis ad Marcum filium. *Lutetiæ, typis Jos. Barbou,* 1773. In-32 ; mar. rouge, fil. et tr. dor. (*anc. rel.*).

Charmante édition, ornée d'une figure d'après Moreau, gravée par Le Mire.

200. SENECA. (Opuscula.) Hunc librum composuit Seneca... Incipit liber Senice (*sic*) de remedijs fortuito℞ ... *S. l. n. d.* In-4, goth., de 32 ff. n. ch. (dont le premier blanc), sign. *a-d*, de 28 lign. à la page ; mar. rouge, fil. à froid, milieu, tr. dor. (*Lortic*).

> Édition de toute rareté, que Brunet n'a décrite que d'après Ébert, et qu'il considère comme une réimpression de celle d'Ulrich Zell. Elle est d'un typographe inconnu et remonte à 1472 environ. A la dernière page, on lit dix-huit vers d'Architrenius à la *Louange de la ville de Paris*.
> Superbe exemplaire.

201. SENECA. L. Annei Senecæ natvralivm qvæstionvm libri VII. (A la fin :) *Venetiis, in ædibvs Aldi et Andreæ Asvlani soceri, mense Febrvario, M.D.XXII* (1522). In-4 ; vél. blanc.

> Très bel exemplaire d'un des Alde les plus rares.

202. ALEXANDRI Aphrodisiei in topica Aristotelis, commentarii (en grec). (A la fin :) *Venetiis in ædibvs Aldi, et Andreæ soceri. mense septembri M.D.XIII* (1513). In-fol. ; mar. bleu, dent., tr. dor. (*Lefebvre*).

> Première et rare édition, publiée par les soins de Marc Musurus. Superbe exemplaire, réglé.

203. PICUS MIRANDOLÆ. Ioannis Francisci Pici liber de imaginatione. (A la fin :) *Venetiis apud Aldum Romanum mense Aprili M.D I* (1501). In-4 ; mar. vert, jans., tr. dor. (*Duru*).

> Un des volumes les plus rares et les plus beaux des Aldes, et la seule édition de ce traité qui ait de la valeur.
> Superbe exemplaire, d'une grande pureté.

204. Les Morales d'ÉPICTÈTE, de SOCRATE, de PLUTARQUE et de SÉNÈQUE (extr. et trad. en franç. par J. Desmarets de Saint-Sorlin). *Au Chasteau de Richelieu, de l'impr. d'Estienne Migon* (1653). Pet. in-8 ; mar. rouge, fil. et ornem., tr. dor. (*anc. rel.*).

> Un des livres sortis de l'imprimerie particulière du cardinal de Richelieu, et qui peuvent, pour la beauté du tirage et surtout pour la netteté des caractères, presque microscopiques, rivaliser avec les plus belles éditions des Elsevier. Quelques auteurs ont prétendu que la fonte en était en argent. On croit communément qu'ils provenaient de la célèbre fonderie de Jean Jannon, de Sedan.

205. EPICTETUS. Arriani Epictetus (et Epicteti Enchiridion, en grec). (A la fin :) *Venetiis in ædibus Bartholomæi Zanetti Casterzagensis, ære nero, et diligentia Ioannis Francisci Trincaueli. Anno a partu virginis. M.D.XXXV. Mense Septembri* (1535). Pet. in-8 ; mar. rouge, tr. dor. (*Hardy*).

Première édition des dissertations d'Arrien. Exemplaire très pur.

206. CEBES. La Table de lan || ciē philosophe || Cebes. natif de || Thebes. et Au||diteur Daristote... nagueres translate de latin en vulgaire frācois par maistre Geofroy tory de Bourges Libraire demourant a Paris. (A la fin du privilège :) *Acheue dimprimer le Cinqiesme iour Doctobre Lan comme dessus* (1529). 2 tom. en 1 vol. in-8 ; mar. bleu, fil., tr. dor. (*Duru*).

Jolie édition en lettres rondes, avec des bordures autour des pages. Au titre, la marque de Petit à la place de celle de Tory.
Très bel exemplaire, aux armes du marquis DE COISLIN.

207. PLUTARCHI Chæronæi : de virtute et vitio. Eiusdem de Fortuna. Eiusdem quē admodum oporteat Adulescentem poemata audire (en grec). (A la fin :) *Lutetiæ Parisiorum in ædibus Egidi Gourmonti, M.D.IX. pridie calen. Maij* (1509). In-4, de 50 ff. ; veau antiqué, orn. à fr., tr. dor. (*Hagué*).

Un des premiers ouvrages imprimés en grec à Paris. Les accents sont imprimés en une ligne à part. Préface du savant Aléander, futur recteur de l'Université de Paris.
Exemplaire très grand de marges.

208. PLUTARQUE. La touche naifve povr esprovver lamy, & le flateur, inuētee par Plutarque, taillee par Erasme, & mise a lusage Francois, par noble hōme frere Antoine du Saix, commandeur de Bourg. Auec lart, de soy ayder, & par bon moyen faire son profflct de ses ennemys, 1537. Quoy quil aduienne. *On les vend a Paris chez Simon de Colines, au Soleil dor, rue S. Iehan de Beauluais.* Gr. in-8, de 66 ff. ch. ; mar. brun, fil., orn., tr. dor. (*Chipot*).

Première édition, fort rare.
« Cet ouvrage paraît être sorti des presses de Colines. Le titre porte un des entourages de ses grandes Heures. Trois des entourages de Geofroy Tory y figurent (ff. 2, 8 et 54), avec sa devise *Non plus* et la croix de Lorraine. Faut-il en conclure que Simon de Colines était en 1537 en possession des entourages de Tory ? » (Didot, *Cat. rais.*, n° 755.)
Magnifique exemplaire, réglé.

## SCIENCES ET ARTS.

209. MAGNUS (J.). (Sophologium.) (A la fin :) *Anno domini Mille.cccc.lxxv.* (1475) *die prima mensis Iunii. Impressum fuit istud Sophologium Parisius per Martinum crantz, Vdalricum gering. Et Michaelem friburger.* In-fol.; mar. olive, riches compart. à la Grolier, tr. dor. (*Lortic*).

L'une des plus anciennes impressions parisiennes.
Très bel exemplaire de cette édition rare, revêtu d'une riche reliure.

210. MONTAIGNE (M. de). Les Essais de Michel de Montaigne. Nouuelle édition, enrichie et augmentée aux marges du nom des autheurs qui y sont citez. Auec les versions des passages, grecs, latins et italiens. *Paris, Christophe Journel,* 1659. 3 vol. in-12, frontisp. grav.; mar. vert, fil. à froid, tr. dor. (*Duru*).

Jolie édition, plus correcte que celle de Foppens. Charmant exemplaire.

211. (LA ROCHEFOUCAULD.) Nouvelles Réflexions ou Sentences et Maximes morales. Seconde partie. *Paris, Claude Barbin,* 1678. In-12; veau fauve, fil. et tr. dor.

Première et seule édition séparée de 107 nouvelles réflexions, qui complète les éditions antérieures à la cinquième. Bel exemplaire. H. : 0,143.

212. (LA ROCHEFOUCAULD.) Les Pensées, maximes et réflexions morales de M. le Duc \*\*\* (de La Rochefoucauld). Onzième édition. Augmentée de remarques critiques, morales et historiques, sur chacune des réflexions. *Paris,, V° d'Etienne Ganeau,* 1741. In-12; mar. rouge du Levant, fil., tr. dor. (*Capé*).

Superbe exemplaire de M. Luzarches, avec sa devise.

213. (LA BRUYÈRE.) Les Caractères de Théophraste... Neuvième édition, revûë et corrigée. *Paris, E. Michallet,* 1696. In-12; mar. rouge, fil., tr. dor. (*Hardy-Mennil*).

Cette édition passe pour être la meilleure et la plus complète du texte de La Bruyère, qui mourut pendant qu'elle était sous presse. Toutefois elle ne contient pas quatre des Caractères publiés antérieurement. Les Caractères de Théophraste sont imprimés en plus petit caractère et portent une pagination particulière. Le volume est précédé d'une préface et terminé par le Discours prononcé à l'Académie.
Très bel exemplaire.

## SCIENCES PHILOSOPHIQUES ET POLITIQUES.

214. (LA BRUYÈRE.) Les Caractères de Théophraste, traduits du grec; avec les Caractères ou les mœurs de ce siècle. Dixième édition. *Paris, Estienne Michallet,* 1699. In-12; mar. rouge, fil. à comp., tr. dor. (*Lortic*).

<small>Cette édition n'est que la réimpression de la 9<sup>e</sup>. Très bel exemplaire.</small>

215. ARISTOTELES. Contenta : Politicorum libri Octo. Commentarij. Economicorum Duo. Commentarij. Hecatonomiarum Septē. Economiarū publ. Vnus. Explanationis Leonardi [Aretini] in œconomica Duo. *Apud Parisios secundaria superiorū operum editio typis absoluta prodijt ex officina Henrici Stephani e regione Schole decretorum. Anno....* M.D.XI (1511). *Nonis Aprilis.* (A la fin :) *Economici Xenophontis finis. Parisiis. Pridie nonas Septembris.* M.D.XII (1512). *Ex officina Henrici Stephani.....* In-4; mar. noir, estampé, tr. dor.

<small>En tête, une préface de J. Le Fèvre d'Étaples à Guillaume Briçonnet, alors évêque de Lodève.</small>
<small>Précieux exemplaire revêtu d'une reliure aux armes et à l'emblème de FRANÇOIS I<sup>er</sup>, imprimés en argent sur les deux plats.</small>

216. ...THOME AQUINATIS... libri quattuor de regimine principum ad regem Cypri. Item epistola eiusdem : de regimine Judæorum : vēditiōe officiorum (q' videlicet nō est expediēs) de exactiōibus in subditos nō faciēdis. Et institutis restituēdis. ad ducissam Brabantiæ. (A la fin :) *Ex ædibus Ascensianis impensis Ioānis Parui ad Idus Decēbris.* M.D.IX. (1509). In-8; mar. La Vallière, comp. à fil., tr. dor. (*Lortic*).

<small>Exemplaire sur VÉLIN, avec les lettres capitales enluminées.</small>

217. CASTIGLIONE (B.). Il libro del Cortegiano del Conte Baldesar Castiglione. (A la fin :) *In Venetia nelle case d'Aldo Romano, & d'Andrea d'Asola suo Suocero, nell'anno M.D.xxviii. del mese d'Aprile* (1528). In-fol.; mar. brun, riches compart., tr. dor.

<small>Première édition, rare et très recherchée, de ce livre justement célèbre en raison de sa valeur littéraire. On le classe toujours dans la section de morale, et peut-être à tort. Ce n'est point un traité dogmatique ni comme fond ni comme forme. L'auteur a bien pour but d'enseigner l'art de devenir un courtisan accompli, mais il le fait d'une manière indirecte, en racontant la vie de cour, sous forme de dialogues parsemés d'anecdotes piquantes sur les hommes de son temps, sans épargner même le clergé, ce qui fit mettre le livre à l'index.</small>

Exemplaire à la reliure de GROLIER (dont on trouvera une reproduction au catalogue illustré), reliure d'un dessin remarquable (légèrement restaurée), avec le titre et la devise du célèbre bibliophile. Les mots *Grolierii et amicorum* ont jadis été effacés sur le plat de dessin, et remplacés par cette autre devise : *Tanquam ventus est vita mea*. Les têtes de chapitres sont en majuscules et en or; l'ancre aldine est peinte en bleu et or. L'exemplaire est grand de marges, mais le coin inférieur est restauré dans tout le volume.

Ce volume a sa petite légende. Acheté par M. Yemeniz, à la vente Libri en 1847, il fut mis sous séquestre lors de l'instruction judiciaire dirigée contre le fameux *bibliophile*. Le *Moniteur universel* du 16 août 1850 a mis le public au courant du fait suivant : « Dans le cours d'une procédure criminelle, un volume précieux et rare, *Il Libro del Cortegiano*, à la reliure de Grolier, a disparu du parquet de Lyon. Toutes les recherches pour le découvrir sont jusqu'à ce jour demeurées infructueuses. » Il a été cependant retrouvé et restitué à M. Yemeniz.

Un second exemplaire de ce livre à la reliure de Grolier a fait partie de la bibliothèque des ducs de Marlborough.

218. Discours contenant le sevl et vray moyen, par lequel ung Seruiteur fauorisé, & constitué au seruice d'ung Prince, peult conseruer sa félicité eternelle & temporelle : & euiter les choses, qui luy pourroyent l'une, ou l'aultre faire perdre. *A Lyon, chés Estienne Dolet*, 1542. In-8 ; mar. vert, fil., tr. dor. (anc. rel.).

Opuscule fort rare, avec une préface de Dolet. Racc. au titre.

## II. SCIENCES NATURELLES ET MÉDICALES

219. PLINIUS. (Naturalis historia, ex recensione J. Andreæ, episcopi Aleriensis.) (A la fin :).... *impressum Rome in domo Petri & Francisci de Maximis iuxta campu flore presidētibus Magistris Cōrado Suueynheym et Arnoldo Panaratz* (sic). *Anno dominici natalis*. M.CCCC.LXX (1470)... Gr. in fol.; mar. La Vallière, jans., large dent. intér.. tr. dor. (*Niedrée*.)

Seconde édition, plus rare que la première, celle de Venise, 1469.
Superbe exemplaire, avec de belles initiales peintes en or et en couleurs.

220. PLINIUS. C. Plinii Secundi naturalis historia. *Venetiis, in ædibus hæredum Aldi et Andreæ Asulani soceri*, 1535-38. 4 vol. in-8 ; mar. violet, fil., tr. dor.

Édition rare, dont il est difficile de trouver des exemplaires avec la date de 1535 aux trois premiers volumes et avec l'index.

## SCIENCES NATURELLES ET MÉDICALES.

221. BELON (P.), du Mans. Petri Bellonii Cenomani De aquatilibus, Libri duo cum eiconibus ad viuam ipsorum effigiem, quoad eius fieri potuit, expressis. *Parisiis, apud Carolum Stephanum*, M.D.LIII (1553). In-8, obl., veau br.

>Cette édition originale, ornée de cent quatre-vingt-six figures sur bois, contient un certain nombre de représentations de poissons complètement fantastiques; elles ont disparu dans les éditions suivantes.
>Exemplaire avec gravures coloriées.

221 *bis*. BELON (P.), du Mans. L'histoire de la natvre des oyseaux, avec levrs descriptions, et naïfs portraicts retirez dv natvrel : escrite en sept livres. *Paris, Gilles Corrozet*, 1555. In-fol.; vélin.

> « Les portraits des oiseaux sont bien dessinés et largement gravés sur bois. Belles initiales dessinées très probablement par Jean Cousin. » (Didot, *Cat. rais.*, n° 669.)

222. Rei rusticæ scriptores. (Au r° du dern. f. :) *Palladii Rvtilii Tavri Aemiliani viri illustris, de re rvstica libri impressi Regii opera et impensis Bartholomei Brvschi al' Botoni regiensis. M.CCCCLXXXII nonis Ivnii.* (1482). In-fol.; veau fauve, compart., tr. dor. (*Courteval*).

> Belle édition imprimée à Reggio, et la seconde de cet ouvrage.
> Exemplaire de Huzard, de l'Institut, presque à toutes marges. Quelques racc. et premiers feuillets remargés dans le bas.

223. COLUMELLA. Le tiers et quatriesme liures de Lucius Moderatus Columella, touchant le labour, traduictz de langue latine en francoyse par Loys Megret. Auec priuilege. *On les vend à Paris en la rue neufue nostre dame à L'enseigne sainct Iehan Baptiste, par Denis Ianot.* S. d. In-8, de 124 ff. n. chiff.; mar. rouge, compart., tr. dor. (*Bauzonnet-Trautz*).

> Édition rare, non citée au *Manuel*. Le privilège pour trois ans est du 22 septembre 1540.
> Magnifique exemplaire, à toutes marges, provenant de la collection Yemeniz.

224. COLUMELLA. Les dovze livres de Lvcivs Iunius Moderatus Columella des choses rustiques, traduicts de Latin en François, par feu maistre Claude Coterau, Chanoine de

Paris... *A Paris, par Iaques Keruer*... 1556. In-4 ; mar. rouge, fil., ornem., tr. dor. (*anc. rel.*).

<blockquote>
Première traduction complète. Joli encadrement au titre dans le style de J. Cousin.

La reliure porte au centre des plats les lettres A O V S et la date de 1695.
</blockquote>

225. STEPHANUS (Car.). De re hortensi libellus, vulgaria herbarum, florum ac fruticum, qui in hortis conseri solent nomina, Latinis vocibus efferre docens ex probatis authoribus... *Parisiis, ex offic. Rob. Stephani*, 1539. In-8, de 140 pp. ; mar. bleu, fil. à fr., milieu, tr. dor. (*Lortic*).

<blockquote>
Troisième édition de l'ouvrage de Charles Estienne.
Exemplaire grand de marges et très pur.
</blockquote>

226. ESTIENNE (Henri). Dictionarivm medicum, vel, Expositiones vocum medicinaliū, ad verbum excerptæ ex Hippocrate, Aretæo, Galeno......; cum latina interpretatione... *An. M.D.LXIIII* (1564). *Excudebat Henricus Stephanus*..... In-8 ; mar. rouge, fil. et tr. dor. (*anc. rel.*).

<blockquote>
Très-bel exemplaire.
</blockquote>

227. HIPPOCRATES. Aphorismi Hippocratis ex recognitione Adolfi Vorstii (texte grec et latin). Accedunt huic editioni Loca parallela ex ipso Hippocrate, ut & Celso, petita. *Lugd. Batav., apud Gaesbekios*. S. d. In-32, front. gravé ; mar. rouge, fil., tr. dor. (*anc. rel.*).

<blockquote>
Édition microscopique. Exemplaire Yemeniz.
</blockquote>

228. HIPPOCRATE. La composition dv corps hvmain, et description de toutes ses parties : le rapport qu'il a auec le monde ; l'instruction pour la Santé, et la Sphère de Medecine. Tradvict dv grec d'Hippocrates, & augmenté d'vn commentaire, par J. de la Fargue. *A Lyon, par Iean Hvgvetan*, 1589. In-12 ; veau vert foncé.

<blockquote>
Volume rare, dédié à Marguerite de Navarre et non cité au *Manuel*. A la fin, quatre feuillets ajoutés, contenant deux pièces de vers : *A ses amis invitez à souper* et *Contre une vieille*. Exemplaire traversé par une piqûre de vers.
</blockquote>

229. ALEXANDRI Tralliani medici lib. XII. (en grec). Rhazæ de

pestilentia libellvs ex Syrorum lingua in Græcam translatus. Iacobi Goupyli in eosdem castigationes. *Lvtetiæ, ex offic. Rob. Stephani, M.D.XLVIII* (1548). In-fol.; ais de bois, veau brun, fil., ornem., tr. dor. (*anc. rel.*).

<small>Première et belle édition de ces deux ouvrages.</small>

230. **SALICETO** (Guill. de). Tractatus de salute corporis. — **TURRECREMATA** (Joh. de). Tractatus de salute animæ. — **PIUS II.** Tractatus de amore ; — Pro Laude Homeri præfatio. — **HOMERI** Ilias e græco in latinum versa. *S. l. n. d.* (*Pays-Bas, XV° s.*). In-fol., goth., de 24 ff., à longues lignes ; mar. olive foncé, riches compart. à froid, tr. dor. (*Lortic*).

<small>Très précieux incunable, d'une rareté extrême, et d'une haute importance pour les origines de l'imprimerie. Il est imprimé avec des caractères semblables à ceux du *Speculum humane salvationis*, qu'on a attribué à Coster, et il sort certainement des presses du premier typographe des Pays-Bas, encore inconnu, qui est antérieur à Kettelaer, et par conséquent à 1473. M. Campbell, dans ses excellentes *Annales* (p. VIII), exprime l'opinion que cette officine prototypographique néerlandaise aura fonctionné à Utrecht vers 1460.

Le volume se compose de deux parties qui n'ont entre elles aucun lien logique. Nous le plaçons ici tout simplement à cause du premier traité. Le titre que nous avons mis en tête pour en faire connaître le contenu est factice. Le premier f. est blanc. Au recto du f. suivant on lit cet intitulé : *In pñti codice cōtinētur duo singulares et putiles tractatus || quo% pm's est de salute corporis. Hunc edidit excellētissim' ac pbatissim' medīñe doctor dñs guill's de saliceto. Alterū ŏo qui est de salute aīe miro quodā τ diuino magis q̃з humano artificio cōposuit Reuerēdissim' pr̄ dñs Cardinalis de turrecremata ordinis pdicato% sacre pagine dottor eximius.* Le premier traité occupe 7 ff., le second 7 pages. Au v° du f. 12, commence un petit opuscule : *Pij scdī pōtificis maxī cōtra luxuriosos τ lasciuos ad Karolū || cypriacū Tractatus de Amore Incipit fel'r. Prologus ||*. Il finit au recto du f. 14 dont le verso est blanc.

La seconde partie débute au f. 15 r°, par cette préface : *Pij secundi pōtificis maximi pro laude homeri || prefacio in homerum poetarum maximum*, et l'ouvrage lui-même commence ainsi au f. 16 r° : *Meonij homeri greci poetarum maximi opus || insigne cui yliada titulus inscribitur e greco in || latinū versa. Incipit feliciter*, qui n'est pas, comme dit Brunet, sur la foi du titre, un fragment de l'Iliade traduit en latin, mais une version de l'*Epitome Iliados* de Pindare. Il finit au f. 22 r°, et est suivi des *Pro laude Homeri preclara illustrium virorum testimonia* et de plusieurs épitaphes. Le volume finit ainsi, au f. 24 r° : *Jd tibi victuro proroget vlterius*. La dernière page est blanche.

Superbe exemplaire, grand de marges.</small>

231. **VESALE.** Andreæ Vesalii Brvxellensis, invictissimi Caroli

V Imperatoris medici de Humani corporis fabrica Libri Septem. (A la fin :) *Basileæ, ex officina Ioannis Oporini, Anno Salutis per Christvm partæ* M.D.LV (1555). *Mense Augusto.* In-fol.; fig. sur bois; vélin blanc estampé.

<small>Seconde édition de cet ouvrage célèbre, avec des augmentations dans le texte, mais avec les mêmes figures que celles de la première. Sur les cent soixante et onze gravures sur bois dont elle est ornée, vingt-sept, de la grandeur des pages, ont été exécutées à Venise, d'après les dessins de Jean de Calcar, élève du Titien. Le portrait de Vésale est regardé comme un des chefs-d'œuvre de la gravure sur bois.</small>

232. COLUMBUS (R.). Realdi Colvmbi Cremonensis, in almo Gymnasio Romano Anatomici celeberrimi, De Re Anatomica libri XV. *Venetiis, ex typ. Nic. Beuilacquæ,* 1559. In-fol.; mar. rouge, fil., tr. dor. (*Smeers*).

<small>Première édition. Sur le titre une belle grande gravure sur bois représentant une dissection.</small>

233. DU MOULIN (A.). Physionomie naturelle extraite de plusieurs philosophes anciens. Et mise en François par M. Antoine du Moulin Masconnois. *A Lyon, par Iean de Tournes,* 1550. In-8. — TEXTOR (B.). De Cancri natura et curatione, per Benedictum Textorem medicum. *Lugduni, apud I. Tornæsium,* 1550. In-8. En 1 vol.; mar. La Vallière, comp. à fil., milieu mosaïque, tr. dor. (*Lortic*).

<small>Deux ouvrages rares. La premier n'est pas cité au *Manuel.* Très joli exemplaire.</small>

234. (VILLANOVA, Arn. de) Regimen Sani‖tatis en fran‖coys. Souuerain remede contre lepidimie. ‖ Traictie pour congnoistre les vrines. ‖ Remede tresutile pour la grosse verole. (A la fin :) *Cy finist regimen Sanitatis en frācois........ Imprime a lyon par Claude nourry le .xxvij. iour doctobre. Lan mil cinq cens z trois* (1503). Pet. in-4, goth., fig. sur bois; mar. rouge, compart. à fil., tr. dor. (*Thompson*).

<small>Traité d'hygiène de l'école de Salerne, commenté par Arnauld de Villeneuve. Édition fort rare. Exemplaire non lavé, avec de forts raccomm. au premier et aux derniers ff.</small>

235. BUCOLDIANUS (G.). De Puella, quæ sine cibo et potu vitam transigit, breuis narratio, teste et authore Gerardo Bucol-

diano Physico Regio. *Parisiis, Ex offic. Rob. Stephani,
M. D. XLII* (1542). In-8, de 8 ff.; mar. brun, orn., tr. dor.
(*Lortic*).

<small>Opuscule curieux et rare. Très bel exemplaire.</small>

236. (LEONICENUS, Nic.) Libellus de Epidemia quam uulgo
morbum Gallicum uocant. (A la fin :) *Venetiis, in domo Aldi
Manutii Mense Iunio M.iii D.* (1497). In-4, de 28 ff.; demi-rel.
mar. rouge.

<small>Opuscule fort rare et le premier traité qui ait été publié sur cette maladie alors récemment introduite en Europe. (Pour la curieuse préface de ce livre, voir Didot, *Alde Manuce*, pp. 88-89.)</small>

237. ROYER. Dissertation sur une méthode nouvelle de traiter
les maladies vénériennes par des lavemens..., par M. Royer...
*Paris, A. Boudet*, 1767. In-8; mar. rouge, fil., tr. dor. (*anc.
rel.*).

<small>Aux armes de M. DE SARTINES, lieutenant général de la police sous Louis XV, dont le portrait est ajouté.</small>

238. Ortus sanitatis. (A la fin)... *Jacobus meydenbach ciuis Moguntinus impressit... in inclita ciuitate Moguntina... in qua nobilissima ciuitate 𝔷 ars ac scientia hec subtilissima caracterisandi seu imprimendi fuit primū inuenta... Anno salutis Millesimo Quadringentesimo Nonagesimo primo* (1491). *Die vero Jouis vicecima tercia mensis Junij*. In-fol., goth., fig. s. b.; peau de truie estampée (*rel. du temps*).

<small>Édition rare. Les figures n'indiquent pas que l'art de graver ait fait de grands progrès à Mayence. C'est encore un livre dont la souscription est importante pour l'histoire des origines de l'imprimerie.
Très bel exemplaire, avec figures coloriées.</small>

239. TAGLIACOZZI Gasparis Taliacotii Bononiensis de curtorum chirurgia per insitionem libri duo. *Venetiis, apud Gasparem Bindonum*, 1596. In-fol., fig. sur bois; demi-rel. vél.
blanc.

<small>Première édition, fort rare. Cet ouvrage est célèbre dans l'histoire de la chirurgie parce que c'est le premier où l'on traite des procédés de la rhinoplastie et autres restaurations par voie de greffe.</small>

240. RUEFFUS (J.). De Conceptu, et generatione hominis : de
matrice et eius partibus, nec non de conditione infantis in

utero, et gravidarum cura et officio........ opera ..... Iacobi Rueffi, chirurgi Tigurini. (A la fin :) *Francofurti ad Mœnum, apud Petrum Fabricium, impensis Sig. Feyerabendii*, 1587. In-4, de 92 ff., fig. s. bois ; veau fauve, fil.

> Ouvrage fort rare d'un médecin de Zurich, orné d'un grand nombre de figures anatomiques, ou relatives à l'embryogénie et aux opérations d'accouchements. On y a aussi représenté un grand nombre de créatures monstrueuses réelles ou imaginaires.
> « Cet ouvrage est une des bonnes productions de la gravure sur bois germanique. Les grandes planches sont très bien composées, et l'exécution typographique du livre est remarquable. On n'y trouve aucune marque d'artiste. ».(Didot, *Cat. rais.*, n° 86.)
> La première gravure, représentant Adam et Ève, a été reproduite par Dibdin, *Biblioth. Spenceriana*, I, 220.

241. PLANIS CAMPY (D. de). Traicté des playes faites par les mousquetades. Ensemble la vraye Methode de les guerir. Avec la refutation des erreurs, qui s'y commettent tant en leur Theorie, que practique. Par David de Planis Campy, Edelphe, Chirurgien Galenique et Paracelsique. Dedié au Tres-Chrestien Roy de France et de Navarre, Louys le Juste. *Paris, Nic. Bourdin*, 1623. In-8, de 271 pp. et 1 f.; mar. olive, doré en plein ; tr. dor.

> Livre rare, non cité au *Manuel*.
> Exemplaire de présentation, à la reliure, aux armes et au chiffre couronné de LOUIS XIII, dans un parfait état de conservation. Il porte l'estampille de la bibliothèque de MOTTELEY.

### III. SCIENCES MATHÉMATIQUES ET MILITAIRES.

242. (Astronomici veteres.) (En grec et en latin ; à la fin :) *Venetiis cura, & diligentia Aldi Ro. Mense octob. M.ID.* (1499). 2 part. en 1 vol. in-fol.; veau jaspé, dent., tr. dor. (*Courteval*).

> Première et rare édition contenant les traités de Julius Firmicus Maternus, Manilius, Aratus, Théon et Proclus. Voir sur ce livre une longue notice de M. Didot, dans son *Alde Manuce*, pp. 124-131.
> Le fragment des *Phénomènes* d'Aratus est orné de gravures sur bois. Le traité de Proclus est accompagné d'une lettre de G. Grocinus, savant anglais, et d'une lettre de Th. Linacer à Arthur, prince de Galles.
> Magnifique exemplaire, très pur.

243. BESSON (J.). Le Cosmolabe ou instrument universel con-

cernant toutes Obseruations qui se peuuent faire par les Sciences Mathematiques, tant au Ciel, en la Terre comme en la Mer. De l'inuention de M. Iacques Besson... *Paris, Ph. G. De Roville, rue St. Iaques pres S. Benoest à la Cōcorde,* 1567. In-4; fig. sur bois; mar. rouge, comp., ornem., tr. dor. (*Lortic*).

« Ce volume, sorti probablement des presses d'un frère du célèbre Rouillé ou Roville, imprimeur inconnu à Lottin, est très bien imprimé. Le frontispice est tout à fait dans le goût de Jean Cousin ; les gravures d'instruments et les lettres ornées sont également remarquables. » (Didot, *Cat. rais.*, n° 690.)

Superbe exemplaire, rempli de témoins.

244. DANFRIE (Ph.). Declaration de l'usage du graphometre..... inventé nouuellement et mis en lumiere par Philippe Danfrie, Tailleur general des Monnoies de France. A la fin de cette Declaration est ajousté par ledict Danfrie un traicté de l'usage du Trigometre ..... *A Paris, chez ledict Danfrie,* 1597. In-4 ; mar. La Vallière, fil. à fr., tr. dor.

On voit clairement exposés dans ce petit ouvrage rare, imprimé en caractères singuliers, inventés par l'auteur, et orné de figures sur bois, ainsi que de jolies vignettes en taille-douce, les principes de la triangulation, telle qu'on la pratique aujourd'hui.

245. FINE (Oronce). Les canons et docvmens tres amples, touchant l'usaige & practique des cōmuns Almanachz que l'on nomme Ephemerides. Briefue & isagogique introdvction, sur la iudiciaire astrologie : pour scauoir prognostiquer des choses aduenir par le moyen desdictes Ephemerides. Le tout nouuellement & tresclerement redigé en langaige Francois. *Imprimez à Paris par Simon de Colines,* 1543. Pet. in-8, de 44 ff. ch.; mar. rouge, fil., ornem., tr. dor. (*Lortic*).

Première édition, très rare. Bel exemplaire.

246. PAPIN (Denis). La Maniere d'amolir les os, et de faire cuire toutes sortes de viandes en fort peu de temps, et à peu de frais. Avec une description de la Machine dont il se faut servir pour cet effet, ses proprietez & ses usages, confirmez par plusieurs Experiences. Nouvellement inventé, par M. Papin. *Paris, E. Michallet,* 1682. In-12, grav.; mar. vert, fil. et tr. dor. (*Closs*).

Ce livre contient les rudiments de l'invention de la machine à vapeur : c'est la fameuse *Marmite de Papin*, avec la soupape de sûreté.

247. **POLYÆNI** Stratagematum libri octo. Is. Casaubonius græcè nunc primùm edidit emendauit et notis illustrauit. *Apud Ioannem Tornæsium typ. reg. lugdunensem*, 1589. In-16; couvert en parch, dans un étui rouge.

<small>Première édition. Exemplaire avec cet envoi autographe sur le titre : *Clarissimo viro et doctissimo Henrico Stephano socero suo d.d. Isaac' Casaubonus.*</small>

248. **VÉGÈCE.** Flaue Uegece Rene homme ‖ noble et illustre / du fait de guerre : et fleur de cheualerie. ‖ quatre liures. ‖ Sexte Iule FRONTIN / homme consulaire / des Stratagemes / especes z subtilitez de guerre / quatre liures. ‖ ÆLIAN de lordre et instruction des batailles. vng liure. ‖ MODESTE des vocables du fait de guerre. vng liure. ‖ Pareillement .cxx. histoires concernans le fait de guerre / ioinctes a Vegece. ‖ Traduicts fidellement du latin en francois : z collationnez (par ‖ le polygraphe humble secretaire z historien du ‖ parc dhonneur) aux liures anciens ‖ tant a ceulx de Bude / que ‖ Beroalde / et ‖ Bade. *Imprime a Paris par Chrestian Wechel*..... 1536. In-fol., goth.; mar. rouge, fil., tr. dor. (*Lortic*).

<small>Livre fort rare, orné de 124 gravures sur bois de la grandeur des pages. Elles sont de style allemand, d'une exécution large et un peu rude, mais bien appropriée à la représentation des engins de guerre de l'antiquité et du moyen âge. C'est la plus ancienne traduction française imprimée des auteurs latins sur l'art militaire. Le traducteur, caché sous le pseudonyme de Polygraphe, est Nicolas Volcyre de Sérouville, écrivain lorrain assez fécond.</small>

249. **VALTURIUS.** Les douze livres de Robert Valturin touchant la discipline militaire, translatez de langue latine en francoyse par Loys Meigret Lyonnois. *Paris, chez Charles Perier, demourant en la rue Sainct Iean de Beauuais à l'enseigne du Bellerophon*, 1555. In-fol., fig. s. b.; veau brun, ornem., tr. dor. (*rel. du temps*).

<small>Les figures sur bois de ce beau volume sont au trait et bien exécutées. Une d'elles porte la marque de Jollat.</small>

250. (**PORCHIER,** Estienne) Le rosier des guerres cõ‖pile par le feu Roy loys ‖ unziesme de ce nom. (A la fin :) *Cy fine le Rosier des guerres. Nouuellemẽt imprime ‖ a Paris par la veufue feu Michel le Noir / demourant a ‖ Paris en la grant*

# SCIENCES MATHÉMATIQUES ET MILITAIRES.

*rue sainct Iacq̄s a lenseigne de la Rose ‖ blanche courōnee. Lan mil cinq cens .xxi.* (1521) *le dix huitiesme ‖ iour du moy de May.* Pet. in-4, goth., de 14 ff. non ch., fig. s. bois; mar. vert, comp. à fil., tr. dor. (*Lebrun*).

Première édition de cet ouvrage célèbre à cause du nom de son prétendu auteur. Louis XI n'en fut, en effet, que l'inspirateur et y ajouta quelques maximes; mais l'auteur réel est Étienne Porchier, comme l'avait déclaré Lacroix du Maine, probablement d'après une tradition conservée de son temps. C'est notre manuscrit d'un poëme inédit du même auteur: le Livre des trois ages (voir notre catalogue de 1878, n° 39), qui a permis de confirmer l'opinion de Lacroix du Maine d'une manière irréfragable. On y lit, en effet, ce quatrain adressé au roi Louis XI par Porchier:

> Qui de ceste art ditte chevalerie
> Veult plus savoir pour conquérir grans terres,
> Quérir le fault ou *Rosier* dit *des guerres*
> QUE AY FAIT PIÈÇA POUR VOSTRE SEIGNORIE.

Très bel exemplaire, avec témoins. Chiffre P M couronné sur les plats de la reliure.

251. DURER (A.). Alberti Dureri pictoris et architecti præstantissimi de urbibus, arcibus, castellisque condendis, ac muniendis rationes aliquot, præsenti bellorum necessitati accommodatissimæ; nunc recens è lingua germanica in latinam traductæ. *Parisiis, Ex off. Chr. Wecheli*, M.D.XXXV (1535). In-fol.; fig. s. b.; mar. rouge, fil., tr. dor. (*Petit, success. de Simier*).

Magnifique exemplaire de ce livre peu commun, qui est la traduction d'un traité de Dürer publié en 1527 (*Etliche vnderricht...*), et qui roule sur les arts de la construction, principalement sur le génie militaire.

252. TARTAGLIA. Nova scientia inventa da Nicolo Tartalea B. *In Vinegia per Stephano da Sabio. Ad instantia di Nicolo Tartalea brisciano il qual habita a San Saluador*, 1537. In-4, sign. A-L; cart.

Première édition de cet ouvrage remarquable de Tartaglia. Cette science nouvelle est ce qu'on appelle la Balistique. Le volume commence par un curieux frontispice bien gravé sur bois, et il renferme quelques autres figures, la plupart au trait, ayant rapport à la science de l'artillerie.

253. VALLE DI VENAFRO (G.-B. della). Vallo libro continente appertinente à Capitanij, ritenere et fortificare una Città con

146 SCIENCES ET ARTS.

bastioni...... (A la fin :) ..... *Vinegia, per gli heredi di Piero Rauano e compagni,* 1550. In-8; mar. rouge, orn., tr. dor. (*Lortic*).

> Ouvrage curieux. Joli frontispice signé Eustachius. Charmant exemplaire.

254. DOLET (Estienne). Stephani Doleti de re navali liber ad Lazarvm Bayfivm. *Lvgdvni, apvd Seb. Gryphivm,* 1537. In-4; mar. citr., fil. à fr., tr. dor. (*anc. rel.*).

> Curieuse épître adressée à Baïf. Très bel exemplaire.

## IV. SCIENCES OCCULTES.

255. ARTEMIDORI de somniorum interpretatione libri quinque, de insomniis, quod Synesii cujusdam nomine circūfertur (en grec). (A la fin :) *Venetiis in ædibus Aldi, et Andreæ soceri mense Augusto M.D.XVIII* (1518). In-8; veau fauve, fil. tr. dor. (*anc. rel.*).

> Première édition, très rare. Très bel exemplaire du comte Boutourlin et d'Yemeniz.

256. ARISTOTELES. Probleumata (*sic*) Aristotelis, varias quæstiones cognosci admodum dignas:.... discutientia. Solutis et motis probleumatibus de corpore humano, etc. *Antuerpiæ, Symon Coquus,* 1534. — COCLES. Barptolomæi Coclitis bononiensis, naturalis philosophiæ ac medicinæ doctoris, physiognomiæ & chiromantiæ compendium. *Argentorati, apud Ioannem Albertum,* 1536. En 1 vol. pet. in-8, fig. sur bois; mar. rouge, fil. à fr., tr. dor.

> Édition non citée au *Manuel* de ce dernier ouvrage. Les types de physionomie sont grossiers, mais expressifs. Les diverses indications figurées des signes de la main, d'après lesquels on peut tirer des pronostics, sont au nombre de 159.

257. ARCANDAM. Livre d'Arcandam docteur et scavant astrologue, traitant des predictions d'Astrologie : des Naissances ou fatales dispositions & du iour de la natiuité des enfans..... Ensemble quelques signes de phisionomie. *A Rouen, chez Thomas Mallard,* 1584. In-16; mar. vert, fil.; tr. dor.

> Édition fort rare, non citée au *Manuel,* ni par M. Frère, dédiée à

M<sup>me</sup> de Morainville de la Mésangère. Elle est ornée de gravures sur bois assez rudes.

258. COUILLARD (Ant.). Les Contredicts du seigneur du Pavillon, lez Lorriz, en Gastinois (Ant. Couillard), aux faulses et abbusifues propheties de Nostradamus, et autres astrologues. Adiousté quelques œuures de Michel Marot. *A Paris pour Charles l'Angelier*, 1560. In-8; mar. rouge du Levant, fil., coins, tr. dor. (*Capé*).

> Volume fort rare. A la suite de l'épître dédicatoire se trouve une série de quatrains : *sur la mort du bon Roy Henry II; — sur l'homicide du président Minard;* — vingt quatrains adressés aux différents dignitaires du Parlement de Paris, etc. Les huit derniers feuillets contiennent plusieurs pièces de vers adressées à l'auteur par Clément et Michel Marot, et une ode de ce dernier à la reine de Navarre.
> Très bel exemplaire, de la bibl. Desq.

259. Le grand Kalen‖drier ꝛ Compost ‖ des Bergers : con‖pose par le Berger de la grand montaigne. Adiouste la maniere cō‖me se doit gouverner le Berger / pour empescher que aucuns sorciers ‖ ne face mourir leurs troupeaux / ensemble toutes choses pour se rei‖gler en leur art. *A Paris, pour Nicolas Bonfons, demeurant en la rue neuue nostre Dame, à l'enseigne Sainct Nicolas*. S. d. (vers 1575). In-4, goth., fig. s. b.; mar. vert, fil. à fr., tr. dor.

> Les figures sont des copies grossières de celles du beau *Compost*, de 1493, publié par Guy Marchant. Très bel exemplaire.

260. OFFUSIUS. Iofranci Offusii Germani Philomatis, de divina astrorum facultate in laruatam Astrologiam..... *Parisiis, ex typogr. Iohannis Royerii*, 1570. Gr. in-4; vél. bl., orn., tr. dor. (*rel. du temps*).

> Jolie marque de Jean Le Royer au titre, et charmantes initiales et en-têtes, le tout attribué à Jean Cousin.
> Très bel exemplaire, réglé.

## V. ARTS.

### 1. *Calligraphie et Typographie.*

**261.** UGO DA CARPI. Thesavro de Scrittori. Opera artificiosa laquale con grandissima arte, si per pratica come per geometria insegna a scriuere diuerse sorte littere... Intagliata per Vgo da Carpi. *Ne lanno di nostra salute. M.D.XXXV* (1535). Pet. in-4, de 48 ff. n. ch.; mar. olive, fil. à fr., milieu, tr. dor. (*Lortic*).

Édition fort rare. Au bas du f. 11 v°, on lit : *Ludovicus Vicentinus scribebat Romæ anno salutis* MDXXIII. Toutes les pages de modèles contenues dans ce livre sont taillées en bois; l'explication seule est en caractères mobiles.

**262.** TAGLIENTE (Giov. Ant.). Lo presente libro insegna la vera arte de lo excellente scriuere de diuerse varie sorti de litere lequali se fano p. geometrica Ragione... opera del Tagliente nouamente composta nel anno M D XXXXVI. (A la fin :) *In Venegia, per Giouann' Antonio e Pietro fratelli de Nicolini da Sabio, nel anno M D XLVI.* (1546). Gr. in-8, de 28 ff.; cuir de Russie, fil., tr. dor.

Ouvrage célèbre, souvent réimprimé. La plupart des belles planches de ce livre sont exécutées en gravure sur bois.

**263.** TORY (Geofroy). Champ fleury. Au quel est contenu Lart & Science de la deue et vraye Proportiō des Lettres Attiques, quō dit autremēt Lettres Antiques, & vulgairement Lettres Romaines proportionnées selon le Corps et Visage humain. (A la fin :) .... *acheue dimprimer Le mercredy xxviij Iour du Mois Dapuril. Lan Mil Cincq Cens XXIX* (1529). *Pour Maistre Geofroy Tory de Bourges...* Très. gr. in-8, fig. s. b.; mar. olive, riches orn. sur les plats, tr. dor. (*Lortic*).

Première édition, précieuse et rare. Bel exemplaire.

**264.** YCIAR (J. de). Arte svbtilissima, por la qual se enseña a escreuir perfectamente. Hecho y experimentado por Iuan de Yciar Vizcayno. *Impresso a costa de Miguel d' Çapila mercader d' libros vezino de Çaragoça,* 1555. Pet. in-4; demi-rel. ch.

Fragment d'une édition précieuse et rare : il n'offre que 41 ff. « Il est fort important pour l'histoire de la gravure sur bois en Espagne. Yciar et Jean Vingles, qui l'a aidé dans la gravure sur bois de ses nombreuses planches, ont reproduit les plus beaux modèles de lettres et les entourages que leur ont fournis Venise et Bâle. » (Didot, *Cat. rais.*, n° 456.)

Les sept dernières pages réunies portent au bas : Joãnes : || de Yciar || excudebat || cesar augustæ || Anno || domini || m.d.xl.viij (1548).

265. PALATINO. Libro di M. Giovambattista Palatino, cittadino romano, nelqual s'insegna a scriuer ogni sorte lettera, Antica, & Moderna, di qualunque natione, con le sue regole, & misure, & essempi : et con vn breve et vtil discorso de le cifre : riueduto nuouamente, & corretto dal proprio Autore. Con la giunta di qvindici tavole bellissime. (A la fin :) *In Roma, in Campo di Fiore, per Antonio Blado Asolano, il mese di Agosto* 1550. In-4, de 64 ff.; veau racine, fil. (*anc. rel.*).

Planches de modèles de calligraphie fort curieuses, exécutées en xylographie. Portrait de l'auteur. Exemplaire sur papier bleu.

266. PALATINO. Libro di M. Giovam Battista Palatino cittadino Romano nel qual s'insegna à scriuer ogni sorte lettera... (A la fin :) *In Roma per Valerio Dorico alla chiauica de Santa Lucia, ad instantia de M. Giouan della Gatta,* 1561. Gr. in-8 ; mar. olive, fil., tr. dor. (*anc. rel.*).

Très bel exemplaire.

267. TRITHÈME (J.). Polygraphie et Vniuerselle escriture Cabalistique de M. I. Tritheme Abbé, Traduicte par Gabriel de Collange, natif de Tours en Auuergne. *A Paris, pour Iaques Keruer...* 1561. In-4, fig.; mar. rouge, fil. et tr. dor. (*Derome*).

Exemplaire parfaitement conservé d'un livre rare et singulier.

268. FOURNIER. Manuel typographique, par Fournier le jeune. *Paris, Barbou,* 1764-66. 2 vol. pet. in-8, avec fig.; mar. rouge, fil. et tr. dor. (*Padeloup*).

Reliure de la plus belle conservation.

2. *Escrime. Chasse. Travaux de broderie. Jeux.*

269. MERCURIALIS (Hieronymi) de arte gymnastica libri sex...

Secunda editione aucti, & multis figuris ornati. *Venetiis, apvd Ivntas, M.D.LXXIII* (1573). In-4; peau de mouton brute.

<small>Édition ornée de 23 figures sur bois d'un beau dessin. Elles représentent très fidèlement les exercices gymnastiques des anciens.
Très bel exemplaire, de Huzard, de l'Institut.</small>

270. (LEBKOMMER, H.) Der Altenn Fechter ‖ an fengliche Kunst. Mit sampt verborge‖nen heymlicheyttenn/ Kämpffens/ Ringens/ Werffens etc. ‖ Figürlich fürgemalet/ Biszher nie añ tag kommen. (Éléments de l'art de vieux maîtres-d'armes, etc.) *Zu Franckfurt am Meyn, Chr. Egen.* (A la fin :) *Zu Franckfurt am Meyn / Bei Christian Egenolph.* S. d. (1529-36). In-4, de 46 ff. chiff. plus 1 f. pour la table, fig. sur bois; ais de bois recouv. de veau gaufré, comp. à froid (*anc. rel. restaurée*).

<small>Livre extrêmement rare dont l'édition in-fol. a seule été décrite au *Manuel*. Les gravures sur bois, imprimées dans le texte, sont de Hans Brosamer, d'après les dessins d'Albert DÜRER, qui se trouvent dans l'*Oplodidascalia*, manuscrit conservé dans la biblioth. de la Madeleine, à Breslau. Le texte est dû à la plume de Hans Lebkommer de Nuremberg.</small>

271. AUERSWALD (F. von). Ringer Kunst : fünff und achtzig stücke zu ehren Kurfürstlichen gnaden zu Sachssen, etc. Durch Fabian von Auerswald zugericht. (A la fin :) *Gedruckt zu Wittemberg durch Hans Lufft. M.D.XXXIX* (1539). Pet. in-fol.; vél. blanc.

<small>« Représentation des poses de la lutte. Ce volume montre après le titre les armes du grand électeur de Saxe. Au f. suivant se trouve le portrait de l'auteur signé de la marque du dragon de CRANACH. Les 85 planches suivantes représentent le même Auerswald exécutant sur un gentilhomme tous les coups de l'art de la lutte. Au-dessus de chacune de ces planches est une courte légende. Elles sont bien dessinées, très claires, tout à fait dignes du maître auquel on les attribue, et la ressemblance des deux personnages en action est très heureusement conservée dans toute la suite des figures. » (Didot, *Cat. rais.*, N° 198 *bis*.)
Très bel exemplaire de ce livre fort rare.</small>

272. PETTER (N.). Klare onderrichtinge der voortreffelijcke Worstel-Konst... Uytgevonden door den wijtberoemden en vermaerden worstelaer Nicolaes Petter, en met 71 naeuwkeurige Verbeeldingen der selver, in't kooper gebracht door... Romeyn de Hooge. *Amsterdam, Willem van Lamsvelt* (1674). In-4; cuir de Russie, tr. dor.

<small>Édition de l'Académie de la lutte qui contient les premières épreuves</small>

des figures de ROMEYN DE HOOGE. On a ajouté à la fin en manuscrit les explications des planches, en français.

273. FOUILLOUX (J. du). La Venerie de Iaques du Foüilloux, Gentil-homme, Seigneur dudit lieu, pays de Gastine, en Poitou. Dediee au Roy Tres-chrestien Charles neufiesme de ce nom. Avec plusieurs Receptes ç Remedes pour guerir les chiens de diuerses maladies. Plus l'Adolescence de l'Autheur. *A Poitiers, par les Marnefz et Bouchetz. freres.* S. d. In-4, fig. s. bois ; mar. La Vallière, compart. à fil. à froid, milieu en or, tr. dor. (*Capé*).

Édition fort rare, identique avec la première, datée de 1561 et publiée par les mêmes. Elle est ornée de 58 grav. sur bois, intéressantes et bien composées. L'*Adolescence de l'autheur*, en vers, est suivie de la *Complainte du cerf*, petit poème par Guillaume Bouchet.
Très bel exemplaire, grand de marges (H. : 0$^m$,223).

274. SALNOVE (R. de). La Venerie royale divisée en IV parties qui contiennent les chasses du cerf, du lièvre, du chevreüil, du sanglier, du loup et du renard, dediée au Roy par messire Robert de Salnove. *Paris, Antoine de Sommaville,* 1665. In-4, frontisp. ; veau fauve, fil. à comp., tr. dor. (*Niedrée*).

Bel exemplaire, grand de marges, de la bibl. Yemeniz.

275. LE VERRIER DE LA CONTERIE. L'École de la chasse aux chiens courans, par M. le Verrier de la Conterie, Ecuyer, Seigneur d'Amigny, les Aulnets, etc. Précédée d'une Bibliothèque historique et critique des Théreuticographes (par Nic. et Richard Lallemant). *Rouen, Nic. et Rich. Lallemant,* 1763. 2 part. in-8, 14 pp. de musique, fig. sur bois ; mar. bleu, fil. à froid, tr. dor. (*Duru*).

Seule édition de cet ouvrage recherché.
Bel exemplaire relié sur brochure, aux armes et au chiffre du baron Pichon. On y a ajouté : *Notes bibliographiques concernant les ouvrages du duc de Nardo* (Bélisaire Aquaviva) *sur la vénerie et la fauconnerie,* par J.-B. Huzard ; Paris, 1835 ; in-8, de 16 pp. ; — *Notes bibliographiques sur l'ouvrage d'Hortensio Lando intitulé :* Sermoni funebri de vari authori nella morte de diversi animali (par le même) ; Paris, 1835 ; in-8, de 15 pp.

276. LABRUYÈRE (L.). Les Ruses du braconage mises à découvert ; ou Mémoires et instructions sur la chasse et le Braconage ; avec quelques figures en taille de bois par L. Labruyerre, Garde de S. A. S. M$^{gr}$ le Comte de Clermont, Prince du sang.

Paris, *Lottin l'aîné*, 1771. In-12; mar. bleu, fil. à froid, tr. dor. (*Duru*).

Bel exemplaire relié sur brochure, aux armes et au chiffre du baron Pichon. On trouve dans l'avant-propos des détails sur la vie de l'auteur et la composition de cet ouvrage.

277. GLEN (J. de). Du Debvoir des filles, traicté brief, et fort utile, divisé en deux parties : la première est, de la dignité de la femme, de ses bons deportements, et debuoirs ; des bonnes parties & qualités requises aux filles, qui tendent au mariage. L'autre traicte de la Virginité, de son excellence, des perfections necessaires à celles, qui en font profession, des moyens de la conseruer... par frere Iean-Baptiste de Glen, docteur en Théologie de la Faculté de Paris, et Prieur des Augustins lez Liege. Item plusieurs patrons d'ouvrages, pour toutes sortes de Lingerie, de Iean de Glen : le tout dedié à madame Anne de Croy, Marquise de Renty, etc. *A Liege, chez Iean de Glen*, 1597. In-8 obl., de 6 ff. prélim., titre compris ; un f. (titre de la 2° partie) ; texte (120 pp.), A-P par 4 ff., et 20 pl., Q-U par 4 ff. ; mar. rouge, fil., tr. dor. (*anc. rel.*).

Dans la description de ce volume de toute rareté, Brunet indique pour la seconde partie 12 pp. de texte et 39 pl. Si cet exemplaire, provenant de la collection Yemeniz, est incomplet de 19 pl. (ce qui n'est pas prouvé), il ne nous paraît pas qu'il doive comporter 12 pp. de texte pour la seconde partie, attendu que les signatures continuent jusqu'à la fin sans interruption. Brunet, se conformant à l'énonciation du titre, attribue les planches des patrons de lingerie à Jean de Glen, tandis que nous avons constaté que, sur 20 pl. de cet exemplaire, treize ne sont que des copies, assez bien réussies d'ailleurs, des planches de la 3° partie de la *Corona delle donne* de Vecellio. Les sept autres sont-elles des compositions originales de Glen, ou bien des imitations d'un autre volume ? C'est ce que nous n'avons pu vérifier. Sur le titre se trouve la marque de l'imprimeur, et au verso les armes de la famille de Croy.

278. COBARRUBIAS (P. de). Rimedio de' givocatori composto per il R. P. M. Pietro di Cobarvbias..... Nuouamente di lingua Spagnuola tradotto dal S. Alfonso Vlloa. *In Venetia, appresso Vincenzo Valgrisi, M.D.LXI* (1561). — L'Hvmore dialogo di Bartholomeo TAEGIO. *In Milano, appresso Gio. Antonio degli Antonii, M.D.LXIIII* (1564). En 1 vol. in-8 ; mar. rouge, compart. à fil. (*Rel. ital. du temps*).

Le premier ouvrage est très curieux. Il traite de toutes sortes de divertissements, divisés en spirituels, humains et diaboliques. Le second, non cité, orné du portrait de l'auteur, roule sur le vin et la culture de la vigne.

279. SPIRITO (L.). Libro della Uentura di Lorenzo Spirto (*sic*) cō somma diligentia reuisto : ꝛ corretto ꝛ nouamente ristampato.... MDXXXV. (A la fin :) *Stampato in Roma per Antonio Blado De Asola. Nel. M.ccccc.xxxv.* (1535). In-fol. ; mar. rouge, fil., tr. dor.

>   Édition fort rare, contenant 24 ff. de gravures sur bois, très curieuses, quoique d'une exécution rude.
>   Très bel exemplaire, sauf racc. au titre et à quelques ff.

280. SPIRITO (L). Le Passetemps de la fortvne des dez. Ingenieusement compilé par maistre Laurens l'Esprit, pour responses de vingt questiōs par plusieurs coustumeement faictes, & desirees scauoir. Les vingt questions sont specifiees en la Rouë de Fortune, au fueillet sequent. *A Paris, par Guillaume le Noir...,* 1559. In-4, de 44 ff. ch., avec grav. sur bois ; veau gris, fil., compart. et ornem. à froid.

>   Édition non citée au *Manuel*, et très remarquable au point de vue de la gravure sur bois. L'encadrement du titre est remarquable et dans le style de Jean Cousin. Les encadrements des feuillets 15 à 24, contenant les signes du zodiaque, etc., sont du plus beau style Renaissance et d'une fantaisie charmante. Cette édition n'est pas celle décrite sous le même titre et avec la même date dans le catalogue de M. Bancel (n° 229). La préface qui y est indiquée, avec des portraits de Diane de Poitiers et de sa fille, n'appartient pas à notre édition, où le second f. offre au recto la *Roue de fortune* annoncée comme se trouvant au feuillet *séquent*, signé Aij, au verso duquel commencent les *portraits des rois de France* qui se continuent aux quatre pages suivantes, en raison de quatre par page.
>   Exemplaire avec témoins, mais avec des mouillures et de petites cassures à quelques ff., et qu'une restauration peu importante rendra fort beau.

281. SPIRITO (L.). Le livre de passe temps de la fortvne des Dez. Ingenieusement compilé par maistre Laurens l'Esprit..... *A Lyon, par Antoine Volant,* 1560. In-4, sign. A-L ; mar. rouge, fil. à fr., tr. dor. (*Duru*).

>   Édition fort rare et non citée au *Manuel*. Bel encadrement au titre. Les vingt portraits de rois diffèrent complètement de ceux de l'édition ci-dessus, et dans ce nombre il n'y a que deux rois de France et le roi Artus. Beaucoup de figures sont copiées sur l'édition ci-dessus.
>   Très bel exemplaire.

# BEAUX-ARTS.

### I. ART DU DESSIN.

282. DURER (A.). Les quatre livres d'Albert Durer, Peinctre & Geometrien tres excellent, De la proportion des parties & pourtraicts des corps humains. Traduicts par Loys Meigret Lionnois, de langue Latine en Françoise. *A Arnhem, Chez Iean Ieasz,* 1613. Pet. in-fol., de 2 ff. lim. et 124 ff. ch.; mar.

« Les figures, qui sont des copies de celles de l'édition originale, couvrent 141 pages. Trois d'entre elles se déploient. Elles sont au trait, mais d'une hardiesse et d'un dessin remarquables. Je ne trouve nulle part ailleurs la théorie ingénieuse du *corrompeur*, par laquelle, une image de proportions normales étant donnée, l'auteur la ramène au *grêle* ou à *l'épais* par un procédé géométral. On trouve aussi dans ce livre les rudiments de la méthode des projections dont Jean Cousin devait, 43 ans plus tard, en 1571, tirer un si grand parti dans sa *Portraicture*. » (Didot, *Cat. rais.,* n° 127 *bis*.)

283. VITRUVIUS. M. Vitruvii viri de Architectura libri decem... nunc primum in Germania qua potuit diligentia excusi, atq; hinc inde schematibus non iniucundis exornati per Gualtherum H. Ryff, argentinum, medicum. Adiecimus etiam... Sexti Iulii FRONTINI, de Aquæ ductibus urbis Romæ... Item... Nicolai CUSANI. Card. de staticis experimentis fragmentum... *Argentorati, in officina Knoblochiana per Georgium Machæropiæum, expensis Christiani Egenolphi,* 1543. In-4; veau brun, riches ornem., tr. dor.

Ouvrage orné de gravures sur bois et revêtu d'une curieuse reliure à estampages, avec portraits (Luther, Erasme, etc.), datée de 1552.

284. (SAGREDO, Diego de). Raison darchitecture antique extraicte de Victruue et aultres anciens architecteurs, nouuel-

lemēt traduit Despaignol en Frācoys a lutilite de ceux q se delectēt eu edifices. *Imprime par Simon de Colines demourant à Paris en la grand rue sainct Marcel, à lenseigne des quatre euangelistes*, 1539. In-4, de 51 ff., fig. sur bois; vélin.

Première et fort rare édition de ce traité en forme de dialogue. Très bel exemplaire.

285. RUSCONI. Della Architettura di Gio. Antonio Rusconi con centosessanta figure dissegnate dal medesimo, secondo i precetti di Vitruuio e con chiarezza e breuità dichiarate libri dieci. *In Venetia, appresso i Giolitti*, 1590. In-fol.; vél. bl.

Première édition et la plus recherchée, ornée de 160 gravures sur bois d'un très bon style et d'une belle exécution.

286. LA FAYE (de). Recherches sur la préparation que les Romains donnoient à la chaux dont ils se servoient pour leurs constructions et sur la composition et l'emploi de leurs mortiers, par M. de la Faye, trésorier général des gratifications des troupes. *A Paris, de l'Imprimerie royale*, 1777. In-8; mar. rouge, large dent., tr. dor. (rel. du temps).

Exemplaire aux armes de la famille de Mesny de Saint-Firmin.

287. RAPHAEL. Loggie di Rafaele nel Vaticano. (*Rome*, 1772-1774.) Très gr. in-fol.; cart. en toile.

Reproduction des célèbres Loges du Vat'can, chef-d'œuvre de décoration de Raphaël, gravée par Volpato et Ottaviani.

Le présent exemplaire ne comprend que la première partie (les *Arabesques*), composée de dix-huit planches, et la troisième (les *Stucs*), composée de douze planches, mais c'est un des rarissimes exemplaires dont toutes les planches sont admirablement coloriées et qui donnent une image parfaite des originaux. Il paraît que la seconde partie de cette suite (les *Voûtes*) n'a pas été coloriée.

## II. MUSIQUE ET DANSE.

288. Antiqvæ mvsicæ avctores septem. Græce et Latine Marcvs Meibomius restituit ac notis explicavit. *Amstelodami, apud Ludovicum Elzevirium*, cIɔ.Iɔc.LII (1652). 2 vol. in-4; veau brun (*anc. rel.*).

Ouvrage rare et recherché. Exemplaire aux armes de Denis de Sallo, fondateur du Journal des Savants.

**289. GAFFORI (Fr.).** Theorica mvsice Franchini Gafvri Lavdensis. (A la fin :) *Impressum mediolani per Magistrum Philippum Mantegatium dictum Cassanum opera & impensa Magistri Joannis Petri de lomatio anno salutis M.cccc.Lxxxxii.* (1492) *die xv Decembris.* In-fol. ; front. gravé, fig. s. bois ; demi-rel. veau noir.

<blockquote>Seconde édition, fort belle et rare. Curieux frontispice et gravures, représentant des instruments de musique.</blockquote>

**290. GAFFORI (Fr.).** Musice utriusq; cantus practi‖ca excellentis Frāchini Ga‖fori Laudensis libris ‖ quatuor modu‖latissima. (A la fin :) *Impressa Brixiæ opera & impensa Angeli Britannici : anno salutis Millesimoquatringentesimononagesimo septimo : nono Kaleñ : Octobris* (1497). In-fol., de 114 ff. non ch. ; demi-rel. mar. La Vallière.

<blockquote>Belle et rare édition, avec la musique notée.</blockquote>

**291. Motetti de la corona** (par Io. Mouton, P. de Therache, Ant. de Fevin, Hylaire, Brumel, Eust. de Monteregali, etc.). *Impressum Forosempronii per Octauianum Petrutium ciuem Forosemproniensem,* 1514-1519. Pet. in-4, obl. ; mar. noir, compart. à fil. (*rel. du* XVI<sup>e</sup> *siècle*).

<blockquote>Ottaviano Petrucci de Fossombrone, éditeur de ce livre précieux, est l'inventeur des caractères de musique fondus.

Ces Motets se composent de quatre livres, dont la réunion, sans aucune lacune, est introuvable. La riche bibliothèque musicale de Fétis n'en contenait même pas un fragment. Notre exemplaire ne donne que le *Bassus*. La première partie a les ff. cotés en chiffres romains, de 49 à 63. A la première page, il n'y a que la grande initiale B et la signature X G. Le f. 51 manque. Le f. 64, non chiffré, est consacré au privilège du pape Léon X, du 22 octobre 1513, au bas duquel on lit : *Impressum Forosempronii per Octauianum ‖ Petrutium ciuem Forosemproniensem. Anno ‖ Domini. MDXIIII* (1514). *Die xvii Augusti*.....

Le second livre porte ce titre : *Motetti de la corona Libro secondo*. Il compte bien les 18 ff. indiqués au *Manuel*, non chiffrés, sign. † G-H. Au r° du f. 17°, au bas du privilège pontifical, on lit : *Impressum Forosempronii per Octauianum ‖ Petrutium ciuem Forosemproniensem. Anno ‖ Domini. MDXIX.* (1519). *Die xvii Iunii.*

La troisième partie, intitulée : *Motetti de la corona Libro tertio*, est aussi complète en 18 ff., non chiffrés, signés † G-H. Au r° du 17° f. même colophon qu'à la seconde partie, sauf la date du jour : *Die vij septembris.*

La quatrième partie : *Motetti de la corona Libro quarto*., bien complète, compte 17 ff. (dont les deux derniers sont blancs), non chiffrés, signés</blockquote>

¶ G-H. Le privilège et la souscription occupe le v° du f. 15. Le colophon est identique avec le précédent, sauf la date du jour : *Die ultimo Octobris*.

Le *Manuel* ne cite aucune adjudication de ce livre, pas même à l'état de fragment.

Notre exemplaire est très grand de marges et bien conservé, sauf des piq. de vers aux derniers feuillets.

292. BEAULAIGUE (B.). Mottetz novvellement || mis en musicque à quatre, cinq, six, sept et huit parties, || en quatre liures : par Barthelemy Beaulaigue, excellent Musicien. || Tenor. || *A Lyon,* || *de l'Imprimerie de Robert Granjon*. || *M. V*ᶜ. *lix* (1559). In-8 obl., de 44 pp. — Proverbes de Salomon, || mis en Cantiques, & rime Françoise, selon la verité Hebraïque : nouuellement || composés en Musique à quatre parties, par M. Clement IANEQUIN; || imprimés en quatre volumes. || Tenor. || *A Paris*. || *De l'imprimerie d'Adrian Le Roy, & Robert Balard, Imprimeurs du Roy*, || *rue s. Iean de Beauuais, à l'enseigne s. Geneuieue*. || 1558. In-8 obl., de 20 ff. — Chansons novvelles, || composees par Barthélemy BEAULEGUE, excellent Musicien. || Et par luy mises en Musicque à quatre parties, || et en quatre Liures. || Tenor. || *A Lyon,* || *de l'Imprimerie de Robert Granjon*. || *M. V*ᶜ. *lviij*. (1558). In-8 obl., de 24 ff. En 1 vol.; vélin blanc, fil., fleur., tr. dor. (*rel. du temps*).

Précieuse réunion de trois livrets rarissimes, non cités au *Manuel*, et qui manquaient à la collection Fétis.

Les *Chansons* de Beaulaigue nous offrent un des premiers volumes imprimés en caractères cursifs, dits *de civilité*, inventés et gravés par Granjon (on ne connaît pas de livres imprimés avec ces caractères avant 1558, et sous cette date il y en a plusieurs, sans qu'on puisse leur assigner un ordre chronologique). Granjon est aussi le premier qui substitua pour les notes de musique la forme arrondie à la forme losangée.

Très joli exemplaire, réglé.

293. BURCK (J. a). XX Odæ sacræ Ludovici Helmboldi Mulhusini, suavibus harmoniis ad imitationem Italicarum Villanescarum, nusquam in Germania Linguæ Latinæ antea accommodatarum, ornatæ studio Joachimi a Burck, civis Mulhusini. Tenor primi libri. *Erphordiæ, typis et impensis Georgii Baumanni,* 1572. In-12 ; veau fauve, fil. (*Kœhler*).

Petit volume de toute rareté, avec musique imprimée. Joachim de Burck, de Mulhouse, organiste de talent, a un long article dans la *Biographie des Musiciens* de Fétis.

**294. GOUY (J. de).** Airs à quatre parties sur la Paraphrase des Pseaumes de Messire Antoine Godeau, evesque de Grasse. Composez par Iacques de Goüy, Chanoine en l'eglise cathedrale d'Embrun, et divisez en trois parties. Première partie. Dessus. *A Paris, par Robert Ballard...* 1650. In-8 obl., front., de 16 ff. n. ch., 50 ff. ch. et 6 ff. n. ch.; mar. rouge, compart. à fil., tr. dor. (*rel. du temps*).

> Édition non citée au *Manuel*, et la première où les vers de Godeau aient été mis en musique. Une préface fort curieuse donne l'historique de cette publication. Joli frontispice gravé par A. Bosse.
> Charmant exemplaire, très bien relié.

**295. CAROSO (F.).** Il Ballarino di M. Fabritio Caroso da Sermoneta, diuiso in due trattati... ornato di molte figure et con l'Intauolatura di Liuto et il soprano della musica nella sonata di ciascun Ballo... *In Venetia, appresso Francesco Ziletti*, 1581. In-4, de 8 ff. non ch., 16 ff. ch., 184 ff. ch. et 4 ff. non ch.; demi-rel. vél. bl.

> Première édition, recherchée et fort rare, dédiée à la fameuse patricienne de Venise, Bianca Capello, alors depuis trois ans duchesse de Toscane, à laquelle aussi sont adressés un grand nombre de sonnets et de madrigaux.
> La première partie est ornée du portrait de l'auteur, gravé par Giacomo Franco; elle est consacrée aux règles des pas de danse. La seconde, pourvue d'un titre spécial, à la même date, enseigne les principes de toutes sortes de danses : *Cascarde, Tordiglione, Passo et mezzo, Pavaniglia, Canario e Gagliarde, all'uso d'Italia, Francia e Spagna*. Ces danses, au nombre de 76, inventées en partie par l'auteur en l'honneur des princesses ou des grandes dames de l'époque, sont accompagnées de 22 planches en taille-douce, qui se répètent souvent. Ces gravures, à pleine page, par le même Franco, montrent la principale attitude de chaque *balletto*, dont le texte explicatif est précédé d'une dédicace en vers et suivie de la musique imprimée pour le luth.

**296. CAROSO (F.).** Raccolta di varij Balli fatti in occorrenze di nozze, e festini da nobili cavalieri, e dame di diuersi nationi. Nuouamenti ritrouati negli scritti del sig. Fabritio Caroso da Sermoneta, eccellente maestro di ballare.... *In Roma, app. Guglielmo Facciotti*, 1630. In-4, de 10 et 370 ff., plus 3 ff. d'index; demi-rel. bas. viol.

> Publication posthume, extrêmement rare, surtout bien complète, faite par les soins de Giovanni Dini. C'est le complément obligatoire de l'ouvrage ci-dessus. La première partie enseigne les règles de maintien, etc.

la seconde partie, dédiée à la reine Marie de Médicis, offre une nouvelle série de *balletti*, avec accompagnement de musique. Le volume est orné du portrait de l'auteur et de 34 planches en taille-douce, les mêmes que celles du *Ballarino* ci-dessus, sauf une qui est nouvelle.

297. RAMEAU (P.). Le Maître à danser... Enrichi de Figures en taille-douce, servant de démonstration pour tous les differens mouvemens qu'il convient faire dans cet exercice..... par le sieur Rameau, Maître à danser des Pages de Sa Majesté Catholique la Reine d'Espagne. *Paris, Jean Villette,* 1725. In-8, fig. sur cuivre; mar. La Vallière, fil. et tr. dor. (*Lortic*).

> Livre peu commun, dont l'auteur n'est que l'homonyme du célèbre compositeur. Les planches sont presque toutes de la gravure de Rameau, même la grande planche pliée représentant le *Grand Bal du Roy*, qu'on trouve rarement.

# LIVRES A FIGURES SUR BOIS.

### I. OUVRAGES EN TOUT GENRE

(Nous avons groupé ici, selon l'ordre géographique et chronologique adopté par M. Didot dans son *Catalogue raisonné* (1867), les ouvrages qu'on ne recherche en général que pour les figures sur bois dont ils sont ornés.)

#### A. — Allemagne.

##### Augsbourg.

298. Ein loblich büchlin von der ‖ Gemahelschafft so sich zwischen Got vū ‖ der sele macht gar nützlich und fruchtper‖lichen zelessen ist. (A la fin :) *Das loblich vnd nützlich büchlin hat getruckt ‖ Hanns schönsperger zu Augspurg vnd volendet ‖ an sant Ambrosius tag Do man zalt nach Cristi ‖ geburt. M.cccc. vnd in dem. xcvij .iar* (1497). In-4, goth.; cuir de Russie, fil., tr. dor.

« Cet ouvrage, qui, dit l'auteur, au commencement, est traduit du latin, paraît du même genre que le *Miroir de l'âme*, ou bien que le *Speculum humanæ salvationis*. Les 104 gravures sont plus anciennes que la date de l'édition et se rapprochent de celles des xylographes allemands. Quoique l'exécution en soit très grossière, elles ont une grande naïveté. On voit par ce volume quelle a été la rudesse des débuts artistiques de l'habile éditeur des livres à gravures de l'empereur Maximilien. » (Didot, *Cat. rais.*, n° 14.)

Livre rare, non cité au *Manuel*. Titre restauré et piqûres de vers aux premiers feuillets.

299. Das ist der Teutsch Ka‖lender mit den figuren. (A la fin :) *Getruckt zu Augspurg in der Kayser‖lichen stat von Hannsen Froschauer. ‖ Als man zalt nach Cristi gepurt. M. ‖ cccc. vnd xxij. Jar* (1522). In-4, de 57 ff. non ch.; mar. rouge du Levant, comp., fil., ornem., tr. dor. (*Lortic*).

Livre extrêmement rare, avec gravures au trait plus archaïques que leur date ne le comporte. Elles proviennent de calendriers primitifs.

Exemplaire dans une condition irréprochable.

OUVRAGES EN TOUT GENRE.       161

300. PFINZING (Melchior). Die geuerlicheiten vnd eins teils der geschichten des löblichē streitbaren und hochberümbten helds und Ritters TEWRDANNCKHS. (Au v° du dern. f. :) *Gedruckt in der Kayserlichen Stat Augspurg durch den Eltern Hansen Schönsperger im Iar Tausent fünffhundert vnd im Neüntzehenden* (1519). Gr. in-fol.; mar. brun, fil., compart. et ornem. à fr., tr. dor.

<blockquote>
Seconde édition de ce poème chevaleresque, composé à l'occasion du mariage de Maximilien I<sup>er</sup> avec Marie de Bourgogne. Elle est ornée de 118 belles estampes, gravées sur bois d'après les dessins de Hans Schäufelein. Elle est inférieure à la première comme exécution : le texte est moins ornementé et les gravures sont un peu fatiguées.
</blockquote>

301. CICERO (M. T.). Der Teütsch Cicero..... (A la fin :) *Gedrugkt vnd vollendet in der Kayserlichen Statt Augspurg, durch Heinrich Steyner, am IIII. tag Martij, nach der geburt Christi Iesu vnsers säligmachers, M. D. XXXV* (1535). In-fol.; mar. vert, fil. à froid, ornem. et tr. dor. (*Hardy*).

<blockquote>
« Les planches, au nombre de 128, proviennent de différentes sources; celle du fol. II verso, qui se trouve au chapitre de la naissance de Cicéron, nous le représente sortant de dessous les jupons de sa mère qui accouche assistée de trois matrones. Les planches qui portent le monogramme de H. Schäufelein ne commencent qu'à la page 98 ; elles sont décrites par Bartsch, n<sup>os</sup> 55-94, moins celle du fol. 110 verso. Plusieurs planches sont attribuées à Hans Burgmair. » (Didot, *Cat. rais.*, n° 25.)

Le beau portrait du traducteur, Jean de Schwartzenberg, d'après A. DÜRER, se trouve à la fin.

Superbe exemplaire, grand de marges.
</blockquote>

Francfort.

302. GUALTHERUS. Argumentorum in S. Biblia a. Rud. Gualth. Carmin. comprehensorum, in Nouum uidelicet Testamentum. Ander Theil der Summarien, über die gantz Bibel nemlich über das New Testament, mit schönen Figuren geziert und in Reimen verfaszt durch Bur(chkard Wald(is). (A la fin :) *Gedruckt zu Franckfort am Mayn durch Wygand Han inn der Schnurgassen zum Krug*. S. d. (dédicace de 1556). In-8 ; mar. La Vallière, orn., tr. dor. (*Lortic*).

<blockquote>
« Cet ouvrage de Rudolph Walther ou Gualterus, théologien luthérien, connu par un livre contre le pape, intitulé *Antichristus*, est orné de 82 compositions dans le style de l'école des graveurs des Feyerabend. Le frontispice porte la marque H B, qu'on doit attribuer, dans ce cas, à Hans Burgmair. » (Didot, *Cat. rais.*, n° 43. Fort rare. Très bel exemplaire.
</blockquote>

303. LOSSIUS (L.). Historia passionis, mortis, sepulturæ et Resurrectionis Iesu Christi, Interrogationibus & Obiectionibus explicata & Iconibus artificiose expressa. Luca Lossio Luneburgensi autore. *Francofurti, apud Egenolphum,* 1552. In-8, de 15 et 54 pp. — Euangelia quæ consueto more dominicis et aliis festis diebus in Ecclesia leguntur, heroico carmine a Georgio ÆMILIO M. reddita, adiectis breuibus argumentis & Imaginibus artificiose sculptis, etc. *Coloniæ,* 1554. Pet. in-8. En 1 vol. ; mar. rouge, fil., tr. dor. (*Capé*).

<small>Le premier ouvrage, orné de 32 gravures sur bois, est en édition originale. Les 77 figures du second paraissent être de Hans Sebald Beham.</small>

304. Biblia veteris testamenti et historiæ / artificiosis picturis effigiata. Biblische historien / Künstlich Fürgemalet. *Franc. Apud Hermannum Gulffericum,* 1554. — Novi Testamenti Iesu Christi historia effigiata. Vna cum alijs quibusdam Iconibus. Das New Testament vnd Histori Christi / fürgebildet. *Franc. Apud Herm. Gulffericum.* — Apocalypsis S. Ioannis. Die Offenbarung S. Ioannis. *Francofurti excudebat Hermannus Gulffericus,* 1553. 3 part. en 1 vol. pet. in-8 ; mar. La Vallière, jans., tr. dor. (*Belz-Niedrée*).

<small>Bible de Hans Brosamer complète. La première partie (140 pl.) est une copie de la célèbre Bible de Holbein ; la seconde (109 pl.) est une imitation d'Albert Dürer ; la troisième est une imitation de Hans Beham.
Très bel exemplaire, double de la bibl. de Stuttgart.</small>

305. Biblische Figuren dess Alten Testaments, gantz künstlich gerissen durch den weitberümpten Vergilium Solis Maler und Kunststecher zu Nürnberg. (A la fin :) *Gedr. zu Franckfurt am Mayn durch Dauid Zephelium, Iohan. Raschen und Sigmund Feyerabend,* 1562. In-4, obl. ; cart. en bas. rac.

<small>« L'Ancien Testament comprend 102 figures, et le Nouveau, 116, c'est-à-dire 71 de plus que la première édition. La presque-totalité des planches de l'Ancien Testament portent la marque de Virgile Solis, sujets et encadrements ; une seule a la marque du graveur, que Passavant dit être Christophe Schweitzer. La marque de Solis paraît moins souvent dans le Nouveau Testament. Les compositions sont claires, mais sans élévation. Le tirage est excellent. » (Didot, *Cat. rais.,* n° 56.)
Très bel exemplaire.</small>

306. Viellerley wůderbarlicher ∥ Thier des Erdtrichs / Mehrs vnd des ∥ Lufts / allen anfahenden Malern vnd Goldtschmieden

nütz=‖lich / Sampt andern Künstnern. ‖ *Getruckt zu Franck-fort am Mayn bei Cy=‖riaco Jacobi Zum Bart.* ‖ *Anno Domini* 1546. In-4, de 60 ff., sans texte; mar. brun, rich. compart. en or et à fr., tr. dor. (*Hagué*).

« Ce livre présente beaucoup d'analogie avec le *Thierbuch* de Jost Amman qui parut pour la première fois 33 ans plus tard. Dans celui-ci on remarque au commencement et à la fin des portraits d'hommes et d'animaux fantastiques tirés des manuscrits du siècle précédent. » (Didot, *Cat. rais*,, n° 44.)

Superbe exemplaire de ce volume rarissime, non cité.

307. ÆSOPI Phrygis Fabvlæ elegantissimis eiconibvs veras animalium species ad viuum adumbrantes. His accesservnt Ioannis Posthii Germershemii in singulas Fabulas Epigrammata. (A la fin :) *Francoforti ad Mœnvm, apvd Georgivm Corvinum, Sigismundum Feyerabent et hæred. Wigandi Galli*, 1566. Pet. in-8; veau fauve, fil., tr. dor. (*Simier*).

Édition rare et fort recherchée. « Cet ouvrage contient 206 figures sur bois, de Virgile Solis. Une seule porte la marque H H, qui paraît celle du graveur de ces planches. Quelques-unes sont très jolies, et la plupart ne manquent pas de verve. » (Didot, *Cat. rais.*, n° 59.)

Très joli exemplaire.

308. REUSNER. Emblemata Nicolai Reusneri IC. partim ethica, et physica, partim vero Historica, & Hieroglyphica... (A la fin :) *Impressvm Francoforti ad Mœnvm, per Iounnem Feyerabendt, Impensis Sigismundi Feyerabendii. M.DLXXXI* (1581). In-4; mar. La Vallière, fil. à froid, ornem. et tr. dor. (*Lortic*).

Le livre 1er contient 41 emblèmes sur bois au nom de Virgile Solis, dus en partie à des publications antérieures. Le second livre, 39 animaux du *Thierbuch*, de Jost Amman, ou des *Fables* dessinées par Solis. Le troisième, 40 bois extraits des *Métamorphoses*, et décorés du nom d'emblèmes; les livres suivants, 43 fig. de la Bible ou autres de Jost Amman et Solis.

Superbe exemplaire.

### JOST AMMAN.

309. Neuwe Biblische Figuren / desz Alten und Neuwen Testaments / geordnet vnd gestellt durch den fürtrefflichen vnd Kunstreichen Iohan Bockspergern von Saltzburg / den iüngern / vnd nach gerissen mit sonderm fleisz durch den Kunstverstendigen vnd wolerfarnen Iosz Amman von Zürych..... (A la fin :) *Getruckt zu Franckfurt am Mayn durch Georg Raben /*

*Sigmund Feyerabend / vnd Weygand Hanen Erben. M.D.LXIV* (1564). In-4, obl.; veau brun, fil., orn. (*rel. du temps*).

« D'après ce titre, Bocksperger le jeune, de Saltzbourg, aurait dessiné la plus grande partie de ces 133 (et non 130, comme le dit M. Becker) belles gravures, qui ont été retracées (sur le bois) [*nachgerissen*] par Jost Amman, de Zurich..... La première planche porte la marque de Jost Amman. Le tout est exécuté avec soin, et de telle façon que, sans les marques différentes, on croirait que ces planches sortent d'une seule main. » (Didot, *Cat. rais.*, n° 62.)

Première édition. Très bel exemplaire.

310. Bibliorum utriusque Testamenti icones, summo artificio expressæ... *Francofurti ad Mœnum,* 1571. (A la fin :) *Impressum Francofurti, apud Georgium Corvinum, impensis Hieronymi Feyerabend,* 1571. Pet. in-8 ; mar. La Vallière, fil. à fr.; tr. dor.

Les jolies gravures sur bois de ce livre très recherché ont été dessinées en partie par J. Amman (dix-sept portent ses initiales I A). Elles sont au nombre de cent quatre-vingt-seize, et mieux imprimées que celles des typographes lyonnais.

Exemplaire avec de fort belles épreuves, et avec témoins, mais une piqûre de vers dans la marge extérieure traverse le volume. Cet exemplaire porte l'envoi autographe de Conrad Weiss, patricien de Francfort, auteur des quatrains latins qui accompagnent les gravures, à Jérôme Commelin, célèbre typographe d'Heidelberg, originaire de Douai. Une pièce de vers latins adressée au même par le même est écrite au bas de la préface.

311. SCHALLER. Thierbuch / sehr künstliche vnd wolgerissene Figuren / von allerley Thieren / durch die weitberhümten Iost Aman vnd Hans Bocksperger..... in Reimen gestellt durch den Ehrnhafften vnnd wolgelehrten Georg Schallern von München ..... (A la fin :) *Getruckt zu Franckfurt am Mayn / bey Martin Lechler / in verlegung Hieronimi Feierabends,* ..... *M.D.LXXIX* (1579). In-4 ; mar. brun clair, jans., tr. dor. (*Belz-Niedrée*).

Première édition, fort rare. Au second feuillet, d'un côté, l'écusson complet d'armoiries de Feyerabendt, et de l'autre, une bien curieuse gravure représentant le célèbre éditeur assis sur le char de la Renommée, traîné par des écrevisses. Les autres gravures offrent une suite de 109 représentations des animaux les plus remarquables. Plusieurs portent la marque de Jost Amman; elles sont pleines de mouvement et d'esprit.

Bel exemplaire, ayant appartenu à un Erhard Möring, dont les armoiries peintes figurent sur un feuillet à part en tête du volume.

312. Anthologia gnomica. Illvstres vetervm græcæ comœdiæ scriptorvm sententiæ, prius ab Henrico Stephano, qui et singulas Latine conuertit, editæ; Nunc..... collectæ a Christ. Egenolpho Fr..... (A la fin :) *Impressvm Francofvrti ad Mœnvm, apvd Georgium Coruinum, Impensis Sigismundi Feyerabendij*, *M.D.LXXIX* (1579). In-8; mar. brun clair, jans., tr. dor. (*Belz-Niedrée*).

> Volume rare et intéressant, orné de cent soixante-cinq figures accompagnant la plupart un écusson dont les armoiries sont en blanc. Plusieurs planches se répètent; aucune ne porte de marque. Ces planches sont tirées du *Stam und Wapenbuch*, illustré par Jost Amman. Très curieuses pour les costumes.

313. FEYRABEND (S.). Geschlechter Buch : Darinn Der löblichen Kaiserlichē Reichs Statt Augspurg..... (c'est-à-dire : les Patriciens d'Augsbourg) Durch Sigmund Feyrabend / Büchhändler zu Franckfort am Mayn ..... M.D.LXXX (1580). (A la fin :) *Getruckt zu Franckfort am Mayn / in verlegung Sigmund Feyerabends*. Pet. in-fol.; mar. La Vallière, fil. à fr., tr. dor. (*Petit*).

> Ces portraits de chevaliers sont intéressants à cause du blason dont chacun d'eux est accompagné. La première planche porte la marque de Jost Amman. (Pour les marques de graveurs, voir Didot, *Cat. rais.*, n° 72.)
> Exemplaire grand de marges, avec quelques raccommodages.

314. Artliche vnnd Kunstreiche Figuru zu der Reutterey / sampt jrem musterhafftem Geschmuck / Dergleichen nie aussgangen. Jetzt erst durch den Kunstreichen Jost Amon wohnhafft zu Nörnberg gerissen. *Getruckt zu Francfort am Mayn / In verlegung Sigmund Feyrabend*. 1584. (A la fin :) *Getruckt zu Franckfort am Mayn / Bey Martin Lechler / in Verlegung Sigmund Feyrabend. Anno MDLXXXIIII.* In-4 obl., sign. A-Y; mar. vert, fil. à fr. (*Bauzonnet-Trautz*).

> Volume extrêmement rare, non cité au *Manuel*. Bel encadrement au titre. Très curieuse préface de l'éditeur au sujet de la conception et de l'exécution de ce livre destiné aux artistes et aux iconophiles. Les grandes planches, à pleine page, commencent au quatrième feuillet et sont au nombre de quatre-vingt-quatre. Elles représentent des scènes de tournois, des guerriers à cheval, des souverains, des cavaliers et cavalières de divers pays et conditions, etc. Toute cette suite est d'un très grand intérêt pour le costume.
> Notre exemplaire est dans une condition exceptionnelle. L'éditeur a

166        LIVRES A FIGURES SUR BOIS.

d'abord voulu faire tirer ses planches des deux côtés des feuillets, et les cahiers A à C appartiennent à ce tirage d'essai. Il se ravisa ensuite et fit faire tout le tirage aux rectos des feuillets seulement. Dans le tirage définitif, les dix-huit premières planches occupent dix-sept feuillets : le dernier du cahier A, et les cahiers A à E entiers; dans notre exemplaire, les cahiers D et E n'existent pas et seraient inutiles, en raison de la particularité que nous venons d'expliquer. Sauf le premier cahier, tous les autres de notre exemplaire non seulement ne sont point rognés du tout, mais ne sont même pas ouverts. Les épreuves sont splendides.

315. MODIUS (Fr.). Pandectæ trivmphales, siue Pomparvm, et festorvm ac solennivm apparatvvm, conviviorvm, spectacvlorvm...... quot in inaugurationibus, nuptiis..... funeribus..... Imperatorum, Regum, Principumque edita concelebrataque sunt..... (A la fin :) *Impressvm Francofvrtii ad Moenvm apud Iohannem Feyrabend, impensis Sigismundi Feyrabendij. Anno M.D.LXXXVI* (1586). In-fol.; vélin blanc, fil., ornem. (*rel. du temps*).

Cet ouvrage de Fr. Modius se divise en plusieurs parties : la première contient les triomphes chez les anciens; la seconde traite des jeux et des spectacles; la troisième, des pompes funéraires. A la suite se trouvent des relations des solennités pendant le moyen âge, enfin une dissertation sur les joutes, les tournois et les combats singuliers dans toute l'Europe.

« Édition recherchée à cause des jolies figures sur bois de Jost Amman dont elle est ornée; nombre de ces figures portent la marque de ce maître. Becker annonce qu'elles ont déjà servi dans une édition du *Thurnierbuch* de 1566. » (Didot, *Cat. rais.*, n° 83.)

Superbe exemplaire, avec la grande planche du Tournoi, pliée, qui manque souvent, étant très recherchée des iconographes.

316. Wapen vnd Stammbuch darinnen der Keys. Maiest. Chur vnd Fürsten / Graffen / Freyherrn / deren vom Adel / etc. Mit kunstreichen Figuren / durch den weitberühmten / Iosten Amen gerissen / sampt jren Symbolis, vnnd mit Deutschen Reymen geziert..... 1589. *Getruckt zu Franckfort am Mayn in Verlegung Sigmundt Feyerabends.* In-4; mar. brun clair, jans., tr. dor. (*Belz-Niedrée*).

Édition fort rare et non citée d'un livre qui avait d'abord paru en latin sous le titre des *Insignia*, etc. Il est orné de 120 gravures de Jost Amman. Très bel exemplaire.

317. Künstliche Wolgerissene New Figuren von allerlai Jagt vnd Weidwerck / Allen Liebhabern der Maler Kunst / auch Goltschmieden / Bildthawern / etc. Zu Ehren vnd Wolgefallen zu-

gericht / vnd an tag geben / Durch den Kunstreichen vnd Weitberhümbten Jost Ammon. Darzu mit Artlichen Lateinischen Versen / vnd Wolgestelten Teutschen Reimen erkläret / vnd gezieret. *Gedruckt zu Franckfurt am Mayn. M.D.LXXXXII* (1592). (A la fin :) *Gedruckt zu Franckfurt am Mayn / durch Johann Feyrabendt / In Verlegung Sigmundt Feyrabendts Erben.* (Marque de l'éditeur.) *Anno M.D.XCII.* In-4, de 4 ff. prél. et 40 ff. sign. A—K; veau fauve, fil., ornem. à fr.

Seconde édition, fort rare, de cette belle suite de 40 gravures, destinée par Jost Amman à servir de modèles aux artistes. En tête de la préface, datée du 1ᵉʳ septembre 1592, figure le portrait du célèbre éditeur Sig. Feyrabendt. Les planches sont imprimées aux rectos des feuillets, dont les versos sont blancs. A l'exception d'une gravure consacrée à la pêche, toutes les autres nous offrent des scènes très pittoresques, touchant la vénerie et la fauconnerie, ou représentant tous les genres de chasse pratiqués au xvi$^e$ siècle. Quelques planches seulement portent les initiales de Jost Amman; cinq gravures sont signées des initiales des graveurs : C. M., H. S., L. F., M. B.

Très bel exemplaire, de la bibliothèque Van der Helle.

318. Kunstbüchlin / Darinnen neben Fürbildung vieler Geistlicher vnnd Welticher / Hohes und Niderstands Personen / so dann auch der Türkischen Käyser / ..... Alles auff' das zierlichst vnd künstlichst gerissen durch..... Jost Ammon von Nürnberg..... (A la fin :) *Getruckt zu Franckfurt am Mayn / durch Romanum Beatum / in Verlegung Iohann Feyerabends,* 1599. In-4; veau fauve, fil. (*anc. rel.*).

Recueil précieux, rare et curieux, contenant 293 figures sur bois, très habilement dessinées par Amman et tirées de ses différentes publications. C'est une réunion factice de belles planches comme en formaient les éditeurs allemands de cette époque.

### Ingolstadt.

319. APIANUS (P.). Inscriptiones Sacrosanctæ vetvstatis non illæ qvidem Romanæ, sed totivs fere orbis svmmo stvdio ac maximis impensis Terra Mariq; conquisitæ.... *ngolstadii in ædibus P. Apiani, anno M.D.XXXIIII* (1534). In-fol.; peau de truie estampée.

« Premier recueil important publié sur les inscriptions latines en général. Les gravures remarquables sont exécutées par Michel Ostendorfer et M. Weigel donne un spécimen des belles lettres qui ornent cet ouvrage. Voir *Altdeutsches Holzschnitt-Alphabet,* p. 14, et Passavant, III, 313. » (Didot, *Cat. rais.,* n° 94.)

**Mayence.**

320. BREYDENBACH (B. de). Reuerendissimo in xp̄o patri et dn̄o dn̄o ‖ Bertholdo sancte Magūtiñ. sedis Archi‖episcopo Sacri Romani Imperij per ‖ germaniā Archicancellario ac principi ‖ electori dn̄o suo gratiosissimo Bernhar‖dus de Breydenbach dicte ecclesie Ma‖guntineñ. decanus simul et camerarius ‖ obedientiam promptam et deuotā. (A la fin :) *Sanctarū peregrinationū in montem Syon ad venerandū xp̄i se‖pulcrū in Ierūsalem. atq3 in montē Synai ad diuā virginē et matirē* (sic) ‖ *Katherinā opusculum hoc cōtentiuū p Erhardū reüwich de Traiecto ‖ inferiori impressum In ciuitate Moguntina Anno salutis. M.cccc.‖lxxxvj.* (1486) *die. xj. februarij fīnit feliter* (sic) (1487 n. st.). In-fol., goth.; mar. fauve, riches comp. et orn. à froid, tr. dor. (*Lortic*).

Première édition latine des voyages de Breydenbach à Jérusalem, ornée d'un beau frontispice et de seize planches gravées sur bois, dont sept cartes pliées. Ouvrage d'une haute importance pour l'histoire de la gravure sur bois.

Exemplaire de toute beauté, presque non rogné.

321. Bambergische Halszgerichts ‖ vnd rechtlich Ordenung in peynlichē sachen... (A la fin :) *Getruckt zu Mentz durch Iohannem Schöffer auff Symonis vn̄ Iude‖im Iar do man zalt nach geburt cristi fünffzehenhundert vn̄ acht iare* (1508). In-fol., goth., de 52 ff.; vél.

« Ouvrage curieux au point de vue de la typographie et de la gravure sur bois. On y rencontre dans les sommaires le caractère de la Bible de 42 lignes, et dans la première ligne du titre celui du Psautier de 1457. Les gravures, au nombre de 22, dont plusieurs de la grandeur des pages, sont intéressantes pour l'histoire de la procédure criminelle et des mœurs du temps. L'une des grandes planches offre une scène d'intérieur, où l'on voit représenté un repas. L'usage de la fourchette étant encore inconnu à cette époque, on voit une femme mangeant avec ses doigts, d'autres jouent aux cartes, et sur la tête d'un des personnages on voit une épée suspendue; allusion peut-être à l'épée de Damoclès. Une autre planche représente une assemblée de juges qui tous, ainsi que le président, ont un bandeau sur les yeux et des oreilles d'âne. » (Didot, *Cat. rais.*, n° 99.)

Bel exemplaire de ce livre rare, non cité au *Manuel*.

322. ÉRASME. Herr Erasmus von Ro=‖terdam verteutschte auszlegūg über ‖ disen spruch Christi... *Sie thun alle ire werck ‖ das sie von den menschen ‖ gesehen werden...* S. l.

(*A la fin :*) M. *vc. xxi* (1521). Pet. in-4, de 4 ff., dont 1 bl.; bas. orange, fil., tr. dor.

> Opuscule fort rare. Beau frontispice finement gravé sur bois portant l'écusson et le monogramme de Jean Schœffer. Superbe exemplaire.

**Munich.**

323. **GEYLER VON KEISERSBERG** (J.). Das ist der Passion so ‖ der durchleüchtig herr iohann Geyler von ‖ Kaisersperg… seinen Kinden daselbs hat geprediget… (*A la fin :*) *Gedruckht vnd volenndet / in der Fürstlichen Statt München ‖ durch Hannsen Schobsser… mdxvj* (1516). In-fol., goth., de 14 ff.; mar. rouge, fil. à fr., tr. dr.

> « Cette plaquette contient 25 gravures sur bois de rassortiment. On y rencontre une planche représentant Lucifer et les princes de l'Enfer, et deux autres qui avaient figuré à Strasbourg, en 1514, dans une édition du même livre, *Der Passion in Form eins Gerichthandels*, sans nom d'auteur, et imprimée par Grüninger [voir plus bas, n° 340]. Cette seconde édition est plus complète que la première. » (Didot, *Cat. rais.*, n° 103.)
> Très bel exemplaire.

324. **MYLLERUS** (J.). Ornatus ecclesiasticus, hoc est : compendium præcipuarum rerum quibus quævis rite decenterque compositæ ecclesiæ exornari ac redimiri debent, latine et germinace… conscriptum a Jacobo Myllero. *Monachii, ex officina typographica Adami Berg*, 1591. In-4 ; vél. blanc.

> « Ce volume est divisé en deux parties, l'une en latin, l'autre en allemand. Celle-ci contient des planches largement exécutées, qui représentent les principaux ustensiles d'orfèvrerie religieuse, reliquaires et ornements d'autel à l'époque de la Renaissance. » (Didot, *Cat. rais.*, n° 104.)

**Nuremberg.**

325. **CELTES** (C.). (Conradi Celtis Protvcii germani poetæ laureati, De Origine, situ, moribus et institutis Norimbergæ. (Au v° de l'av.-dern. f. :) *Absoluta sunt hæc C. C. [Conradi Celtis] opa in Vienna Domicilio Max. Augusti Cæsa. Anno M. D. noui seculi II.* (1502). *kalē. Febru. Impressa autem Noribergæ eiusd'. anni Nonis Aprilibus. Sub priuilegio Sodalitatis Celticæ*….. Gr. in-4; veau antiqué, riches compart., tr. dor. (*Hagué*).

> C'est la seconde partie de l'ouvrage de Celtes : *Quatuor libri amorum*

que nous avons longuement décrit sous le n° 341 de notre catalogue de 1879. En tête se trouvent neuf pages de figures appartenant à la première partie et *tirées hors texte*, telles que le titre, les vues des quatre villes (Cracovie, Ratisbonne, Mayence et Lubeck), Apollon poursuivant Daphné, et deux gravures qui ne se trouvaient pas dans l'exemplaire décrit, représentant l'une le Mont Parnasse, l'autre les Neuf Muses, entourant un médaillon au milieu duquel on voit Jupiter, Phébus, Apollon et le cheval Pégase. Enfin vient la planche des Dieux de l'antiquité.

Le texte commence par la signature *m*, par un frontispice avec trois écussons; au verso, une vue à vol d'oiseau de Nuremberg. A la fin de ce traité, une belle gravure représentant *S. Sébald*, patron de Nuremberg.

A la suite, après l'hymne en l'honneur de ce saint, vient la comédie mythologique jouée devant l'empereur Maximilien à Linz : *Ludus Dyanæ*, et les autres pièces, comme dans l'exemplaire décrit. Le volume est terminé par la gravure, répétée, ayant pour sujet *Apollon poursuivant Daphné*. Toutes les gravures sont coloriées, sauf la dernière.

Superbe exemplaire, presque non rogné.

#### ALBERT DÜRER et HANS BURGMAIR.

326. Stellarium Corone benedicte virginis Marie in laudem eius p singulis predicationibus elegantissime coaptatum. (A la fin :) *Impressum denuo per prouidum virum Ioannē Stuchs. Sumptibus honesti viri Anthoni Kobergers ciuibus Nurenbergeñ. Anno... millesimo quingentesimo decimo octauo (1518) die v'o vigesima quinta Mensis Decembris.* In-fol., goth., à 2 col., de CIX ff. ch. et 4 ff. non ch.; cart. en vél.

« Ouvrage non décrit au *Manuel*. Le titre présente un très bel encadrement composé de quatre planches réunies. C'est un des rares spécimens d'ornementation typographique exécutés par DÜRER pour un éditeur. Le listel supérieur offre S. Jean écrivant l'Apocalypse, celui du bas le baptême du Christ, le troisième à gauche le Triomphe de la Mort et le quatrième les Terreurs de la mort. Pour la description d'un état précédent de cette pièce, voir le texte de l'*Essai*. Elle est d'une fine exécution, bien tirée et bien conservée dans le présent volume. » (Didot, *Cat. rais.*, n° 118 *ter*.)

327. La Passione di N. S. Giesu Christo d'Alberto Durero di Norimberga. Sposta in ottaua rima dal R: P. D. Mauritio Moro. *In Venetia, appresso Daniel Bissuccio*, 1612. In-4, de 42 ff.; veau fauve, fil., tr. dor.

Cette édition présente le quatrième état de la *Petite Passion* de Dürer, publiée à Nuremberg. Elle contient 37 figures, parce que la planche 15° est doublée.

328. Triomphe de l'empereur Maximilien. In-fol. obl., en feuilles, dans un étui.

> Très bel exemplaire, contenant cent dix planches de Hans Burgmair, du second tirage (on ne connaît que trois exemplaires du premier tirage). Les banderoles, destinées à recevoir des inscriptions (qui n'ont jamais été faites), sont ici imprimées en noir, tandis qu'elles paraissent en blanc dans le tirage postérieur, celui de l'édition de 1796. La pagination, en chiffres d'une *grosseur moyenne*, se suit régulièrement depuis 1 jusqu'à 111 inclusivement, sauf les numéros 54 à 56 qui n'ont jamais existé dans ce tirage. La planche 79 n'a pas de numéro; celle du n° 88 est en double.
>
> Notre exemplaire contient en outre quatre planches qui correspondent aux n°s 89, 95, 97 et 100 de la première série de l'édition de 1796; elles sont d'un tirage antérieur et se rencontrent bien rarement en cet état. Trois d'entre elles n'ont pas de numéros; une seule porte le n° 95.
>
> Ces quatre planches, qui représentent des chars, dont trois sont mus par d'ingénieux mécanismes, appartiennent au nombre de celles qui ont été reconnues, par le savant conservateur de la collection Albertine de Vienne, M. Thausing, pour être d'ALBERT DÜRER. En effet, par leur caractère tout particulier et par leur style grandiose, elles se distinguent complètement des autres et ne peuvent être attribuées qu'au plus grand artiste de l'Allemagne. Celle du n° 89, représentant, sur un char, *Venise en deuil*, accompagnée du lion de saint Marc, appartient, selon M. Thausing, « aux plus nobles conceptions de l'art allemand » (M. Thausing, *Dürer;* Leipzig, 1876, gr. in-8°; p. 392).
>
> En somme, cet exemplaire est du nombre de ceux qu'on peut considérer comme exceptionnels. Les épreuves en sont bien supérieures à celles de l'édition de 1796.
>
> Voir sur cette remarquable suite à tant de points de vue, A. Firmin-Didot, *Catalogue raisonné*, n° 131, et E. Vinet, *Bibliographie des Beaux-Arts*, n° 655.

329. TREITZSAURWEIN (M.). Der Weisz Kunig, eine Erzehlung von den Thaten Kaiser Maximilian des Ersten, von Marx Treitzsaurwein, auf dessen angeben zusammengetragen nebst den von Hannsen Burgmair dazu verfertigten Holzschnitten. *Wien, auf Kosten Joseph Kurzböckens*, 1775. In-fol., de 307 pp. et 237 grandes grav.; demi-rel. dos et coins de mar. rouge (*Hardy*).

> « Cet ouvrage, commencé [à Nuremberg] sous la direction de Maximilien, n'ayant pu être achevé de son vivant, n'a vu le jour qu'en 1775. Les gravures qu'il contient sont des plus intéressantes comme offrant un spécimen complet des productions de l'école de *Formschneider* que cet empereur avait suscitée. » (Didot, *Cat. rais.*, N° 133.)

### LUCAS DE CRANACH LE VIEUX.

330. Beschwerung der Alten Teüfe‖lischen Schlangen mit dem ‖ Götlichen wort (Exorcisme des anciennes couleuvres diaboliques au moyen de la parole de Dieu). (A la fin :) *Gedrückt zü Nüremberg durch Hansz Herrgot / im Iar* M.D.XXV (1525). In-4, goth.; demi-rel. mar. La Vallière.

« Ouvrage de polémique luthérienne émané d'un des réformateurs de la première période. Il contient 10 gravures sur bois très expressives, bien dessinées mais gravées d'une manière un peu rude. On y sent l'influence de l'école de Dürer. C'est une addition précieuse à la liste donnée par Passavant, t. IV, p. 8. » (Didot, *Cat. rais.*, N° 127 ter.)

### Oppenheim.

331. (PHILIPPI [de Barberii].) Opvscvlvm de ‖ vaticiniis si‖billarvm. (A la fin :) *Impressum Oppenheim.* S. d. Pet. in-4, de 17 ff.; mar. La Vallière, comp., tr. dor. (*Lortic*).

Opuscule rare, orné de 13 figures sur bois qui sont des copies en sens inverse de celles de l'édition de Rome, publiée par Lignamine.

### Pfortzheim.

332. (Memorabiles Euangelistarum figuræ. *Phorcæ.*) 1502. Pet. in-4, de 18 ff. (le dern. blanc); cart. en vél.

« Ce livre singulier et rare est, pour ses 15 figures à pleine page, une copie d'un manuscrit qui a servi de modèle à l'*Ars memorandi* xylographique. Le premier f. commence par l'*Hexastichon Sebastiani Brant in memorabiles euangelistaȝ figuras*. Au r° du 2° f. se lit un avis de Georgius Relmisius, éditeur de cet opuscule, dans lequel il explique l'usage des vers latins du moine Pierre Rosenheim (Simler), placés en regard de chaque planche et se rapportant aux chiffres des figures..... Le verso du dern. f. contient une *peroracio* dans laquelle l'imprimeur se nomme de cette manière : *Ista tibi Tohmus* (sic) *Phorcēsis, cōgnomento Anshelmi tradidit*. Cet avis est terminé par le mot : *Vale*, suivi de la date 1502. Autant les gravures de l'édition xylographique sont grossières, autant celles de la présente édition sont bien dessinées et habilement gravées. Elles offrent tous les caractères des meilleures gravures de Lucas de Cranach l'Ancien. » (Didot, *Cat. rais.*, n° 147 bis.)

Très bel exemplaire, avec témoins; tirage de planches excellent. De la bibliothèque Desq.

### Siemern.

333. RÜXNER (G.). Thurnier-Buch. *Getruckt zu Franckfurt am Mayn / im Jar* M. D. LXVI. (A la fin :) *Dis Buch ist gedruckt in*

OUVRAGES EN TOUT GENRE.     173

*verlegung Hieronimi Rodlers...... zu Siemern / vnd volendt vff den letsten tag des Monats Octobris / nach Christi geburt / Funffzehenhundert vnd im dreissigsten jare* (1530). In-fol., goth.; cart.

> « Malgré la date de 1566 qui se trouve sur le titre, c'est bien la première édition du Turnier-Buch, de 1530, comme l'indique du reste la souscription. Les compositions, qui ne portent aucune marque, se rapprochent pour le style de celles des graveurs de Nuremberg. Ce livre a été imprimé au château de Siemern par Rodler, secrétaire du grand-duc Jean de Bavière. Il présente le plus grand intérêt pour l'histoire généalogique des familles allemandes, parce que presque toutes ses pages donnent les noms des seigneurs qui ont figuré dans les tournois de cette époque, ainsi que leurs blasons. Cette première édition présente cet avantage que les noms propres des seigneurs n'y sont pas latinisés. » (Didot, *Cat. rais.*, N° 149.)

334. RÜXNER (G.). Anfang ursprūg‖vnd herkomē ‖ des Thurniers inn Teut‖scher nation.... (A la fin :) *Dis Buch ist gedruckt in verlegung Hieronymi Rodlers..... zu Siemern und volend vff den dritten Tag Augusti..... Fünfftzehenhundert vnd im Zweyunddreissigsten iare* (1532). In-fol., goth.; mar. vert, fil., tr. dor. (*Thompson*).

> Deuxième édition du *Turnierbuch*. Très bel exemplaire.

### Strasbourg.

335. LOCHER (J.). Libri philomusi (Jacobi Locher). Pane‖gyrici ad Regē. Tragediā ‖ de Thurcis et Suldano. ‖ Dyalog' de heresiarchis. (A la fin :) *Actum Argentine per Magistrum Iohannē Grüninger*, 1497. In-4, de 62 ff.; veau fauve, fil., tr. dor. (*Simier*).

> « La tragédie sur les Turcs est tout à fait curieuse. Le chœur est représenté dans les gravures par de jeunes enfants complètement nus et déchiffrant une partition, tandis que le Pape, l'Empereur et le Sultan sont représentés sous des costumes assez bien appropriés. Il y a dans ces vingt figures un certain art que ne semble pas comporter encore l'époque de la publication. On commence à y voir paraître le style de dessin particulier à l'école de Strasbourg. » (Didot, *Cat. rais.*, n° 152.)

336. BRANDT (Séb.). Stultifera Nauis. Narragonice pfectiōis per Sebastianum Brāt : vernaculo vulgariqʒ sermōe & rythmo... nup fabricata : Atqʒ iā pridem Per Iacobū Locher cognomēto Philomusum : Sueuū : in latinū traducta eloquiū : & per

Sebastinū Brant : denuo seduloqʒ reuisa.... (Au vº du f. 114, avant la table : ).... *Impssū in ĩpiali ac vrbe libera Argētina per magistrū Ioannē gruningē. Anno... M.ccccxcvij* (1497) *Kalēdis Iunij*. Pet. in-4, de 116 ff.; veau racine (*anc. rel.*).

<blockquote>
Édition rare, publiée trois mois après l'édition originale (celle de Bâle) de la traduction latine du singulier poème allemand de Brandt. Elle est ornée de gravures sur bois au même nombre (cent dix-huit, y compris celle du titre), contrairement à ce qu'il en est dit au *Manuel*, mais d'une composition différente et inférieure; quelques-unes se répètent.

Très bel exemplaire.
</blockquote>

337. **HORATII** flacci Uenusini. Poete lirici opera cū quibusdam Annotatōib' Imaginibusqʒ pulcherrimis aptisqʒ ad Odarū concētus z sentētias. (A la fin, avant la table :) *Elaboratum... in... urbe Argentina opera et impensis Iohānis Reinhardi cognomēto Gūrninger* (sic)... *q̃ito idus Marcii*... 1498. In-fol.; mar. de Venise, ornem. à froid, tr. dor. (*Lewis*).

<blockquote>
Édition fort rare, ornée d'un grand nombre de figures sur bois, dont une partie avaient figuré dans le Térence de Grüninger de 1496.

Exemplaire grand de marges. Les ff. de table sont en mauvais état.
</blockquote>

338. **TERENTIUS** cū Directorio Vocabulorū Sententiarū artis comice Glosa ĩterlineali. Com̃etariis Donato Guidone Ascensio (*sic*). (A la fin :) *Impressum in... vrbe Argentina per Ioannen* (*sic*) *Grūninger*... 1499, *tertio ydus Februarii*. In-fol.; mar. rouge, fil., tr. dor. (*anc. rel.*).

<blockquote>
Deuxième édition de Grüninger avec les figures de celle de 1495. L'exemplaire est un peu court dans la marge du haut. La première planche, qui occupe la page entière, représente un théâtre.
</blockquote>

339. **VIRGILIUS.** Publii Virgilij marōis opera. (A la fin :) *Impressum regia in ciuitate Argentēn ordinatione : elimatione : ac relectōne Sebastiani Brant : operaqʒ... Johannis Grieninger*... 1502. In-fol.; veau fauve, fil., compart. à froid.

<blockquote>
Édition ornée de 217 figures, dans le style ordinaire des gravures de Grüninger : plusieurs sont de la grandeur des pages. Celle du titre représente Virgile couronné par Calliope. Bel exemplaire de ce livre recherché. Racc. au dern. f. et qq. piq. de vers.
</blockquote>

340. (**GEYLER VON KEISERSBERG.**) Das ist der Passion ∥ in form eins gerichthädels darin ∥ Missiuē Kauffbrieff Urtelbrieff ∥ vnd and's gestelt sein/ kürtzweillig vn̄ nütz zū lesen. (A la fin :)

... *getruckt zu Straszburg durch Iohannem Grüninger im iar des Herrē Iesu christi M.D.xiiii* (1514) *uff sant gertruten tag*. In-fol., goth., de 26 ff.; mar. rouge, tr. dor.

> Édition rare, ornée de 21 gravures sur bois curieuses, dont la 7ᵉ (*Judas*) porte la marque V. G. Ces planches, qui toutes ont le style de Strasbourg, sont entièrement différentes de celles de Wechtlin que Knoblouch publia en 1508.

341. GEYLER VON KEISERSBERG. Doctor Keiserszbergs Postill : ‖ Ober die fyer Euangelia durchs jor / sampt dem Quadragesimal / vnd von ‖ ettlichen Heyligen / newlich vszgangen. (A la fin :) *Getruckt / vnnd seligklich vollendt durch Ioannem Scholl zu Straszburg... Anno Christi M.D.xxij* (1522). In-fol., goth., mar. La Vallière, compart. à froid, ornem., tr. dor. (*Lortic*).

> « Ce volume contient 129 figures dont 26 de la grandeur des pages. Parmi ces dernières plusieurs avaient déjà paru dans les ouvrages précédents du même auteur. Il est probable que plusieurs de ces grands bois ont été dessinés par le maître V. G. » (Didot, *Cat. rais.*, nº 173.)

342. GUALTHERUS. Alexandri Magni Regis Macedonum vita. Per Gualtherum Episcopum Insulanum heroico carmine elegantissime scripta. (A la fin :) *Renatus Beck ciuis argentinensis impressit anno* 1513. In-4, sign. a-t ; cart.

> Poème célèbre sur Alexandre le Grand, par Gautier de Châtillon, évêque de Lille.
> « Édition rare, publiée par J. Adelphus. Le frontispice est gravé sur bois, et imprimé en camaïeu à deux teintes. C'est peut-être le frontispice en camaïeu le plus ancien que l'on connaisse. » (Didot, *Cat. rais.*, nº 177.)

343. Novi Testamenti D. Erasmi Roterodami æditio postrema. (A la fin :) *Argentorati, expensis Iosiæ Rihelii et Samuelis Emmelii*, 1559. In-8 ; mar. viol., fers à froid, orn., tr. dor. (*Lortic*).

> « Les nombreuses vignettes sur bois de ce volume ne sont pas également bonnes. Il paraît même qu'on y aurait adapté, en quelques endroits, d'anciens bois médiocres et fatigués. On a ajouté à la fin de cet exemplaire vingt-quatre figures contrastées de l'*Antithesis*, remontées habilement. » (Didot, *Cat. rais.*, nº 186.)

344. REUSNER (N.). Icones sive imagines virorum literis illustrium... Ex secunda recognitione Nicolai Reusneri Ic. curante

Bernhardo Iobino. *Argentorati*, 1590. — Icones sive Imagines clarorum virorum Græciæ et Italiæ, cum Elogiis diversorum Autorum… *S. l. n. d. (Basileæ, Valdkireh,* 1589). — Icones aliquot clarorum virorum Germaniæ, Angliæ, Galliæ, Ungariæ, cum Elogiis et parentalibus factis Theodoro Zvingero… *Basileæ, Apud Conr. Waldkirch,* 1589. 3 part. en 1 vol. in-8; mar. rouge, jans., tr. dor. (*Hardy*).

Deuxième édition de ce beau recueil de cent portraits des érudits du xvi° siècle, d'après Tobias Stimmer, et publiés par l'éditeur-graveur B. Jobin. Le second ouvrage, divisé en deux parties, et dépourvu du titre général et des pièces préliminaires, offre 92 portraits, empruntés en partie à l'ouvrage de P. Jovius (*Elogiæ*), et dont le dessin est également de T. Stimmer [voir plus loin, n° 375]. On y trouve les portraits des savants français : Budé, Ramus et Dolet.

### Ulm.

345. CAOURSIN. Guillelmi Caoursin Rhodiorum vicecancellarii obsidionis Rhodie Urbis descriptio. (A la fin :) *Impressum Ulme p Ioannē Reger. anno D.* 1496, *die* 24 *oct.* In-fol., goth.; mar. bleu, fil., tr. dor. (*Duru*).

Première édition de cette célèbre relation du siège de Rhodes. Elle est ornée de trente-six gravures sur bois de la grandeur des pages. Le dessin est remarquable, mais l'exécution en est rude.

Superbe exemplaire.

### Vienne.

346. HERBERSTEIN (S. zu). Moscouia der hauptstat in Reissen durch Herrn Sigmunden Freyherrn zu Herberstain. *Getruckht zu Wienn in Osterreich durch Michael Zimmerman in S. Anna Hof,* 1557. In-fol., goth.; demi-rel. dos et coins de mar. bleu. (*Thompson*).

Première et rare édition du texte allemand, publiée par l'auteur luimême. Les gravures de celle-ci sont fort curieuses pour l'histoire des mœurs et du costume des Moscovites au xvi° siècle.

### Wittemberg.

LUCAS DE CRANACH LE VIEUX.

347. LUTHER (M.). Ain Sermõ von dem ∥ vnrechten Mammon. Luce am xvi. ∥ D. M. Luther. Anno M.D.XXII. (1522). *S. l.* (*Wittemberg*). In-4, goth., de 6 ff.; demi-rel. mar. La Vall.

Opuscule fort rare. En tête un très beau portrait de Luther en habit de moine de l'ordre de S. Augustin avec la tonsure. Sur les piliers la date de 1520.

348. **LUTHER (M.).** Eyn Sermon auff den Pfingstag. Mart. Luther. *Wittemberg*, 1523. In-4, goth., de 12 ff.; demi-rel. mar. La Vallière.

    Opuscule fort rare. Un frontispice dessiné très probablement par Cranach.

349. **LUTHER (M.).** Sermon. An dem ‖ xxiij Sontag ‖ nach Pfing= ‖ sten. ‖ Mar. Luther. ‖ *Vuittemberg*. In-4, goth., de 12 ff., dont 1 bl.; demi-rel. mar. La Vallière.

    « Opuscule fort rare. Le frontispice représente un guerrier couché. Des anges lui rendent des soins et s'efforcent de l'entraîner. Au bas de l'estampe, 23, qui signifie probablement 1523. » (Didot, *Cat. rais.*, n° 195[4].)

350. **MÉLANCHTHON (Ph.).** Ein Kurtzer be ‖ gryff der ernewten Chri ‖ stenlichen / leer an den ‖ Durchleuchtigen Fürsten Lang ‖ graffen zu ‖ Hessen. ‖ Philipp Melanchthon. *S. l.* (*Wittemberg*), M.D.xxiiij (1524). In-4, de 11 ff.; demi-rel. mar. La Vallière.

    Le frontispice est de Lucas Cranach.
    (Ce numéro et les trois précédents pourront être réunis au gré de l'expert.)

351. Antithesis figurata vitæ Christi et Antichristi. *S. l. n. d.* In-4, sign. A-c.; veau fauve, riches compart., tr. dor. (*Hagué*).

    Édition non citée au *Manuel*, et la première sous le titre d'*Antithesis*. Ce sont les vingt-six compositions contrastées de Lucas de Cranach, qui avaient paru vers 1521 sous le titre de *Passional Christi und Antichristi* avec le texte latin. Selon Nagler, ces planches ont été commandées à Lucas de Cranach par Luther vers 1521. Elles sont pleines de verve, d'esprit et de passion.

352. **REGIUS (U.).** Eine vnge ‖ hewre wunder ‖ barliche Absolution / der Closter ‖ frawen im Fürstenthumb Lü ‖ neburg / mit ihrer auslegung / durch Urbanum Regium. Superattendentem daselbst.... *Wittemberg*. (A la fin :) *Gedruckt zu Wittemberg durch Georgen Rhaw*, 1532. Pet. in-4, goth., de 36 ff.; demi-rel. mar. La Vallière.

    « En tête un beau frontispice représentant David perçant Goliath, avec un monogramme qui ne laisse aucun doute sur la participation de Cranach l'Ancien à l'illustration des pamphlets religieux publiés à cette époque dans la ville de Wittemberg. Un alphabet avec figures tout à fait du même style se voit en partie dans cet opuscule et paraît également dû à Cranach. » (Didot, *Cat. rais.*, n° 195⁵.)

353. **Jesus mit den Aposteln** in xiv Holzschnitten von Lucas Cranach... In-fol., contenant 14 pl. sur bois. *S. l. n. d.;* demi-rel. percal. noire.

> Une des suites les plus importantes gravées d'après Cranach. Voyez Bartsch, t. VII, p. 281, n°ˢ 23-36.

### LUCAS DE CRANACH LE JEUNE.

354. Warhaffte Bildnis etlicher Hochlöblichen Fürsten und Herren welche zu der Zeit da die heilige Gotliche Schrifft so durch Menschen satzungelange verdunckelt gewesen. *Gedruckt zu Wittenberg durch Gabriel Schnellbotz*, 1562. In-4 ; cart.

> « Suite de 17 portraits sur bois des princes régnants de Saxe, dessinés dans le genre de Dürer et de Holbein, et habilement gravés. Cinq d'entre eux portent la marque de Lucas de Cranach (Bartsch, t. VII, p. 296). » (Didot, *Cat. rais.*, n° 203.)

355. Abcontrafactur vnd Bildnis aller Gross Hertzogen / Chur vnd Fürsten / welche vom Iahre nach Christi geburt 842 bis auff das jetzige 1599 Iahr / das Land Sachssen löblich vnd christlich regieret haben... *Wittenberg, gedruckt durch Lorentz Seuberlich*, 1599. In-fol.; cart.

> Suite remmargée, composée d'une cinquantaine de portraits des princes et électeurs de Saxe, fort bien dessinés. Quelques-uns portent la marque de Cranach, d'autres la date 1565. Il sont coloriés par un habile enlumineur qui a signé *Georges Mack*, 1627.

### B. — Pays-Bas.

#### Anvers.

356. Dit es d̄ leūe ons ‖ liefs Heren Ihesu cristi... (La Vie de notre Seigneur Jesus-Christ, en flamand.) (A la fin :) ... *gheprent ... in... Antwerpen... Bi mi Henric Eckert van Homberch. Int iaer ons heren. M.CCCCC. ende XXI.* (1521). *den. xxvij. dach in April.* In-fol., goth.; bas. brute.

> Ce volume précieux contient de nombreuses gravures sur bois très curieuses, beaucoup plus anciennes que la date du livre et tout à fait dans

le style des xylographes hollandais. Elles sont recouvertes d'une enluminure du temps. Exemplaire *grand de marges*, mais avec des mouillures, le feuillet du titre doublé et des restaurations à qq. ff.

357. **BRONTIUS.** Libellus compendiariam, tum virtutis adipiscendæ tum literarum parandarum rationem perdocēs... authore Nicolao Brōtio, Duacensi. Adiecta sunt ab eodē carmina, facilē studendi Iuri modū tradentia. (A la fin :) *Antverpiæ, apvd Simonem Cocum, An. M.D.XLI.* (1541). Pet. in-8, de 50 ff.; mar. violet, fil. à fr., milieu en mosaïque, tr. dor.(*Lortic*).

Volume peu commun, orné de 22 curieuses gravures sur bois de rassortiment et plus anciennes que la date du livre.

358. **LA MARCHE** (Olivier de). El Cavallero determinado traduzido de lengua francesa en castellana por Don Hernando de Acuña, y dirigido al Emperador Don Carlos Quinto Maximo Rey de España, nuestro señor. *En Anuers, en casa de Iuan Steelsjo*, 1555. Pet. in-8; vélin bl.

Deuxième édition, fort rare, de la traduction espagnole du célèbre poème intitulé *le Chevalier délibéré*. Ce poème retrace, sous une forme allégorique, le voyage à travers la vie et la lutte contre la mort d'un chevalier intrépide qui est Charles le Téméraire, duc de Bourgogne, à la fortune duquel de La Marche était fidèlement attaché.

Cette seconde édition est conforme à la première (de 1553) et contient les mêmes gravures, au nombre de vingt, de la grandeur de la page. Elles ont été gravées par Antoine Bosch, dit *Silvius*, artiste belge d'un talent supérieur, dont elles portent aussi la marque. Quel a été le dessinateur de ces planches? On ne saurait le préciser. La première porte un monogramme assez compliqué, d'un artiste dont le nom n'est pas encore bien connu. Bartsch l'attribue à Lambert Lombardus, surnommé Suterman, que Vasari et Giucciardini qualifient de peintre distingué et de grand architecte. Quelques écrivains, entre autres Sandrart, l'ont confondu avec son beau-frère et élève Lambert van Svaaf, dit *Suavius*, excellent graveur et bon architecte. Ils étaient tous deux originaires de Liège.

Très bel exemplaire.

359. Lebendige bilder gar nach aller Keysern, von C. Ivlio Caesare, bisz avff Carolum V. vnd Ferdinandvm seinem brvder, avsz den alten Medalien... contrafhet... dvrch Hvbertvm Gholtz von Wirtzbvrg Maler zv Antorff. (A la fin :)... *In Anttorff... fur Hubertum Gholtz... in Ægidii Copenij Diesthemij Truckerey...* 1557. In-fol.; demi-rel. mar. La Vallière.

Cette édition originale avec texte allemand, extrêmement rare et non citée au *Manuel*, contient 157 portraits gravés sur bois par le célèbre Hubert Goltzius, et imprimés en camaïeu à trois planches. Beau frontispice.

360. Le Nouueau Testament de nostre Seigneur Iesus Christ, traduict de Latin en François par les Theologiens de Louuain. *A Anvers, de l'imprimerie de Christofle Plantin,* 1573. In-16 ; veau fauve.

> Le dernier feuillet porte : *Imprimé à Anvers, par Chr. Plantin l'an* 1570, ce qui indique qu'il aurait peut-être donné une édition à cette date. Les nombreuses vignettes de ce joli volume sont d'un dessin très savant. L'exécution en est très habile et plus fine que celle des *Quadrins* de Bernard Salomon. Ces charmantes compositions, au nombre de 173, sont du dessin de Pierre van der Borcht et gravées par Assuérus van Londerseel.
> L'exemplaire a des piq. de vers.

361. NICOLAY (Nic. de). Les Navigations, peregrinations et voyages faicts en la Tvrqvie par Nicolas de Nicolay... Le tout distingué en quatre livres... Auec soixante figures au naturel tant d'hommes que de femmes.... Auec plusieurs belles et memorables histoires, advenues en nostre temps. *En Anvers, M.D.LXXVII* (1577), *par Guillaume Silvius.* Pet. in-4 ; mar. brun, fil. à fr. (*anc. rel.*).

> Ouvrage intéressant. Bonnes planches de costumes sur bois au nombre de 60, encadrées de bordures. La première et plusieurs autres portent le monogramme de l'excellent graveur Londerseel. Van der Borcht a fait les dessins.
> Très bel exemplaire, sauf une marge rapportée au titre.

362. HUGO (H.). Pia desideria emblematis, elegiis et affectibus ss. patrum illustrata, authore Hermanno Hugone, societatis Iesu. *Antverpiæ, typis Henrici Aertsenii,* 1628. In-16 ; mar. rouge, fil., tr. dor. (*anc. rel.*).

> « Christophe van Sichem a voulu reproduire sur le bois les charmantes figures sur cuivre de Boèce de Bolswert. Sauf ses fleurons, qui sont originaux et très jolis, cette tentative montre l'impossibilité pour le xylographe de rendre l'effet des travaux de taille-douce. » (Didot, *Cat. rais.*, n° 240.)
> Très joli exemplaire, bien relié.

**Delft.**

363. (LUDOLPHE DE SAXE.) Een notabel boec van dē leuuen

ons heerē Ihesu Christi (A la fin :)... *Ghepreyndt te delff in hollāt Int ōs herē M.CCCC ende .lxxxviij*. (1488). *Den xxij dach van Meye*. In-fol., goth., à 2 col., de 306 ff.; demi-rel. v. br.

« Ce volume rare contient 143 gravures représentant les scènes de la vie du Christ. Quelques-unes se répètent. Elles ne sont pas inférieures à celles que l'Allemagne produisait à la même époque et, quoique exécutées assez grossièrement, se ressentent du style de Martin Schön. » (Didot, *Cat. rais.*, n° 246 *bis*.)

Ce précieux volume, non cité au *Manuel*, sort d'un imprimeur anonyme, dit le typographe à *la Licorne*.

Bel exemplaire, sauf qq. racc.

### Harlem.

364. **OTTO VAN PASSAU.** Der guldin tron (le Trône d'or). (A la fin :) *Bider gracien gods so is dit boec geprent ende voleynt in die stat vā herlem Int iaer ons heren. M.CCCC. eñ lxxxiiij* (1484). *Op sinte crijspijn eñ crispi aens dach*. In-4, goth., à 2 col.; veau brun.

« Édition fort rare de cet ouvrage ascétique, tiré de l'Apocalypse, et composé par Otto van Passau. C'est le troisième ouvrage imprimé à Harlem et le second où figurent des gravures sur bois... Le sujet des planches du *Guldin Tron* est presque identique pour toutes les figures, qui présentent entre elles beaucoup d'analogie. Les caractères d'impression sont les mêmes que ceux employés par Bellaert dans la même ville pour le *Bartholomeus* de 1485. On voit la marque de cet imprimeur au fol. 141 et dernier. » (Didot, *Cat. rais.*, n° 247.)

Très bel exemplaire, avec les figures coloriées et les grandes initiales peintes à la main.

### Louvain.

365. (**ROLEWINCK,** Wernerus.) Fasciculus temporum. (A la fin :) *Impressa ē hec p̄sens cronica... in vniu'sitate lovaniēsi... p̄ me Iohannē veldener... M.cccc.lxxvi* (1476). *quarto kalēdus ianuarias...* In-fol., goth.; demi-rel. dos et coins, veau vert.

Cet ouvrage est regardé comme le premier dont le frontispice soit orné d'une vignette.

C. — Suisse.

### Bâle.

366. Incipit passio sancti Meynrhadi (*sic*) martyris et hæremite. (A la fin :) *S. Brant. Hunc sibi suscepit Furter Michahelq̃*

*labore. Me duce : p nobis vir venerande roga xii kal. octobris anno ƶcxcvj* (1496). In-4, de 14 ff.; mar. La Vallière, fil., tr. dor. (*Lortic*).

<blockquote>
On remarque dans ce volume fort rare 21 gravures sur bois très archaïques, et tout à fait analogues à celles du *Quadragesimale novum* du même imprimeur (1495).
</blockquote>

367. ESOPI appologi siue mythologi cum quibusdam carminum et fabularum additionibus Sebastiani Brant. (A la fin :) ... *Impressi Basilee opera et impensa magistri Iacobi de Phortzheim anno... primo post quindecim centesimum* (1501). In-fol., goth.; cart. en vél. bl.

<blockquote>
Édition extrêmement rare. La première partie, c'est-à-dire les fables d'Ésope, contient une suite de gravures très différentes de celles de l'Ésope sans date décrit par Dibdin. Les figures de la seconde partie, dont plusieurs sont très facétieuses, ressemblent aux gravures que Grüninger produisait à Strasbourg à la même époque.
</blockquote>

368. BRANT (Séb.). Doctor Brants Narrenschiff ‖ M.ccccc.vj. ‖ Nüt on vrsach. (Au v° du f. clxxii :).... *Gedruckt zu Basel vff die Uasenacht/ die man der narren kyrchwich nennet ‖ Im jor noch Christi geburt tusent funffhundert vnd sechs Ior* (1506) (au-dessous la marque de Bergman de Olpe). In-4, goth., de 1 f. et clxiiii ff. chiffrés ; veau fauve, gaufré.

<blockquote>
Édition fort rare du texte original du fameux poème de Brandt, connu en France sous le nom de la *Nef des fols du monde*. Elle est ornée de 113 gravures sur bois, non compris celle du titre, les mêmes que celles de l'édition originale de 1494. La *Nef* imprimée au titre est empruntée à l'édition latine de 1497, et porte cette date; la gravure du f. vi v° porte celle de 1494. Toutes ces gravures sont extrêmement remarquables par la verve et la hardiesse de l'exécution. Les pages sont encadrées, et ces entourages, largement dessinés, ont beaucoup de mérite pour l'époque.
</blockquote>

369. BRANDT (Séb.) et BADIUS (Josse). Nauis stultifera a domino se‖bastiano Brant primum edificata : ƶ lepidissimis teuto-‖nice lingue rithmis decorata : Deinde ab Jacobo Lo-‖ chero philomuso latinitate donata : ƶ demū ab Jodo/‖co Badio Ascensio vario carminū genere nō sine eo‖rundem familiari explanatione illustrata. (A la fin :) *Nauis stultifere opusculū finit : Impressum p ‖ Nicolaū lamparter. Anno ƶc. M.cccc.vj* (sic, pour 1506). *die ‖ vero. xxvj. mensis Augusti.* S. l. (*Bâle*).

Pet. in-4, goth., de cvij et 1 f. ; mar. rouge, riche dent., tr. dor. (*Lortic*).

Seconde édition (la première est de Paris, 1505) de cet ouvrage en prose et en vers, entièrement différent de la version latine de Locher (voir le n° 336). Elle est ornée de 114 gravures (dont quelques-unes se répètent), non compris celle du titre, empruntées aux éditions de l'ouvrage de Brandt données à Bâle par Bergman de Olpe ; mais elles sont placées dans un autre ordre. Elle a en plus de l'édition allemande de celui-ci à la même date (voir ci-dessus) trois gravures (ff. 75 v°, 84 r° et 103 v°), et en moins les deux gravures qui figurent aux ff. 97 v° et 159 r° de l'autre.

Superbe exemplaire, avec les gravures d'une netteté de tirage et d'un éclat exceptionnels. Aux armes du marquis de Morante.

370. Stultifera navis mortalium... Olim a Sebastiano Brant germanicis rhythmis conscriptus et per Iacobum Locher latinitati donatus, nunc uero revisus et elegantissimis figuris recens illustratus. (A la fin :) *Basileæ, ex officina Sebastiani Henricpetri*, 1572. In-8 ; veau fauve, fil., tr. dor.

« Édition complètement différente des précédentes pour l'illustration. Ce volume renferme 115 vignettes sur bois assez spirituelles, mais très mal imprimées. Elles pourraient être attribuées soit à Virgile Solis, soit à Tobias Stimmer. » (Didot, *Cat. rais.*, n° 259.)

371. GUILLERMUS. Postilla Guillermi ǁ super Epistolas et Euangelia : p totius anni circulū : ǁ De tempore : Sc̄tis : ⁊ p defunctis ere ⁊ arte noǁua impressa : solerti diligētia : cuiusdā viri ǁ religiosi pro scholasticis exarata. (A la fin :)... *Opera Michaelis furter pdie Nonis februarij Basilee impressa*... Anno M.D.XIII (1513). In-4 ; vélin.

La plupart des nombreuses vignettes contenues dans cette rare édition d'un des ouvrages les plus répandus de Guillaume d'Auvergne, évêque de Paris, portent la marque d'Urse Graf. L'ouvrage est divisé en trois parties paginées séparément. La première est terminée par un colophon avec date, etc. La dernière est pourvue d'un titre : *Passio domini nostri Jesu Christi*.....

372. MORUS (Th.). De optimo reip. statu deque noua insula Utopia libellus... clarissimi... uiri Thomæ Mori. Epigrammata clarissimi... uiri Thomæ Mori pleraq; è Græcis uersa. Epigrammata Des. Erasmi Roterodami. (A la fin :) *Basileæ, apud Ioan. Frobenium, mense Martio, anno* 1518. In-4 ; veau brun estampé (*rel. du* xvi° *siècle*).

Les frontispices, lettres ornées et fleurons ont été dessinés par Holbein, qui a signé ainsi l'encadrement de la page 17 : HANS HOLB., et l'encadrement en tête des *Epigrammata Thomæ Mori*, p. 165, des lettres HH. La troisième partie, Épigrammes d'Érasme, manque à cet exemplaire, ainsi qu'à presque tous. Ils ont été ou supprimés ou arrachés par des catholiques trop fervents. Le nom même d'Érasme a été soigneusement effacé au titre et dans la préface.

L'exemplaire est grand de marges, mais a des mouillures.

373. ERASMUS. Paraphrases Erasmi Roterodami in aliquot Pauli apostoli epistolas. *Basileæ, apud Io. Frobenium*, 1523. In-8 ; veau gaufré, riches orn. (*rel. du* xvi° *siècle*).

Frontispice, nombreuses lettres ornées et fleurons dont on peut croire quelques-uns d'Urse Graf et d'autres de Holbein.

374. BRANDT (B.). Volkumner ‖ Begriff aller lobwürdigen ‖ Geschichten vnd Thaten / vorab ‖ Gottes wunderwercken / so er an seim volck ‖ von anfang der Welt erzeigt / demnach aller Bäpsten / Keysern / Künigen / ‖ Landen / vnd Stetten / bisz auff ‖ das M.D.LIII. iar / mit ‖ schönen figuren ‖ erleüttert / ‖ durch ‖ Bernhart Brandt. *Getruckt zu Basel, bey Iacob Kündig*... In-8 ; ais de bois couv. de vélin estampé. (*rel. du* xvi° *siècle*).

Ce livre rare et non cité au *Manuel* est une sorte de *mer des histoires*, qui contient un grand nombre de gravures sur bois dans le style propre aux dessinateurs de Bâle. On y trouve des portraits, des vues de villes à vol d'oiseau et des batailles parmi lesquelles celle de Granson. Beaucoup de ces gravures sont d'une netteté remarquable et d'un bon dessin. Au f. 90 v° on voit une représentation de la guillotine.

Très bel exemplaire.

375. JOVIUS. Pavli Iovii... Elogia Virorum bellica virtute illustrium, septem libris iam olim ab authore comprehensa, Et nunc ex eiusdem Mvsæo ad viuum expressis Imaginibus exornata. *Petri Pernæ typographi Basil. opera ac stvdio.* cIɔ. Iɔ. LXXV (1575). (A la fin :) *Basileæ Indvstria et opera Petri Pernæ Svmptibvs vero Henrico Petro et sibi commvnibus... Anno* cIɔ.Iɔ.LXXV (1575). — Elogia Virorum Literis illustrium.... *Ibid.*, 1577. (A la fin :) *Basileæ Industria et opera Petri Pernæ Sumptibus vero communibus cum Domino Henrico Petri, Anno Domini* cIɔ.Iɔ.LXXVII (1577). 2 part. en 1 vol. in-fol.; veau brun, riches ornem. estamp. sur les plats, tr. dor. et cis.

Ouvrages remarquables, ornés de 200 beaux portraits encadrés, dessinés par Tobias Stimmer. Il est difficile de les trouver réunis. Le second ouvrage est particulièrement intéressant pour les portraits des savants du xvi° siècle.

Magnifique exemplaire. La reliure porte d'un côté les initiales W S K S et la date de 1579, de l'autre : P E V S, et plus bas A K A.

376. REUSNERUS (Nicol.). Icones, sive Imagines viuæ literis cl. virorum, Italiæ, Græciæ, Galliæ, Angliæ, Ungariæ. Ex typis Valdkirchianis in lucem productæ, cum elogiis variis, per Nicolaum Revsnerum... (Vers la fin, cet autre titre : Icones aliqvot clarorvm virorum Germaniæ, Angliæ, Galliæ, Vngariæ, cvm elogiis et parentalibus factis Theodoro Zvingero, Med. Phil. et Polyhist. Clariss.) *Basileæ, Conr. Valdkirch,* 1589. In-8; veau brun estampé, tr. dor. et cis. (*reliure du temps*).

Livre fort rare aussi complet, avec 92 portraits tirés en partie de l'ouvrage précédent, mais sans les encadrements. On y remarque les portraits de Léonard de Vinci, d'André del Sarto, de Michel-Ange, de P. Ramus, d'Étienne Dolet, etc., qui ne figurent pas dans l'édition ci-dessus. Toutes les pages du texte sont encadrées.
Très bel exemplaire.

### Genève.

377. Antithese des faicts de Iesus Christ et du pape : mise en vers françois. Ensemble les traditions et decrets du Pape opposez aux commandemens de Dieu. Item la description de la vraye Image de l'Antechrist, avec la Genealogie, la Natiuité et le Baptesme d'iceluy. Le tout augmenté et reueu de nouueau. (*Genève, Eustache Vignon.*) Imprime l'an de grace 1584. In-8; mar. rouge, orn. à froid, tr. dor.

Pamphlet calviniste contre le pape, orné de 36 gravures sur bois, au trait, la plupart imitées du *Passional* de Lucas Cranach.
Bel exemplaire. Une piq. dans la marge à la fin.

### D. — Angleterre.

### Londres.

378. LELAND (J.). Næniæ in mortem Thomæ Viati, equitis incomparabilis, Joanne Lelando antiquario autore. *Londini,* 1542, portr. de Th. Wyat. — Genethliacon ill. Eäduerdi principis Cambriæ... libellus ante aliquot annos inchoatus, nunc uero absolutus et editus. (A la suite : *Syllabus, et interpretatio antiquarum dictionum quæ passim per libellum lectori occurrunt.*) J. Lelando autore. *Londini, apud Reynerum Vuolfium,* 1543. —

Assertio inclytissimi Arturii, regis Britanniæ, autore J. Lelando. *Impressum Londini, apud Joan. Herford*, 1544. — Commentarii in cygneam cantionem indices britannicæ antiquitatis locupletissimi, autore J. Lelando. *S. l. n. d.* En 1 vol. in-4; veau fauve, fil. (*anc. rel.*).

« Recueil de pièces rares et intéressantes pour l'histoire d'Angleterre. Les deux premières sont en vers latins. (Voir *Lowndes*, t. III, p. 1117.) Le portrait de Wyat est dû à HOLBEIN, ainsi que l'indiquent les vers qui le surmontent. A la fin du *Genethliacon* se trouve une charmante composition représentant des enfants au pied d'un pommier. Elle est certainement d'Holbein, ainsi que la grande lettre H en tête de l'*Assertio Arturii*. » (Didot, *Cat. rais.*, n° 330.)

Exemplaire aux armes du président DE MÉNARS, et de la bibliothèque de DE THOU (sur le titre : *Ex bibliotheca Thuanæa*).

E. — Italie.

### Fano.

379. VIGERIUS (M.). Marci Vigerii Saonensis... decachordvm christianvm Ivlio II. Pont. Max. dicatvm. (A la fin, av. la table :) ... *Quod Hieronymus Soncinus in Vrbe Fani his caracteribus impressit die .x. Augusti*. M.D.VII. (1507)... Pet. in-fol.; veau antiqué, fil. à fr., riches compart. dans le style ital., tr. dor. (*Hagué*).

Volume recherché, orné de 10 fig. sur bois de la grandeur des pages, et de 35 petites, toutes ayant rapport à la vie de Jésus-Christ. Le titre et les grandes planches sont entourées d'une bordure composée d'arabesques sur fond noir dans le goût italien du commencement du xvi° siècle.

Très bel exemplaire.

### Florence.

380. Incomincia el prohemio della arte del ben morire cioe ĩ gra‖tia di Dio compilato et composto per lo Reuerendo in chri‖sto padre Monsignor Cardinale di fermo negli anni del no‖stro Signore Mcccclii. (A la fin la date de 1513.) In-4, de 22 ff. non ch.; demi-rel. mar.

Édition rare d'un ouvrage célèbre dont l original latin est de Mathieu de Krokov, évêque de Worms. Trente-trois gravures sur bois, tant grandes que petites, décorent cette plaquette, faite à l'imitation des *Ars moriendi* xylographiques. Elles sont fortement empreintes du style florentin primitif.

### Rome.

381. (PHILIPPI [de Barberii] Opuscula.) *S. l. n. d.* In-4, de 68 ff. s. ch., récl. ni sign.; vél. blanc.

« Édition extrêmement rare, imprimée avec les mêmes caractères de Philippe de Lignamine que celle de Rome, de 1481; mais celle-ci ne contient que 13 gravures complètement différentes. Dibdin paraît l'avoir décrite comme la précédente et elle nous semble la plus ancienne des deux. » (Didot, *Cat. rais.*, n° 360.)

382. FULVIUS (A.). Illustrium imagines. (A la fin :) *Impressum Romæ apud Iacobum Mazochium Romanæ Achademiæ Bibliopolam, Anno MDXVII* (1517) *die xv mensis nouembris.* In-8; veau fauve, fil., tr. dor.

« Cet ouvrage, d'une très belle et très large exécution, est orné de médailles gravées sur bois et tirées de la collection de Jean Mazocchi. Les cartouches élégants qui les contiennent, également gravés sur bois, sans être finement gravés, font de ce livre un des plus beaux ouvrages en ce genre exécutés par la typographie romaine. » (Didot, *Cat. rais.*, n° 361.)
Très bel exemplaire. Le frontispice est habilement enluminé.

383. Evangelivm Sanctum Domini nostri Iesu Christi conscriptvm a qvatvor Evangelistis Sanctis (en arabe). *Romæ, In Typographia Medicea, M.D.XC* (1590). (A la fin :) *Romæ, in typographia Medicea. Anno* 1591. In-fol.; cart.

Volume rare, sorti des presses de la typographie des Médicis à Rome, et orné de 147 figures sur bois, d'un beau style, dessinées par Ant. Tempesta, et gravées par Lucas Penni.

384. Sanctissimi D. N. Urbani PP. VIII ac illustrissimorum et reuerend. DD. S. R. E. cardinalium nunc viuentium effigies, insignia, nomina et cognomina. *Romæ, typis Vaticanis,* 1628. In-8; vél. blanc.

Livre rare. Les 65 portraits sur bois, par A. Brogiotti, sont tirés en rouge et noir.

### Saluces.

385. (VIVALDUS, de Monte Regali.) Aureum ‖ opus de veri‖tate contritio‖nis In quo mi‖rifica documẽta ‖ eterne salutis ‖ aperiuntur. (A la fin, avant la table :) *Preclarissimũ opus de veritate cõtritionis Salutijs impressum mandato ʒ expensis..... Ludouici Marchionis Salutiaʒ..... p Guilliermũ ʒ Guilliermũ*

*le signerre fratres Rothomagēses Anno Salutis.* 1503. *die prima Jullij.* In-fol., goth.; vélin blanc.

Première édition, fort rare, imprimée par les frères Le Signerre, originaires de Rouen. Un frontispice et quelques initiales avec sujets finement exécutés sur bois, mais d'un style médiocre.

386. (VIVALDUS, de Monte Regali.) Opus Regale... (A la fin, avant la table :) *Omnia opuscula q̃ in isto volumine cõprehẽdunt' arte impressoria ǁ in mille trãsfusa sunt exẽplaria per Magistrũ Jacobũ de Circhis ǁ de sãcto Damiano Asteñ. Dioĉ : Et Sixtũ de Somaschis Papiẽ ǁ seʒ socios... Salutiis año... M.ccccvij.* (1507) *die. xxv. Januarij.* In-fol., goth.; vélin bl.

Seconde édition, non moins rare que la première. Elle est ornée de trois grandes et curieuses gravures sur bois, dont l'une est le portrait du marquis de Saluces, époux de Marguerite de Foix, qui a fait les frais de cette édition ; une autre représente le roi S. *Louis* en prière, et la troisième S. Thomas d'Aquin.
Le portrait de S. Louis est placé en tête d'une intéressante dissertation sur les trois fleurs de lis (*De Laudibus ac triumphis trium liliorum*), dédiée à Louis XII.
Très bel exemplaire, sauf qq. piq. de vers.

### Venise.

387. HYGINUS. Clarissimi Viri Iginij Poeticon Astronomicon ǁ Opus vtilissimmu (*sic*) Foeliciter Incipit ǁ (A la fin :) ..... *Hoc Augustensis ratdolt germanus Erhardus ..... pressit opus ..... Anno salutis* 1482. *Pridie Idus Octobris, Venetiis.* In-4, goth.; cart.

Seconde édition de cet ouvrage, et la première qui soit ornée de gravures. Elle est fort rare, et remarquable pour l'époque.
Les figures sur bois sont grossières, mais curieuses. Elles se rapprochent, avec plus de science dans le dessin, du travail des xylographes, et présentent beaucoup d'analogie avec celles des éditions de Rome des opuscules de Philippe de Barberii.

388. CATHARINA DA SIENA. Epistole devotissime de sancta Catharina da Siena. (A la fin :) *Stampato in la Inclita Cita de Venetia in Casa De Aldo Manutio Romano a di xv. Septembrio .M.cccc.* (1500). In-fol.; cuir de Russie, tr. cis. et dor. (*anc. rel.*).

Livre fort rare, orné d'une gravure sur bois, représentant la Sainte, exécuté avec une simplicité et une maestria remarquables. C'est le premier ouvrage italien qu'Alde ait imprimé.

Exemplaire en papier fort, avec la gravure légèrement enluminée à l'époque, en or et couleurs. Au bas de la page en regard, est une très jolie peinture du temps, au lavis, représentant une scène à trois personnages dont le sujet nous échappe, au centre de laquelle est un écusson avec ces armoiries : *d'or à trois bandes d'azur.*

389. DANTE. (La Divina Comedia, col commento di Landino.) (Au v° du f. 315 :) *Et Fine del comento di Christoforo Landino Fiorentino sopra la comedia di Danthe poeta excellētissimo. E impresso in Vinegia per Petro Cremonese dito Veronese. Adi .xviii. di nouēbrio* M:cccc.Lxxxxi (1491) *emendato per me maestro piero da fighino dellordine de frati minori.* In-fol., lettres rondes; dos de mar. citron, plats en cuir de Russie (*anc. rel.*)

Les gravures sur bois que renferme cette édition précieuse et rare, et dont le dessin est attribué à Mantegna, ont été fac-similées par Dibdin, dans les *Ædes althorpianæ*, t. II, n° 1100. Elles sont au simple trait. C'est la seconde édition du Dante qui ait été illustrée de gravures sur bois.

Bel exemplaire, mais incomplet de deux ff. (142 et 143).

390. (HOMERI Ilias in versus gr. vulgares translata a Nic. Lucano.) (A la fin :) *Stampata in Venetia per Maestro Stefano da Sabio : il quale habita a Santa Maria formosa : ad instantia di miser Damian di Santa Maria da Spici.* M.D.xxvi. (1526) *nel mese di magio.* In-4, à 2 col.; veau brun, orn. à fr. (*rel. ital. du temps*).

Première édition, fort rare, de cette version de l'Iliade en grec moderne, ornée de 137 gravures sur bois au trait, d'une naïveté remarquable.

Très bel exemplaire, de la bibliothèque Yemeniz.

391. VIRGILII (P.) Maronis opera omnia innumeris pene locis ad veterum Petri Bembi Cardinalis et Andreae Navgerii, exemplarium fidem postrema hac editione castigata, etc. *Venetiis apvd Ivntas.* M.D.LII (1552). (A la fin :) *Venetijs apud haeredes Lucaeantonij Iuntae Mense Iunio* .M.DLII. In-fol.; mar. La Vallière, fil. à fr., tr. dor. (*Lortic*).

Les gravures sur bois de cette édition sont imitées d'une manière très inférieure de l'édition de Strasbourg, Grüninger, 1502, comme on en peut juger par la planche du folio 487 qui correspond à celle du folio 378 de l'édition strasbourgeoise. Très bel exemplaire.

392. Contemplatio totivs vitæ et passionis domini nostri Iesv Christi..... *Venetiis, apud Ioannem Ostaum, et Petrum Valgrisium*, 1557. *In Officina Erasmiana venundantur*. — Argumenta capitum in omnes Novi Testamenti libros. *S. titre, lieu ni date*. En 1 vol. pet. in-8, de 103 pp. et 20 ff.; mar. rouge, fil. (anc. rel.).

Ce joli volume contient 50 vignettes sur bois bien gravées et bien imprimées. Ce sont, en général, des copies d'après les compositions de la *Petite Passion* d'Albert Dürer.

Exemplaire avec des épreuves de toute beauté, aux armes et avec les attributs de Godefroy-Charles-Henri de la Tour, prince DE TURENNE, colonel-général de cavalerie de France.

393. OLIVIERO (A.-F.). La Alamanna ‖ di M. Antonio ‖ Francesco Oliviero ‖ Vicentino. (A la fin du t. II :) *In Venetia, Appresso Vicenzo Valgrisi, MDLXVII* (1567). 2 vol. in-4 ; mar. orange, fil., dos en mosaïque, tr. dor. (*Lortic*).

Poëme héroïque en l'honneur de l'empereur Charles-Quint et de sa lutte contre la ligue de Smalcalde, dédié à Philippe II.

Le frontispice représente un arc de triomphe sous lequel est la figure équestre de Charles-Quint; dans les niches latérales, sont les figures en pied de Philippe, son fils, et de Maximilien, son neveu. C'est un chef-d'œuvre de dessin et de gravure, de même que le portrait de l'auteur, placé au revers du titre, et les trente-six grandes gravures sur bois. Le *Manuel* a oublié de constater la haute valeur de cet ouvrage au point de vue de l'art. Il est regrettable que l'éditeur Valgrisi (nom italianisé du Lyonnais Vaugris), dans sa longue préface en l'honneur de l'imprimerie et de ce livre, ait omis de nous faire connaître les noms des artistes à qui nous devons ces remarquables figures.

Le second volume, qui contient les livres XIII à XXIV du poème, n'est orné que du frontispice et du portrait de l'auteur. Dans une nouvelle préface, Valgrisi s'excuse de n'avoir pu y joindre de gravures, les artistes n'ayant pu les exécuter en temps opportun, en présence des réclamations du public impatient de connaître la fin du poème.

Ce second volume est terminé par une partie additionnelle, paginée à part, contenant l'*Origine d'amore*, en vers, suivie de la *Canzone deplorando le miserie d'Italia per le guerre sparse quasi per tutta la Provincia, l'anno* 1557.

Superbe exemplaire. Cassures restaurées à 2 ff. du t. II.

394. PAULINUS (F.). Centum fabulæ ex antiquis scriptoribus acceptæ, et Græcis, Latinisque Tetrastichis Senariis explicatæ à Fabio Paulino Utinensi. Ab eodem latinis versibus e græco conuersa Gabriæ Græci Fabulæ. Musæi Leander et Hero. Galeomyomachia incerti. Sybillæ Vaticinium de Iudicio Christi. Batrachomyomachia Homeri. *Venetiis, apud hæredes*

*Francisci Ziletti,* 1587. In-12, de 214 pp.; mar. La Vallière, compart. à froid, fleur., tr. dor. (*Lortic*).

<blockquote>Les 144 planches de ce recueil fort rare, de la grandeur des pages, sont bien composées et assez jolies. Charmant exemplaire.</blockquote>

395. VERDIZOTTI (G. M.). Cente favole bellissime de i piu illustri antichi & moderni autori greci & latini, scielte & nobilmente trattate in varie maniere di versi volgari da M. Gio. Mario Verdizotti. Nouamente ampliate dall' autore. *In Venetia, appresso Alessandro Vecchi,* 1607. In-4; mar. La Vallière, compart. à froid, milieu, tr. dor. (*Lortic*).

<blockquote>Ce volume est orné de 100 figures sur bois, les mêmes que celles de l'édition de 1570. Elles sont dues à l'auteur lui-même, simple amateur; quelques-unes auraient été exécutées d'après les dessins du Titien.

Très bel exemplaire.</blockquote>

396. SANSOVINO (Fr.). Orationi divotissime di Landolfo di Sassonia, cavate dal suo libro intitolato vita di Christo, trad. da M. Fr. Sansovino. *In Venetia,* 1572. In-12 allongé; mar. vert, fil. à froid, tr. dor.

<blockquote>« Ce livre est une imitation du *Vita Christi* de Ludolph. Sansovino, qui fut longtemps prote chez les Giolito, et, depuis imprimeur, a peut-être exécuté lui-même ce petit ouvrage comme traducteur et comme typographe. Il est remarquable par une jolie suite de gravures sur bois d'une très petite dimension. » (Didot, *Cat. rais.*, n° 435.)

Très joli exemplaire.</blockquote>

397. STRAPAROLA (Fr.). Le Tredici piacevolissime notti di M. Gio. Francesco Straparola da Carauaggio; divise in due libri. Espurgate nuouamente da molti errori, e di bellissime figure adornate. Con l'Aggionta di cento Enigmi da indouinare. *In Venetia, presso Alessandro de' Vecchi,* 1599. (A la fin:) *Stampato alla stampa di Marco Claseri, A Istanza di Alessandro de i Vecchi.* In-4; mar. rouge, tr. dor. (*Duru*).

<blockquote>Bien qu'expurgée, cette édition est recherchée à cause des 64 gravures sur bois dont elle est ornée; quelques-unes se répètent.

Très bel exemplaire, avec témoins.</blockquote>

398. ZANETTI (A. M.). Raccolta di varie stampe a chiaroscuro tratte dai desegni originali di Fr. Mazzuolo detto il Parmigianino e d'altri insigni autori per Antonio-Maria Zanetti. *Venezia,* 1749. In-fol.; mar. rouge, compart. à fleurs de lis, tr. dor.

<blockquote>Suite de 50 planches en camaïeu et au burin, ou à l'eau-forte, y</blockquote>

compris le portrait de Zanetti. Les 40 planches en camaïeu sont à 2 et 3 planches. Ce recueil n'est pas complet, mais il est d'une grande rareté, n'ayant été tiré, dit-on, qu'à 30 exemplaires.

F. — Portugal.

**Lisbonne.**

399. CORTE-REAL (H.). Felicissima victoria concedida del cielo al señor don Iuan d'Austria, en el golfo de Lepanto de la poderosa armada Othomana. En el año de nuestra saluacion de 1572. Compuesta por Hieronymo Corte Real, Cauallero Portugues. *Impressa con licencia y approbacion.* 1578. (A la fin :) *Fve impresso en Lisboa por Antonio Ribero. Año de M.D.LXXVIII.* In-4, de 8 ff. n. ch., 217 ff. ch. et 1 f.; mar. brun, fil. à fr., tr. dor.

Livre fort rare et peu connu. C'est l'édition unique d'un poème épique en l'honneur de Don Juan d'Autriche, vainqueur des Turcs à Lépante, composé en espagnol par un poète portugais célèbre, et dédié au roi Philippe II. Deux pièces de vers, en portugais, adressées à Don Juan par Corte-Real, sont insérées à la fin du volume.

Aucun des bibliographes qui ont parlé de ce livre n'a attiré l'attention sur les gravures sur bois dont il est orné, et Brunet n'en mentionne même pas l'existence. L'illustration consiste en un frontispice, en un grand écusson avec les armoiries du poète, et en une série d'initiales historiées et de grandes vignettes placées en tête de chacun des quinze chants. Ces gravures sont très curieuses, et certaines sont même d'une grande finesse de dessin et d'exécution. Elles ont une importance particulière pour l'histoire de l'art, car c'est un des rares livres imprimés en Portugal au xvi° s. qui soient ornés de gravures sur bois. Celle du premier chant porte le monogramme, d'un artiste inconnu, composé d'initiales H P accompagnant une croix qui repose sur le sommet d'un V renversé, enlacé avec un autre V droit.

G. — France.

**Lyon.**

400. VORAGINE (J. de). Cy commence la legen‖de doree en francoys. (A la fin :) *Cy finist la vie des sainctz dicte legen‖de doree et aussi des sainctz nouueaulx dili‖gemment. Extraictie et traslatee de latin en ‖ frācois au pl' pres du latin et selō le vray ‖ sens de la lectre... Imprimee par nicolas philippe et marc reynaud a lyon sur le rosne...* S. d. (v. 1480). In-fol., goth.,

à 2 col., de 48 lign., sign. a—$Q_3$ second alph.; veau brun, compart. à froid, fleur., tr. dor. (*anc. rel.*).

Édition extrêmement rare, probablement la seconde en français, et différente de celle signalée au *Manuel* sous le nom des mêmes imprimeurs. Elle est décrite au *Supplément*. Les figures sur bois, au trait, sont d'une exécution rude.

Exemplaire avec l'effigie du roi HENRI II, en or et en creux, sur les deux plats; dos refait. Piq. de vers aux prem. et aux dern. ff.

401. La mer des ǁ histoires. (A la fin du premier vol.:) *Cy finist le premier volume de la mer des histoires īprime a Lyō p Jehan du pre Lā. M. iiij°. iiij$^{xx}$. et xi.* (1491) *le xx° iour du moys Daoust.* (A la fin du second:) *Cy finist le secōd volume...* (comme ci-dessus)... *le xxiij° iour du mois daoust.* 2 vol. in-fol., goth., à 2 col.; mar. rouge, fil., tr. dor. (*Belz-Niedrée*).

« Deuxième édition, très rare, d'un livre remarquable pour l'histoire de la gravure. Plusieurs bois, très importants se rapprochent, malgré la rudesse de l'exécution, du style des miniaturistes flamands. La première partie de ce livre contient 117 figures sur bois, y compris les grandes planches de la grandeur de la page, encadrées d'une bordure sur bois très curieuse dans laquelle on voit plusieurs fois un monogramme composé des lettres A T. Les grandes initiales sont historiées; il y a des figures qui sont répétées dans le texte, et quelques-unes plusieurs fois. La seconde partie contient 138 figures presque toutes souvent répétées, mais huit d'entre elles ont évidemment fait partie d'un livre d'Heures encore inconnu. On croit apercevoir dans la bordure les lettres M. N. » (Didot, *Cat. rais.*, n° 461.)

Exemplaire très grand de marges, mais avec les deux titres et le dern. f. de la table du tome 1$^{er}$ supérieurement refaits. Notes manuscrites.

402. (GLANVILLA, B. de). Cy commence vng tresexcellent liure nomme le proprietaire des choses translate de latin en frā-ǁçoys... (Au r° du dern. f., au bas de la 2° col.:) *Cestuy liure... fut translate de latin en frençois... lā... M.ccc.lxxij. par le commādement de Charles le quint de son nom regnant en france paisiblement et le translata son petit et humble chapellain frere ichan corbichō... et a este reuisite par uenerable... frere pierre ferget* (pour Farget)*... du couuent des augustins de lion, et imprime audit lieu de lion par... maistre Jehan cyber maistre e lart de impression.* S. d. In-fol., goth., à 2 col.; cuir de Russie, compart., tr. dor. (*Kœhler*).

Édition fort rare et peu connue. « Jean Cyber ou Syber imprimait de 1478 à 1498. L'ouvrage contient 20 figures sur bois couvertes dans cet exemplaire d'un coloriage du temps. Ce sont des planches de l'édition originale en français d'un autre éditeur lyonnais Matthieu Husz, 1482, avec qui Cyber fut associé vers cette époque. Elles paraissent, du reste, plus anciennes que leur date, et sont exécutées dans la manière des xylographes primitifs des Pays-Bas. » (Didot, *Cat. rais.*, n° 462.)

Exemplaire presque à toutes marges, mais avec des restaurations dans les parties blanches, aux prem. et aux dern. ff. La première gravure, offrant la scène de présentation du livre par le translateur au roi de France, est ici enluminée en or et en couleurs.

403. BREYDENBACH. (Des sainctes peregrinations de iherusalem et des auirons et des lieux prochains. Du mont de synay et la glorieuse Katherine) [tiré du latin de Bernard de Breydenbach, par Frère Nicole le Huen]. (A la fin :).... *Imprime a Lyon par honestes homes Michelet topie de pymont : & Iaques heremberck dalemaigne demourant audit lyon. Là de nostreseigneᵣ Mille .cccc. quattre vigtz & huictz* (1488) *et le xxvii de nouebre.* In-fol., goth., à longues lignes, de 130 ff.; cuir de Russie, compart., tr. dor.

Première édition française de cet ouvrage curieux qui est aussi le premier où figure un alphabet arabe et un petit glossaire turc.

Exemplaire exceptionnel, avec six grandes planches de vues, qui se déploient, gravées, non plus en taille-douce, comme cela se rencontre habituellement dans les exemplaires de cette édition, mais sur bois. A première vue, on pourrait croire que ce sont les planches empruntées à l'édition latine de Mayence, 1486 (voir plus haut, le n° 320), mais elles n'en sont que des copies, un peu rudes, quoique assez fidèles. Elles ont en général moins de hauteur que les planches originales. A quelques-unes on voit, à travers le papier dont elles sont doublées, un texte latin imprimé qui n'est pas celui de l'édition de Mayence. N'auraient-elles pas été empruntées à l'édition de Spire, 1489, que nous n'avons pas pu voir, mais qui, d'après les bibliographes, a aussi des gravures sur bois ? C'est un point à éclaircir. Les vues représentées sont celles de Venise, Parenzo, Corfou, Modon, Candie et Rhodes.

M. Brunet n'a jamais vu d'exemplaire de cette édition avec les grandes planches sur bois, et n'en admet pas l'existence. Il a même eu à cet égard une vive polémique avec Dibdin.

Le présent exemplaire, auquel il manque le feuillet blanc du commencement, avait appartenu aux *Celestins lez Mantes*, et provient de la bibl. du duc de Roxburghe (84 livres st.). Il est grand de marges.

404. Le grāt Kalēdrier || Des bergiers nou||uellement imprime || a Lyon. Ordonne || a la verite auquel || sōt plusieurs aug||mētatiōs (τ correcti||ons nouuellemēt ||. adioustees aultre||ment quil nestoit || par auant... (Au bas du v° du 95° f. :) *Finit à Lyon 1510 Dauril le 8.* In-4, goth., de 96 ff, non ch.; veau fauve, fil., tr. dor. (*Niedrée*).

Livre rare et curieux. Le titre et le calendrier sont imprimés en rouge et noir. « Les figures sont au nombre de 80, et très intéressantes. Quelques-unes sont imitées de l'édition de Paris, de Guyot Marchant, mais un peu grossièrement, et cependant elles conservent un reflet du grand style de ces gravures. Les caractères et initiales fleuries sont les mêmes que dans les *Sept Sages de Rome* et dans *Olivier de Castille*, imprimés à Genève par Louis Garbin, dit Cruise (le premier en 1492, le second vers la même époque); ce qui permettrait d'attribuer l'impression de cette belle édition à Arnoullet, qui, comme nous l'avons montré ailleurs, était à cette époque de 1510 en possession des gravures et des initiales de Loys Cruise. » (Didot, *Cat. rais.*, n° 469.)

Très bel exemplaire, de la bibl. Yemeniz. Haut. : 0ᵐ,237.

405. VIRGILIUS. Opera Vergiliana docte ϗ familiariter exposita : docte quidē Bucolica : & Georgica a Seruio. Donato. Mancinello : & Probo nuper addito : cum adnotationib' Beroaldinis... Aug. Dathi, Calderini, Jodoci Badii Ascensii... expolitissimis figuris & Imaginibus illustrata... (A la fin :) *Excussit Lugduni & in officina sua literatoria* (sic) *Iacobus Sacon : Impensas aūt protulit bibliopolarū optimus Ciriacus Hochperg. Anno a Virginis partu MDXVII. ad tertium nonas Decembres.* (1517). 2 tom. en 1 vol. in-fol.; vél. (*anc. rel.*).

« Édition fort rare que recommandent les nombreuses gravures sur bois dont elle est ornée, et qui sont les mêmes que celles du Virgile in-fol. imprimé par Grüninger en 1502. » (Didot, *Cat. rais.*, n° 475.)

Le colophon de la première partie est à la date du 20 août 1517.

406. FULVIUS (A.). Illustriū ymagines. (Au-dessous la marque et le nom de Françoys Juste ; à la fin :) *Impressum Lugduni in ædibus Antonii Blanchardi calcographi impensis honestorum uirorū Iohannis Monsnier et Francisci Iuste. Anno 1524 die ii mensis septēb.* In-8, de 116 ff. ch.; mar. rouge, fil. à fr., tr. dor. (*Capé*).

« Cette édition est une réimpression de celle de Rome, 1517 (voir n° 382). Les figures sont en même nombre ; mais ce sont des copies, notablement inférieures à l'original. L'éditeur lyonnais n'a sans doute pu rencontrer encore à ce moment dans sa ville de graveurs suffisamment habiles. Les entourages des médailles sont changés, mais bien moins riches que ceux de Mazocchi. » (Didot, *Cat. rais.*, n° 479.)

407. CASTIGLIONE (B.). Le Courtisan || de Messire Balta||zar de Castillon || novvellement revev et corrige (par E. Dolet). || Auec priuilège royal pour trois ans. || *François Iuste* || M.D.XXXVIII (1538). (Au verso de l'antépénult. f. :) *Fin du quatriesme et dernier Liure du Courtisan. Imprime de nouveau*

*a Lyon par Francoys Iuste demourant deuant la grant porte nostre Dame de Cōfort. Lan* 1538. In-8 ; mar. vert, compart. à fil., tr. dor. (*Kœhler*).

Édition rare, insuffisamment décrite au *Manuel*, et qui fournit des renseignements curieux et nouveaux pour l'histoire littéraire.

Dans une épitre adressée à M. du Peirat, lieutenant-général pour le roi à Lyon, épitre qui occupe les deux derniers feuillets du volume, François Juste nous donne l'historique de sa publication. Voulant faire plaisir à « ses amys et congneuz » qui désiraient impatiemment depuis plusieurs années qu'il fût publié une traduction en français de ce livre déjà devenu célèbre, Juste est parvenu à se la procurer *d'ung qui fidellement l'avoit traduit*, non « sans en débourser gros deniers », et encore avec beaucoup de peine, car le traducteur « pour riens ne le vouloit laisser aller hors de « sa main, où, comme il disoit, le conservoit entier des calumnies en- « vieuses ». Pendant qu'il faisait ses apprêts, on l'avertit de Paris qu'une traduction du *Courtisan* était déjà imprimée et mise en vente. Il en éprouva « non petite marrisson », croyant que son traducteur a eu l'indélicatesse de vendre son œuvre une seconde fois à son confrère de Paris ; mais il eut le plaisir de constater que c'était *une autre traduction*, « quasi inélegante et mal correcte », imprimée en « de lours et gros caractères, desquels desjà « a long temps on n'use plus aux bons auteurs imprimer ». Il s'agit là de la première traduction, publiée à Paris en 1537, par Jean Longis et Vincent Sertenas, en caractères gothiques. Les tribulations de Fr. Juste ne s'arrêtèrent pas là. Peu de temps après, il apprit qu'on réimprimait ce livre à Lyon même, « non certes plus polidement et correctement que « celluy de Paris : chose vrayment indigne ainsi sans autre meilleur advis « et plus sain jugement getter en impression incontinent telz bons et « louables auteurs ». Cette réimpression est celle donnée par Denis de Harsy, sans lieu ni date, avec la marque d'Icare (édition suffisamment décrite au *Manuel*, quoique présentée dans le *Supplément* comme NON DÉCRITE). Enfin Juste publie son édition à lui, « livre très élégamment et « correctement imprimé, comme celluy qui ay voulu user du labeur de « Monsieur maistre Estienne Dolet pour certain en litérature, éloquence « et sçavoir une des precipues lumières de France ». Il est clair que ce n'est pas Dolet qui est le traducteur dont il a été question, mais que Juste ne nomme pas. Il faut recourir aux pièces préliminaires du volume pour avoir à cet égard les renseignements que l'éditeur ne juge pas à propos de répéter. Des vers latins de Nicolas Bourbon, de Vendeuvre, nous apprennent que cette traduction, *savante et fidèle*, était primitivement l'œuvre de Colin, qui est Jacques Colin, d'Auxerre, un des meilleurs poètes du temps. Il était déjà mort depuis un an à l'époque de la publication de ce volume. Sa traduction, dit Bourbon, a été gâtée impudemment par des demi-savants (*à sciolis*), mais Merlin de Saint-Gelais lui a restitué son éclat, et celui qui est la gloire de Lyon (Dolet) l'a encore repolie. La collaboration de Merlin de Saint-Gelais n'est toutefois pas très nettement établie, car Dolet, dans son épitre adressée précisément à ce littérateur de renom, lui parle de cette traduction comme d'une œuvre à laquelle il aurait été étranger : « Amy, il te peult souvenir comme dernièrement en

« ceste ville lisant le *Courtisan* du conte Balthasar de Castillon, y trou-
« vasmes plusieurs faultes et lieux omis à l'interprétation. Depuis *il a esté*
« *reveu par aulcuns de bon jugement; lesquelz m'en ont donné la copie*, et
« moy à l'imprimeur, après avoir le tout reveu. » Fr. Juste ayant déclaré
que la traduction qu'il s'était d'abord procurée (de Colin) était tout autre
que la première, publiée à Paris, il en résulte que cette dernière n'est
pas de Colin, comme on le croit communément et comme le dit M. Brunet,
et il est dès lors probable que Du Verdier n'avait pas tort, quoi qu'en ait
dit l'éminent auteur du *Manuel*, en l'attribuant à Jean Chaperon, dit
Lassé de repos.

Dolet ajoute encore dans son épître ce renseignement personnel :
« Dedans peu de jours je feray imprimer quatre livres d'Épigrammes,
« affin que les Poëtes Italiens qui viennent avec le Pape à ceste assemblée
« du Roy et de l'Empereur congnoissent qu'en France il y a des corps
« pleins de vers aussi bien qu'en aultre lieu. »

Ce curieux volume est divisé en trois parties : l'une comprend les deux
premiers livres, la seconde le tiers livre, la troisième le quart livre. Chacun des quatre livres est pourvu d'un titre spécial, avec date, sauf le dernier. Toutes les pages sont encadrées de jolies bordures gravées sur bois ;
nul doute que l'éditeur lyonnais ne s'y soit inspiré des entourages de Geofroy Tory dits à l'*antique*. On y remarque la lettre F couronnée et le monogramme de François Juste.

Bel exemplaire, avec témoins, mais le titre est restauré et il y a
d'autres petites restaurations à qq. ff. De la bibl. Yemeniz.

**HOLBEIN.**

408. **BORBONIUS** (N.). Nicolai Borbonii Vandoperani Lingo-
nensis [Carmen de moribus]. *Lvgdvni, apvd Philippvm Rho-
manvm Anno .M.D.XXXVI* (1536). (Au v° de l'av.-dern. f. :)
*Lvgdvni Excvdebat Ioannes Barbovs, alias Le Normand, Anno
M.D.XXXVI.* In-8, de 64 ff. ; veau noir antiqué, riches compart., tr. dor. (*Hagué*).

« Livret remarquable par un portrait de Bourbon de Vandœuvre dessiné
par Holbein (au v° du dern. f.), ainsi que l'indique le poëte lui-même, et
dont le style est reconnaissable par le dessin magistral de ce portrait et
par les deux enfants qui ornent la base du cartouche. » (Didot, *Cat. rais.*,
n° 490.)

409. Biblia Sacrosancta Veteris & Noui Testamenti, iuxta Diui
Hieronymi Vulgatam editionem. His accesserunt Tabernaculi
Mosaici, ac rerum præcipuarum schemata, summa industria
& fide expressa, etc. *Lugdvni, Apvd Ioannem Frellonivm,* 1551.
In-fol., de 8 ff. prél. et de 284 et 71 ff. (le Nouveau Testament
est chiffré par colonnes), plus 17 ff. non ch. pour l'index ; mar.
brun estampé (*anc. rel.*).

« Belle édition et certainement fort rare (elle n'est citée ni au *Manuel* ni à son *Supplément*). L'Ancien Testament contient quatre-vingt-trois des quatre-vingt-quatorze planches de la 2º édition de la Bible de Holbein publiée chez les Trechsel en 1539, plus une planche, également de Holbein, qui n'avait pas encore paru dans les éditions précédentes : c'est celle où Adam et Ève sont représentés dans le Paradis. Ses dimensions sont les mêmes que dans les autres planches, tandis que, dans les précédentes éditions, ce sujet était d'un format allongé et plus petit : c'était la planche qui avait figuré dans les *Simulacres de la mort*. D'autres planches, au nombre de quatorze, ne sont pas de Holbein. Toutes ces gravures ne paraissent nullement fatiguées par les tirages précédents. Les lettres ornées sont belles, mais ne sont point de ce maître. » (Didot, *Cat. rais.*, n° 487.)

410. HOLBEIN. Les images de la mort, auxquelles sont adioustees dixsept figures. Dauantage, La Medecine de l'Ame. La Consolation des Malades. Un sermon de Mortalité, par saint Cyprian. Un sermon de Patience, par saint Iehan Chrysostome. *A Lyon, par Iehan Frellon,* 1562. (A la fin :) *A Lyon, par Symphorien Barbier.* In-8, de 104 ff.; veau brun, fil. (*anc. rel.*).

C'est la dixième édition avec texte; cinquante-trois planches. Certaines épreuves sont très nettes et belles.

### BERNARD SALOMON.

411. PARADIN (Cl.). Devises ‖ heroïqves, ‖ Par M. Claude Paradin, ‖ Chanoyne de ‖ Beauieu. ‖ *A Lyon,* ‖ *Par Iean de Tovrnes,* ‖ *et Gvil. Gazeau,* ‖ *M.D.LI* (1551). ‖ Auec Priuilege. In-16, de 126 ff. ; mar. rouge, fil., tr. dor.

Édition de toute rareté, NON CITÉE au *Manuel*, et qui contient 118 emblèmes sans autre texte explicatif que les devises placées en tête. L'épitre dédicatoire, datée de Beaujeu le 26 août 1551, est adressée par Paradin à M. Theode de Marzé, chevalier, baron et seigneur dudit lieu, etc. Une marge rapportée au dern. f.

412. (ANEAU, Barth.). Imagination poetique, traduicte en vers François, des Latins et Grecz par l'auteur mesme d'iceux. Horace en l'art. La Poësie est comme la pincture. *A Lyon, par Macé Bonhomme,* 1552. In-8 ; mar. vert, fil., tr. dor.

Petit volume rare, orné de 106 charmantes vignettes sur bois (dont une est répétée deux fois), dessinées par le Petit Bernard. Nous avons donné dans notre catalogue de 1879, n° 446, l'historique de ce livre, dont le texte a été fait pour les gravures. Il faut avouer que le poète s'est habilement tiré de sa tâche. Ses pièces de vers sont intéressantes et elles respirent une très grande liberté de mœurs. On a fait paraître simultanément une édition avec des vers en latin et en grec, sous ce titre : *Picta Poesis*. A la fin du volume se trouve une description en vers de plusieurs aventures et évènements arrivés à Lyon à l'époque où vivait le poète.

OUVRAGES EN TOUT GENRE.

413. ALCIATUS (A.). Clarissimi viri D. Andreæ Alciati emblematum libri duo. *Lugduni, apud Ioannem Tornæsium et Gulielmum Gazeau,* 1554. — ANEAU (B). Picta poesis ab authore denuo recognita. *Lugduni, apud Matthiam Bonhomme,* 1556. En 1 vol. in-16; mar. rouge, fil. à froid, tr. dor. (*Lortic*).

Les Emblèmes d'Alciat sont au nombre de 114, en bonnes épreuves. La *Picta Poesis* est de la deuxième édition latine, avec les mêmes gravures que l'édition française ci-dessus, et en plus une vignette (p. 23) satirique contre la vénalité des avocats.
Très joli exemplaire.

414. Biblia sacra ad optima quæque veteris, vt vocant, tralationis exemplaria summa diligentia, pariq3 fide castigata, *Lvgdvni, apvd Ioan. Tornæsivm,* 1554. In-8; mar. La Vallière, fil. à froid, tr. dor. (*Lortic*).

« Cette Bible précieuse contient 115 figures à la Bible, 83 au Nouveau Testament, en tout 198 figures dessinées par le Petit Bernard. Une partie des figures de l'Ancien Testament avait paru pour la première fois l'année précédente dans les *Quadrins historiques de la Bible* (de la Genèse) et les *Quadrins historiques d'Exode*. » (Didot, *Cat. rais.*, n° 506.)
Très bel exemplaire de ce livre fort rare.

415. Le Nouueau Testament de nostre Seigneur Iesus Christ. *Lyon, par Iean de Tournes,* 1553. In-16, de 526 pp.; mar. noir, fil. à froid (*anc. rel.*).

« Volume aussi précieux que rare. La suite des vignettes qui s'y trouvent, au nombre de 73, due évidemment à Bernard Salomon, a été faite expressément pour cette publication. Cette suite est d'autant plus satisfaisante qu'elle est mieux imprimée que les *Quadrins* et qu'elle ne l'est dans la *Biblia sacra* de J. de Tournes de 1554, où elle reparaît au Nouveau Testament. » (Didot, *Cat. rais.*, n° 505.)
Exemplaire réglé, avec épreuves très brillantes, mais incomplet de 2 ff. (pp. 3-4 et 9-10).

416. (Pourtraits divers.) *A Lion* ‖ *Par Ian de Tovrnes. M.D.LVI* (1556). In-8, de 44 ff.; demi-rel. mar. rouge.

Exemplaire peut-être incomplet, et dont le titre est déchiré par le bas, d'une édition NON DÉCRITE. Quarante-trois planches *tirées hors texte*. On y trouve 2 nouvelles figures du rarissime volume des *Hymnes du temps*, qui ne sont pas dans l'édition de 1557 des *Pourtraits divers*.

417. OVIDE. Trois premiers liures de la metamorphose d'Ovide, Traduictz en vers Frãçois. Le premier et second, par Cl. Marot.

Le tiers par B. Aneav. Mythologizez par Allegories Historiales, Naturelles et Moralles recueillies des bons autheurs Grecz et Latins sur toutes les fables et sentences. Illustrez de figures et images conuenantes. *A Lyon, par Guillavme Roville, à l'escv de Venise*, 1556. (A la fin :) *Imprimé par Macé Bonhomme. A Lyon*. Pet. in-8 ; mar. vert, orn., tr. dor. (*Capé*).

<small>Les 57 petites vignettes qui décorent ce volume sont celles qui figurent dans la *Picta Poesis*, publiée la même année (voir plus haut). Toutes les pages sont entourées de bordures.
Très bel exemplaire.</small>

418. SIMEONI (G.). Illvstratione de gli epitaffi et medaglie antiche, di M. Gabriel Symeoni Fiorentino. *In Lione, per Giovan di Tovrnes, M.D.LVIII* (1558). In-4 ; mar. olive, fil. à fr. (*Bauzonnet-Trautz*).

<small>Volume illustré d'une manière remarquable, et encore insuffisamment connu. Il est orné d'une délicieuse vignette au titre dans le style de Fontainebleau, du portrait de l'auteur, de la représentation d'un grand nombre d'épitaphes et de charmantes vignettes du Petit Bernard, parmi lesquelles il y a à remarquer la *Fontaine d'Anet* et *Diane de Poitiers* (p. 103). Beaucoup de beaux cadres de Jean de Tournes y ont été utilisés.
Exemplaire dans une condition exceptionnelle, relié sur brochure et absolument non rogné. Racc. dans la partie blanche à qq. ff. du commencement. De la bibl. Yemeniz.</small>

419. Historiarvm memorabilivm ex Genesis descriptio, per Gulielmum Paradinum. *Lvgdvni, apvd Ioan. Tornæsivm, M.D.LVIII* (1558). — Historiarvm memorabilivm ex Exodo, sequentibusq₃ libris descriptio, per Gulielmum Borluyt. *Lvgdvni, apvd Ioan. Tornæsivm*, 1558. — Figures du Novveav Testament. *A Lion, par Ian de Tovrnes*, 1556. En 1 vol. in-8 ; veau brun, compart. à fil., ornem., tr. cis. et dor. (*rel. du temps*).

<small>Les deux premières parties constituent la quatrième édition des figures des célèbres *Quatrains historiques de la Bible*, et la réimpression de la troisième édition originale. La *Genése* offre 94 fig., et l'*Exode*, ainsi que le reste de l'Ancien Testament, 134 fig.
Le *Nouveau Testament*, orné de 96 figures, est en seconde édition. Les sixains sont de Ch. Fontaine, qui a fait insérer à la fin un curieux avertissement aux lecteurs, au sujet de l'*ortografe*, pour savoir « *si l'on doit suivre la dérivation ou prononciation* ».
Très beau tirage des planches de cette édition rare.</small>

420. Qvadrins historiqves de la Bible. Reuuz, et augmentez d'un

grand nombre de Figures. *A Lion. Par Ian de Tovrnes.* M.D.LX. (1560). — Figvres du Novveav Testament. *A Lyon, par Iean de Tovrnes.* M.D.LXXIX. (1579). En 1 vol. in-8 ; mar. rouge, fil., ornem., tr. dor. (*Capé*).

La première partie est ornée de deux cent trente et une figures et la seconde de quatre-vingt-seize, ce qui représente la *totalité des vignettes authentiques du* Petit Bernard *à sujets bibliques.*

Exemplaire offrant de bonnes épreuves de ces compositions.

421. GIOVIO et SIMEONI. Le Sententiose imprese di Monsignor Paulo Giovio, et del signor Gabriel Symeoni, ridotte in rima per il detto Symeoni. *In Lyone, apresso Gulielmo Roviglio,* 1562. In-4 ; veau antiqué, fil., tr. dor.

Édition fort rare sous cette date. En premier lieu viennent les emblèmes de Symeoni ornés de trente-six fig. sur bois qui avaient déjà paru séparément sous le titre d'*Imprese heroiche et morali*, chez le même éditeur, en 1559, en latin et aussi en français. Ils sont suivis des emblèmes historiques de Giovio dont l'édition originale, avec texte italien (*Dialogo dell' imprese*) avait paru en 1559, chez Roville, avec cent deux fig., tandis que leur nombre n'est ici que de quatre-vingt-dix, les emblèmes des pages 42, 48, 53, 61, 85, 92, 97, 102, 113, 123, 124 et 142 de l'édition originale n'ayant pas été reproduits. Toutes ces vignettes paraissent être de la même main, et elles sont encadrées de cartouches variés et souvent d'une ornementation délicieuse, où l'on reconnaît la main du Petit Bernard. Le texte historique des éditions originales a été remplacé ici par des quatrains. Cette édition a été dédiée à Emmanuel-Philibert, duc de Savoie ; l'épître dédicatoire de Simeoni est datée du 20 octobre 1560 : et en effet la première édition de ce volume sous cette forme est de 1560.

422. ESOPE. Les Fables et la vie d'Esope, latines et françoises. Auec trois amples Indices. (*Genève*) *Par Iean de Tovrnes.* M.D.CVII. (1607). In-16, de 8 ff. prél., 336 pp. et 7 ff. (table) ; mar. rouge du Levant, fil. à fr., tr. dor. (*Capé*).

Édition extrêmement rare et la plus importante de toutes celles publiées par de Tournes au point de vue des gravures sur bois. Elle offre, en effet, 33 des quarante gravures de l'édition du même de 1551 ; 12 gravures de celles qui ont paru pour la première fois dans l'édition de 1570 ; *dix gravures originales* (pp. 135, 186, 244, 249, 272, 277, 282, 288, 298 et 320), et, ce qu'il importe de noter, quarante-six vignettes copiées sur celles de l'édition de Paris, de Marnef et Cavellat, 1582, dont nous avons décrit le seul exemplaire connu, dans notre cat. de 1879, n° 496. Nous sommes le premier à donner ces renseignements circonstanciés sur ce livre peu connu, orné de 105 gravures en tout, représentant 101 sujets différents, à cause de quatre répétitions. Quelques-unes de ces vignettes peuvent être du Petit Bernard.

Tout le texte français de cette édition est imprimé en caractères cursifs de R. Granjon, dits de *civilité*.

Très joli exemplaire, en parfait état.

423. OVIDIO. La vita et metamorfoseo d'Ovidio. (Même titre qu'à l'édition italienne de 1559.) *A Lione per Giouanni di Tornes, typographo regio,* 1584. In-8 ; mar. vert, fil. (*Kœhler*).

Édition conforme à celle de 1559, seulement les bordures ont été placées dans un autre ordre. Les vignettes sont peut-être le chef-d'œuvre du Petit Bernard. Dans la partie finale, une gravure représentant la Fontaine de Roiaz, en Auvergne.

Exemplaire presque non rogné, avec de nombreux témoins. Racc. au titre et au dern. f.

424. OVIDE. Olympe, ov metamorphose d'Ovide. Traduction nouuelle, conferee auec le Latin, et enrichie de plusieurs figures. Auec vne belle description du Chaos par le S. du Bartas. *M.D.XC.VII* (1597). (*Genève*) *Par Iean de Tovrnes, Imprimeur du Roy. Auec privilege.* In-16 ; mar. La Vallière, fil. à froid, tr. dor. (*Hardy*).

« Le privilège est daté de janvier 1574. Dans une curieuse préface, datée de 1582, Jean II de Tournes explique que son père n'a pu faire paraître ses belles figures d'Ovide, de Bernard Salomon, qu'avec ses huitains, et que la contrefaçon (Paris, de Marnef, 1570) l'a empêché de donner suite à son projet de traduction en prose française. Il (Jean II) accomplit ce projet en utilisant les figures exécutées pour son père. Elles sont au nombre de 193, dont 17 sont inédites. Sous ce rapport, cette édition est encore une des éditions originales des Métamorphoses de de Tournes. Malheureusement les belles bordures de la *Métamorphose figurée* sont supprimées, et le tirage et le papier sont très mauvais. » (Didot, *Cat. rais.*, n° 525.)

Les pièces préliminaires, la table, etc., sont imprimées avec les caractères cursifs, dits *de civilité*.

Très joli exemplaire.

425. OVIDE. Olympe, ov Metamorphose d'Ovide. Traduction nouuelle, conferee auec le Latin, et enrichie de plusieurs figures. Auec la description du Chaos en vers François par le S. du Bartas. (*Genève*) *Par Iean de Tovrnes, M.DC.IX* (1609). In-16 ; mar. vert, fil., tr. dor. (*Duru*).

Les 193 compositions du n° précédent figurent dans ce petit volume. Cette édition de 1609 est donc une réimpression pure et simple de l'édition de 1597, mais un peu moins mal tirée et sur meilleur papier. De même que dans celle ci-dessous, on y a imprimé des parties en caractères dits *de civilité*.

**426.** GUICHARD (Cl.). Fvnerailles, & diuerses manieres d'enseuelir des Rommains, Grecs, & autres nations, tant anciennes que modernes, descrites par Claude Guichard. *Lyon, Iean de Tournes*, 1581. In-4 ; veau racine, fil. (*anc. rel.*).

<blockquote>
Livre fort rare. Les gravures sont en parties de rassortiment. La fig. de la page 179 porte cette signature : CRUCHE INV. Ce Cruche paraît par son burin le même que P. Eskrichœus, graveur lyonnais de talent, qui copia en 1582, pour le libraire Honorati, une partie des figures de la Bible du Petit Bernard.
</blockquote>

### ANONYMES.

**427.** La grād danse Macabre ‖ des hōmes ⁊ des fēmes ‖ hystoriee et augmentee ‖ de beaulx dictz en latin.

<blockquote>
Le debat du corps ⁊ de lame<br>
La complaincte de lame damnee<br>
Exhortation de bien viure ⁊ bien mourir<br>
La fin du mauluais Antechrist<br>
Les quinze signes<br>
Lè iugement.
</blockquote>

*On les vend a Lyon sur le Rosne / en la maison de Pierre saincte Lucie / dict le Prince / pres nostre dame de Confort.* (A la fin :) *Imprimee a Lyon / le deuxiesme iour de septembre Lan Mil.ccccclxviii* (sic, 1568). In-4, goth., de 40 ff.; mar. grenat, riches compart. à fr., tr. dor.

<blockquote>
Édition extrêmement rare.

« Cette date doit être inexacte, car Pierre de Sainte-Lucie, dit le Prince, a succédé en 1533 à Claude Nourry, dit le Prince, dont il a épousé la veuve cette même année, et n'a exercé que jusqu'en 1555. C'est probablement 1548 qu'il faut lire (rétablissant la transposition des chiffres *l* et *x*). Mais les 59 bois sont beaucoup plus anciens et ont été exécutés, vers 1499, pour le prédécesseur de Claude Nourry, dans le fonds duquel Sainte-Lucie les a trouvés. En effet, l'édition de 1501, donnée par Nourry, porte ces mots : « augmentée de beaulx dis », comme celle-ci, ce qui suppose une édition antérieure. Ces figures sont une imitation indigne des bois parisiens de 1492. Il est curieux de voir se perpétuer à Lyon, au milieu des charmantes productions artistiques de la Renaissance dues aux de Tournes et aux Rouille, cette grossière iconographie religieuse du siècle précédent. » (Didot, *Cat. rais.*, n° 556.)

Très bel exemplaire.
</blockquote>

**428.** Promtuarii iconum insigniorum a seculo hominum…. editio secunda, illustrium virorum, qui a prima successerunt, imaginibus aucta atque locupletata. *Lugduni, apud Gulielmum*

*Rovillium*, 1576-81. 2 part. en 1 vol. in-4 ; mar. rouge, rich dent., tr. dor. (*anc. rel.*).

> Volume intéressant orné de médailles bien gravées, mais peu fidèles, sauf celles des personnages contemporains, parmi lesquels il y a beaucoup de Français célèbres.
> Exemplaire aux armes *écartelées : au 1 et 4, à un lion ; aux 2 et 3, à une cotice accompagnée d'une tête de cerf et d'un cor de chasse ;* couronne de comte. Les plats sont en outre parsemés du chiffre A M couronné.

429. SIMEONI (G.). Dialogo pio et specvlativo, Con diuerse sentenze Latine et volgari di M. Gabriel Symeoni Fiorentino. *In Lione, apresso Gvglielmo Roviglio*, 1560. In-4 ; mar. vert, fil. à fr., tr. dor.

> Ouvrage intéressant, orné de 50 figures. On y remarque la représentation du château de Polignac, en Velay ; le tombeau de Simeoni et la grande carte de la Limagne d'Auvergne.
> Très bel exemplaire.

430. Figure de la Biblia, illustrate de stanze tuscane, per Gabriel Symeoni. *In Lyone, appresso Gulielmo Rovillio*, 1565. In-8 ; mar. La Vallière, jans., tr. dor. (*Belz-Niedrée*).

> Illustrations des plus remarquables, même à côté des *Quadrins* de Bernard Salomon. Deuxième édition de l'Ancien Testament, avec 269 gravures.
> Superbe exemplaire, avec des épreuves très brillantes. H. : 0,163.

431. Biblia ad vetustissima exemplaria nunc recens castigata, Romæque reuisa...... additis, ubi res postulauit, elegantissimis figuris. *Lvgdvni, apvd Gvlielmvm Rovillivm*, 1573. In-8, de 1214 pp. et 50 ff. pour les index ; veau maroquiné, fil., tr. dor.

> « Les figures de cette bible, jusqu'ici NON DÉCRITE, sont au nombre de 404. Elles se répartissent ainsi : Genèse, 64 ; Exode, 51 ; Lévitique, 3 ; Nombres, 3 ; Josué, 10 ; Juges, 13 ; Ruth, 4 ; Rois, 70 ; Paralipomènes, 3 ; Esdras, 1 ; Tobie, 4 ; Judith, 1 ; Esther, 1 ; Jérémie, 1 ; Ézéchiel, 1 ; Daniel, 11 ; Jonas, 4 ; Machabées, 3 ; Évangiles, 78 ; Actes, 48 ; Épîtres, 5 ; Apocalypse, 25. Récap. : 248 pour l'Ancien, 156 pour le Nouveau. A la figure de S. Jude, p. 1189, se voit le nom de MONI. Ce volume est introuvable. » (Didot, *Cat. rais.*, n° 551.)
> Bel exemplaire, aux armes du marquis de Morante.

432. Figvre de la Biblia, illvstrate de Stanze Tuscane, per Gabriel Simeoni. *In Lione, appresso Gulielmo Rouillio*, 1577. = Fi-

gvre del nvovo Testamento. Illustrate da versi vulgari italiani. *In Lione, appresso Gvlielmo Roviglio*, 1588. En 1 vol. in-8; mar. La Vallière, compart. à fil., tr. dor.

Bible complète donnée par cet éditeur. Il y a 269 figures à l'Ancien Testament, les mêmes que celles du n° 430 ci-dessus, et 158 au Nouveau Testament, c'est-à-dire 9 de plus que dans l'édition de 1570.

Très bel exemplaire de ce livre rare et très important pour l'histoire de la gravure sur bois.

433. (ANEAU, Barth.) Premier livre de la nature des animaux, tant raisonnables que brutz. *A Lyon, par Balthasar Arnoullet*, 1552. Pet. in-8, de 4 ff. prél., 60 pp. et 1 f.; mar. rouge, fil., tr. dor. (*Hardy-Mennil*).

Ce petit volume en vers appartient en même temps à l'histoire naturelle et à la poésie descriptive. Il est dû à la plume de Barthélemy Aneau, qui a signé l'épître dédicatoire à Claude de Damas, baron de Digoyne. L'opuscule est divisé en dix parties ou *décades*. La première, consacrée à Dieu et à l'homme, n'est ornée que de sept gravures, et toutes les suivantes comptent chacune dix sujets, ce qui porte le nombre total de figures à 57. Le dessinateur de ces vignettes ne manquait certes pas de talent, mais son travail n'a pas été interprété par le graveur avec assez de finesse. La première partie est la mieux exécutée, et on y reconnaît la main d'un graveur plus habile que dans la suite. Chaque figure est accompagnée d'un dizain. Le privilège est de 1549, date de l'édition originale de cet opuscule, publiée par le même libraire.

Exemplaire du prince d'Essling, d'une conservation irréprochable; il lui avait coûté 240 fr.

434. Figvres de la Bible declarees par stances, par G. C. T. Augmantees (sic) de grand Nombre de figures aux Actes des Apostres. *A Lyon, par Barthelemi Honorati*, 1582. — Figvres dv Novveav Testament declarees par stanses, Par G. C. T. *A Lyon, povr Barthelemi Honorati*, 1582. — Actes des apostres, representees par vn grand Nōbre de figures qui n'ont par cy deuant esté veuës, & sont interpretees par Stanzes. Par G. C. T. *A Lyon. Par Barthelemi Honorati*, 1582. (A la fin :) *Imprimé a Lyon par Basile Bouquet*, 1582. En 1 vol. in-8; mar. rouge, fil. à compart., tr. dor. (*Simier*).

« Les sixains sont de Gabriel Chappuis, Tourangeau. Cette édition, dont parle Papillon, t. 1, p. 229, en l'attribuant à tort à Moni, se compose de trois parties distinctes. Les figures de la première partie, au nombre de cent quatre-vingt-douze, reproduisent presque servilement les compositions des Quadrins de la Bible du Petit Bernard. La seconde partie, également copiée de Salomon, contient quatre-vingt-cinq planches. La troisième partie, c'est-à-dire les Actes, contient cent cinquante-trois planches originales qui n'ont pas de rapport avec celles que Moni a gravées pour Guillaume Rouille. » (Didot, *Cat. rais.*, n° 553.)

Superbe exemplaire, avec témoins. H. : 0,164. En tête de la seconde partie se trouve une belle carte pliée, gravée sur bois, avec ce titre : *Description de la Terre Saincte.* Elle ne paraît pas avoir été faite pour ce volume, car nous ne l'avons rencontrée dans aucun autre exemplaire. De la bibl. Yemeniz.

435. COUSTEAU (P.). Petri Costalii pegma, cum narrationibus philosophicis. *Lvgdvni, apvd Matthiam Bonhomme,* 1555. In-8; mar. rouge, fil., tr. dor. (*anc. rel.*).

Première édition, ornée de 95 figures. « Cet ouvrage, dit M. Didot, est un de ceux où se révèle le style lyonnais proprement dit, soit dans les bordures qui entourent chaque page, soit dans les vignettes. »
Bel exemplaire. La marge du bas au titre est rapportée.

436. BOUSSUET. Francisci Boussueti surregiani doctoris medici, de natura aquatilium carmen. In uniuersam Gulielmi Rondeletii quam de Piscibus marinis scripsit historiam. Cum viuis eorum imaginibus, opusculum nunc primum in lucem emissum. *Lugduni, apud Matthiam Bonhome, sub claue aurea,* 1558. 2 t. en 1 vol. in-4; veau fauve, fil., tr. dor.

Les figures sur bois, belles et exactes, qui décorent ce rare volume, avaient paru, en 1554, dans l'ouvrage latin de Rondelet.
Exemplaire de la bibliothèque de Colbert.

437. DU CHOUL. Discovrs de la religion des anciens Romains, de la Castrametation et discipline militaire d'iceux. Des Bains & Antiques exercitations Grecques & Romaines, Escript par Noble S. Guillaume du Choul..... Illustré de médailles & figures retirées des marbres antiques, qui se treuuent à Rome, & par nostre Gaule. *A Lyon, Par Guillavme Roville,* 1581. 2 part. en 1 vol. in-4; mar. rouge, riches ornem., tr. dor. (*anc. rel.*).

Nombreuses figures de médailles et de bas-reliefs assez bien dessinées.
Exemplaire revêtu d'une fort belle reliure au pointillé, aux armes d'un membre de la maison DE LA VIEUVILLE-D'ARTOIS, chevalier de l'ordre de Malte; l'écu est surmonté de la couronne ducale.

438. CARTARI (V.). Les Images des dievx des anciens, contenans les idoles, covtvmes, ceremonies & autres choses appar-

tenans à la Religion des payens. Recueillies premierement et exposees en Italien par le S$^{gr}$ Vincent Cartari de Rhege, et maintenant traduites en François & augmentées par Antoine du Verdier, Seigneur de Vaupriuas.... *A Lyon, par Estienne Michel,* 1581. (A la fin :) *A Lyon, de l'imprimerie de Guichard Iullieron.* In-4 ; vél. blanc.

    Première édition française. « Ce volume contient un beau portrait et des planches qui, bien qu'assez convenablement dessinées, se ressentent de la décadence de la gravure sur bois. » (Didot, *Cat. rais.*, n° 572.)
    Très bel exemplaire.

**Paris.**

439. Lucan suetoi‖ne te (*sic*) saluste ‖ en francois. (A la fin :) *Cy finist Lucan suetoine et salu‖ste en frācoys Imprime a paris Le xxii$^e$ iour de Decembre mil iiii$^{cc}$. iiii$^{xx}$ z dix* (1490) ‖ *par Pierre le Rouge... pour Anthoine Verard marchāt libraire demourant a Paris...* In-fol., goth., à 2 col. ; veau antiqué, fil., tr. rouge.

    Compilation faite d'après les trois auteurs cités au titre. Ouvrage rare, orné de 66 figures, et important pour l'histoire de l'art de la gravure à Paris.
    Exemplaire grand de marges, mais avec des taches à qq. ff. et le dernier f. restauré. Gravures enluminées à l'époque.

440. SÉNÈQUE. Senec‖que ‖ des motz ‖ dorez ‖ des qua‖tre ver‖tus en ‖ fran‖coys. (A la fin :) *Imprime a paris po$^r$ anthoine ve=‖rard Libraire demourāt sur le pōt nrē=‖dame a lymaige saīt Jehan leuāngeliste ‖ ou au palays au p̄mier pillier de la salle ‖ deuant la chapelle ou on chante la mes=‖se de messeigneurs les presidens.* S. d. (1491). In-fol., goth., à 2 col., de 46 ff. (et non 44) n. ch. ; mar. La Vallière, fil. et bordure à froid, fleurons, tr. dor. (*Lortic*).

    Traduction de Jean Courte-Cuisse, datant du commencement du xv$^e$ s. Au titre, une très grande initiale S dracontine. Au f. suivant, une belle gravure ayant pour sujet la *Présentation du livre par Verard au roi Charles VIII*, et une large bordure entourant la page. On trouve généralement cet ouvrage à la suite de celui de P. Orose donné par Verard en 1491.
    Très bel exemplaire, avec initiales et bordures peintes et les gravures enluminées.

441. Cy est le compost et kalēdrier ‖ des bergiers, ou quel sōt

plusieurs / nouuelletes cõme ceulx ‖ qui le verront pourront cõgnoistre... Leql cõpost et kalendrier ‖ touchāt les lunes et eclipses est approprie cõme doit pour le ‖ climatz de France au iugemēt et cõgnoissance des bergiers. (A la fin : ) *Finist le compost et kalendrier des bergiers. Imprime a Paris par* ‖ *maistre Guy Marchant: demourant au champ Gaillart: derriere le* ‖ *college de Nauarre. Lan M.cccc.iiii xx.xvii. Le xvi. iour de septēbre* (1497). In-4 ; mar. La Vallière, bordure à fr., tr. dor. (*Lortic.*)

Édition dont l'auteur du *Manuel* n'a pu que constater l'existence d'après De Bure. C'est la troisième ou quatrième réimpression du célèbre grand Compost de Guy Marchant, dont nous avons décrit la première édition (1493) dans notre catalogue de 1879, n° 466. Les mêmes gravures apparaissent dans celle-ci.

Exemplaire UNIQUE, mais incomplet du cahier *b* (6 ff.) contenant le calendrier ; il ne compte que 84 ff. non chiffrés. Heureusement qu'il a toutes les gravures sur bois de l'édition originale, parmi lesquelles se trouvent les sept planches magistrales représentant les *Peines d'enfer*, et comme ce livre n'a de l'importance qu'en raison de ses gravures, la lacune qu'offre cet exemplaire est moins sensible. Sauf la lacune, il est, d'ailleurs, en parfait état.

442. TÉRENCE. Therence en frācois ‖ Prose et Rime auecques le latin. (A la fin : ) *Icy fine Therence en francoys Impri*‖*me a paris pour antoine verard marchāt* ‖ *libraire demourant a paris en la rue sainct*‖*Jaques pres petit pont*... S. d. (vers 1500). In-fol., goth., à 2 col., de 375 ff. (le dernier coté 385) et 1 f. bl. ; mar. rouge du Levant, dent., tr. dor. (*Bauzonnet*).

Édition fort rare de cette première traduction du poète dramatique latin, ornée d'un grand nombre de gravures sur bois d'un bon dessin. Renouvier en a parlé avec beaucoup d'éloges.

Exemplaire de toute beauté, avec témoins. Une marge rapportée au 1er f. De la bibl. Yemeniz.

443. VORAGINE (J. de). Aurea legenda (en flamand). (A la fin : ) ... *Gheprent te Parijs int sint Iacobs strate in teyken van sint Iorys voor Willem Houtmart boeck vercoper wonende te Brusel. Int iaer ons heren M.CCCCC. eñ vij f.* 2 tom. en 1 vol. in-fol., goth. ; de 2 ff. prél., 171 ff. ch., 3 ff. prél. et 182 ff. ch. ; mar. rouge, compart., tr. dor. (*anc. rel.*).

Édition fort rare et NON CITÉE d'une traduction flamande de la Légende dorée de Jacques de Voragine. «La première partie du Passionael est terminée par une souscription, qui nous apprend que l'ouvrage a été imprimé à Paris, par Wolffgang Hopyl, aux frais de Houtmart, libraire à

Bruxelles, en 1505; la seconde partie, comme on le voit ci-dessus, porte la date de 1507. Les gravures représentant les saints sont naïves, et la grande gravure qui termine chaque partie est d'une assez belle exécution.» (Didot, *Cal. rais.*, n° 592).

Bel exemplaire, sauf qq. racc.

444. BRANDT (Séb.) et BADIUS (J.). Nauis stultifere Collectanea ab Iodoco Badio Ascensio vario carminū genere nō sine eorundem familiari explanatione conflata... *Venundantur Parisiis in vico sancti Iacobi sub Pelicano* (marque des De Marnef), *et in ædibus ascensianis.* (A la fin :) *Ex officina nostra in Parrhisiorum achademia nobilissima. Die Prima Iulii anno salutis. M.D.XIII* (1513). In-8 ; cuir de Russie, fil. à froid.

Édition ornée de 115 gravures copiées sur celles des éditions de Bâle (voir plus haut le n° 368) et les mêmes (moins trois qui ne reparaissent pas) que celles que Zachon avait employées à Lyon dans son édition de 1498. Piq. de vers bouchés.

445. Le liure faisāt mentiō des ‖ sept parolles que nostre benoist saul‖ueur z redēpteur Iesuchrist dit en lar‖bre de la croix... (A la fin :) *Imprime a Paris lan de grace Mil cinq cens ‖ vingt huyt* (1528) *: par maistre Simon du bois īprimeur ‖ demourant audit lieu. Pour Chrestien Vvechel ‖ libraire iure de luniuersite : demourāt en la rue saīct ‖ Iaques a lenseigne de lescu de Basle.* In-4, goth. ; veau brun, ornem. à froid, tr. dor.

Belle impression en rouge et en noir. «Les gravures sur bois de ce livre non cité paraissent avoir été empruntées à des Heures du même temps. Le frontispice, représentant les Muses couronnant Homère, est un des plus beaux de ceux qui ont été dessinés par HOLBEIN. Il prouve les rapports de l'imprimerie de l'*Écu de Bâle* avec les imprimeurs artistes de cette ville.» (Didot, *Cat. rais.*, n° 603.)

Exemplaire réglé, avec témoins, mais le feuillet de titre est en mauvais état.

446. ALCIAT (A.). Livret ‖ des emblemes/ de maistre Andre ‖ Alciat/ mis en rime francoyse/‖ z presente a mon seigneur ‖ Ladmiral de ‖ France. ‖ *On les vend a Paris/ en la maison de ‖ Chrestien wechel / demeurant en la ‖ rue sainct Iaques / a lescu de Basle.* ‖ *M.D.xxxvi* (1536). In-8, sign. A-Q ; demi-rel., veau rouge.

Première édition française. Le texte latin est en italique, les vers français, de Jehan Lefevre, sont imprimés en gothique. «Ce précieux recueil, dit M. Didot, contient 113 emblèmes, tous de style bâlois, et dont quelques-uns, d'une meilleure facture que les autres, pourraient bien avoir été dessinés par Holbein. La 78° planche, représentant le *Triomphe de Bacchus*, porte la marque du graveur Mercure Jollat. »

Exemplaire qui a besoin d'être nettoyé et restauré légèrement. Brillantes épreuves.

447. ALCIAT (J.). Livret ‖ des Emblemes/ de maistre Andre ‖ Alciat/ mis en rime françoyse, ‖ z presente a monseigneur ‖ Ladmiral de ‖ France. ‖ *On les vend a Paris/ en la maison de ‖ Chrestien Wechel/ demeurant en la rue ‖ sainct Iaques/ a lescu de Basle.* ‖ *M.D.XXXVI* (1536). In-8, sign. A-Q ; veau olive, fil., tr. dor. (*Kœhler*).

On n'avait pas encore remarqué que Wechel a donné deux éditions françaises sous la même date. Celle-ci est postérieure à celle décrite ci-dessus. Elle a été complètement recomposée, et présente plusieurs différences orthographiques et typographiques. On peut les distinguer par le titre, lequel dans l'édition antérieure porte les chiffres xxxvj de la date en bas de casse, qui sont en grandes capitales dans cette édition.

Exemplaire Yemeniz. Fortes restaurations au premier et au dern. ff.

448. OVIDE. Le Grand ‖ Olympe des Hystoires poeti‖ques du prince d' ‖ poesie Ouide ‖ Naso en sa Metamorphose/ ‖ Oeuure Authentique/ et de ‖ hault artifice/ plaine de hone‖ste recreation. Traduict de la‖tin en francoys/ z imprime a ‖ Paris. *M.D.xxxix.* ‖ *On les vend a Paris par* ‖ *Alain lautroie* (sic, pour Lotrian) *en la rue neuf‖ue nostre Dame / a lescu de ‖ France.* (A la fin :) ... *Imprimee nouuellemēt a Paris par Iehan Real, imprimeur*, 1538. In-8, goth., divisé en 3 part. ; mar. bleu, fil. à froid, tr. dor. (*Niedrée*).

Édition rare. Les figures sur bois de ce volume sont très archaïques. Papillon (*Hist. de la grav. s. b.*, I, 464) dit qu'elles ont été dessinées par V. Tatorac, de Paris.

Bel exemplaire, sauf qq. raccomm.

449. Novvm testamentum, illvstratvm insignivm rerū simulacris, cum ad ueritatē historiæ, tum ad uenustatem, singulari artificio expressis. *Excudebat Fran. Gryphius, an. M.D.XXXIX* (1539). In-16 ; mar. bleu, fil. à froid, tr. dor.

« Ce joli volume contient une suite de vignettes très fines et qui paraissent copiées sur une édition du Nouveau Testament de la version d'Erasme publiée à Anvers par Plantin. Elles sont bien imprimées. » (Didot, *Cat. rais.*, n° 620.)

450. TÉRENCE. Le grand therēce ‖ en francoys tāt ‖ En Rime que

OUVRAGES EN TOUT GENRE. 211

en Prose Nouuellement Imprime a ‖ Paris... *Imprime a Paris par Guillaume de Bossozel ‖ au Chasteau rouge*. M.D.xxxix (1539). In-fol.; mar. vert, fil. à froid, tr. dor. (*Duru*).

Le texte de Térence est en lettres rondes, la traduction est en caractères goth. Les figures sont celles de la belle édition latine de Trechsel (*Lyon*, 1493), qui est, comme on sait, le premier ouvrage à figures sur bois réellement remarquable que la France ait produit.

Superbe exemplaire.

451. LA PERRIÈRE (G. de). Le Thëatre des bons engins auquel sont contenuz cent emblemes moraulx. Composé par Guillaume de la Perriere Tolosain : Et nouuellement par iceluy limé, reueu & corrigé. Auecq privilege (ces deux derniers mots en car. romains). *De l'imprimerie de Denys Ianot, Imprimeur et libraire.* (A la fin :) *Imprimé à Paris par Denys Ianot....* S. d. In-8, de 106 ff., sign. A.-O; mar. rouge, riches compart. à fil.; tr. dor. (*Lortic.*)

Édition, non décrite, intermédiaire entre la première et la seconde. Les mots de la troisième ligne à la huitième du titre sont en italiques, comme dans la première édition (voir le n° 475 de notre cat. de 1879), et il en est de même de la devise de la marque Janot, mais les mots *Auecq priuilege* sont en romain, comme dans la seconde. Elle contient, comme la suivante, un privilège (daté du dernier jour de janvier 1539). Les figures sont mieux imprimées que dans la seconde; les emblèmes y sont également au nombre de 100. Les encadrements présentent des différences avec la seconde et la troisième édition (cette dernière est composée tout entière en caractères romains). A la fin, la devise adoptée par Dollet : *Deliure moy, seigneur, des calumnies des hommes.* Ces figures présentent beaucoup d'analogie avec celles de l'*Hécatongraphie* de G. Corrozet. La planche 66, représentant l'avocat, est une copie d'après Holbein, *Simulacres.*

Très bel exemplaire, réglé, H. : 0$^m$,165. Marge rapp. aux deux premiers ff.

452. LA PERRIÈRE (G. de). Le Theatre des bons engins. Reueu & corrigé de nouueau. *A Paris, de l'imprimerie d'Estienne Groulleau...*, 1550. In-16, de 56 ff.; mar. vert, fil., tr. dor. (*Kœhler*).

Cette édition, de plus petit format que les précédentes, contient les mêmes figures, mais ne porte pas les entourages de celle de Denys Janot. Elle renferme 101 planches.

Charmant exemplaire, avec de brillantes épreuves.

453. (CORROZET, Gilles) Hecatongraphie..... Le tout reueu

par son autheur. *A Paris, chez Denys Ianot, Imprimeur et Libraire*, 1543. In-8; mar. rouge, fil., tr. dor. (*Hardy*.)

> Édition plus belle, dit Brunet, que l'édition originale, dont elle reproduit les figures. Les entourages sont changés de place.
> Très bel exemplaire, sauf quelques taches.

### JEAN COUSIN.

454. (OSIANDER, A.) Harmonię Euāgelicæ libri quatuor. *Parisiis, apud Hieronymū de Marnef et Gulielmū Cauellat*... 1564. Pet. in-8; mar. brun, fil. à fr., tr. dor. (*Duru*).

> Deuxième édition, fort rare. « Ce volume des *Harmonies évangéliques*, dit M. Didot (en parlant de la première édition, de 1544, avec laquelle celle-ci est identique), présente 97 gravures sur bois dignes d'une attention toute particulière. Elles sont parfaitement gravées, et bien tirées typographiquement. Leur dessin est supérieur à celui de Bernard Salomon, dont Papillon fait un élève de J. Cousin, et qui n'a commencé à produire quelques œuvres de gravure importantes que vers 1553, c'est-à-dire neuf ans plus tard. La gravure sur bois prend ici un beau et grand caractère, que je n'hésite pas à attribuer à Jean Cousin. »
> Très bel exemplaire, avec témoins, portant sur le titre la signature du poète Desportes. De la bibl. Yemeniz.

455. Les Figvres de l'Apocalipse de Saint Ian, apostre & dernier Euāgeliste, exposees en Latin & vers francoys (par Iean Maugin). Nul ne sy frote. *A Paris, de l'imprimerie d'Estienne Groulleau, demourant en la rue Neuue Nostre Dame a l'enseigne Saint Ian Baptiste*, 1552. Très-petit in-8, de 32 ff. — Dix Histoires dv Novveav Testament exposees tant en Latin que rithme Françoyse. Auec un cantique Crestien, en faueur de ceux qui ayment les saintes et sacrées chansons, par le petit Angeuin. (A la fin :) *Imprimé à Paris par Estienne Groulleau*, 1551. Très pet. in-8, de 16 ff. En 1 vol., veau brun (*anc. rel.*).

> Cette édition, aussi belle que la première, contient les mêmes figures.
> « Ce livre, aussi rare que précieux, dit M. Didot, est une des charmantes productions de la meilleure époque de la gravure sur bois en France. On y trouve de fréquentes réminiscences de l'Apocalyse de Dürer et la réduction de ces grandes pages en un si petit format est le tour de force d'un maître. »
> Les vignettes, encadrées, sont au nombre de 27 pour le premier opuscule, et de 10 pour le second ; c'est surtout dans ces dernières que le style de J. Cousin est visible.
> Magnifique exemplaire, du duc DE LA VALLIÈRE, portant aussi le cachet des Archives maçonniques du rite écossais.

456. (COLONNA, F.) Hypnerotomachie ov Discours du songe de Poliphile, Deduisant comme Amour le combat à l'occasion de Polia... Nouuellement traduict de langage Italien en François. *A Paris pour Iaques Keruer*... 1554. (A la fin :) *Imprimé povr Iaqves Kerver... par Marin Massellin, le xxii iour de Decembre, L'an M. D. LIII* (1553). In-fol.; veau antiqué, dent. à fr., tr. dor. (*Thouvenin*).

Imitation, due à Jacques Gohory et revue par Jean Martin, de la célèbre *Hypnerotomachia* de François Colonna, imprimée en 1499 par Alde.

« Les 186 gravures sur bois de cette version française, dit M. Didot (*Cat. rais.*, n° 648), sont des imitations libres des dessins de l'édition aldine; mais elles sont plus gracieuses, plus souples et marquées fortement du style français de la Renaissance. Le paysage, l'architecture décèlent un art plus avancé, en même temps qu'un peintre savant dans l'architecture et la perspective. »

Ces gravures ont souvent été attribuées à Jean Goujon, mais M. Didot, appuyé sur l'opinion de l'éminent Renouvier, a démontré, à l'aide de rapprochements originaux, et d'une manière qui semble être définitive, que cette œuvre magistrale est bien de Jean Cousin (voir *Cat. rais.*, n° 648, et *Étude sur J. Cousin*, pp. 178-184).

Deuxième édition, aussi belle que la première. Splendide exemplaire, au chiffre de la duchesse DE BERRY sur la reliure, et avec l'*ex libris* de sa bibliothèque de Rosny. H. : 0,338. La planche du sacrifice à Priape est intacte.

457. HORUS APOLLO. Ori Apollinis Niliaci de Sacris Aegyptiorum notis, ægyptiace expressis, libri duo, iconibus illustrati, etc. *Parisiis, apud Galeotum à Prato*, 1574. In-8; veau fauve, fil., tr. dor. (*Closs*).

Charmant volume, orné d'un bel encadrement au titre d'après Jean Cousin et de nombreuses vignettes gravées sur bois et attribuées en partie au même artiste par Papillon.

458. SAVIGNY (Christ. de). Tableaux accomplis de tous les arts liberaux, contenant brievement et clerement par singuliere methode de doctrine une generale et sommaire partition des dicts arts..... *A Paris, Par Iean et François de Gourmont freres*... 1587. Gr. in-fol.; mar. bleu, riches compart., tr. dor. (*Cocheu*).

Première édition connue et fort rare de ce livre important sous le rapport littéraire et scientifique, car nul doute que l'illustre Bacon n'y ait puisé son fameux système encyclopédique qui l'élevait au-dessus de son siècle.

Le titre représente un grand blason richement décoré, où les armes de Savigny sont surmontées d'une figure de saint-Michel archange qui est du plus beau style. Une autre grande planche en bois, à pleine page, représente Louis de Gonzague, duc de Nivernois, assis, recevant le livre que lui offre l'auteur. L'arbre encyclopédique de Chr. de Savigny est divisé en dix-huit tableaux, richement encadrés. Papillon attribue à Jean Cousin les dessins de toutes ces planches. La *Table théologique* est de l'invention de Bergeron, avocat. A la fin se trouve une curieuse planche gravée en taille-douce.

Exemplaire de M. Luzarches, avec son emblème et sa devise sur les plats de la reliure.

459. Figvres de la Saincte Bible, accompagnées de briefs discours, etc. *A Paris, chez Iean Le Clerc*, 1614. In-fol., de 2 ff. et 272 pp. ch.; mar. La Vallière, riches compart., tr. dor. (*Hagué*).

Deuxième édition, extrêmement rare (on ne connaît qu'un seul exemplaire de l'édition de 1596), de la Bible dite de Jean Le Clerc, dont les dessins sont attribués à Jean Cousin (voir à cet égard l'*Essai sur Jean Cousin*, par M. Didot, pp. 142-145).

ANONYMES.

460. Les Histoires du novveav Testament, demonstrant la Vie, Passion, Mort, et Resurrection de nostre Saulueur, & Redēpteur Iesuchrist, auec la declaratiō de son sainct nō... *A Paris, par Estienne Mesviere, a l'Hostel de Vendosme pres le college de Boncourt*, 1552. In-16, de 78 ff.; veau rac., fil.

Petit volume très rare, orné de cent treize gravures sur bois, souvent fort jolies; un grand nombre portent la croix de Lorraine.

461. Testamenti novi editio vvlgata. *Parisiis, Apud Hieronymum de Marnef, et Guilielmum Cauellat : sub Pelicano, Monte D. Hilarij*, 1563. In-16, de 657 pp. ch. et 15 pp. d'index; mar. rouge, compart., tr. dor.

Cette édition fort rare contient cent dix gravures pour les Évangiles, douze pour les Actes des Apôtres et vingt-deux pour l'Apocalypse. Nous avons vu (voir plus haut, n° 424) que Jean de Tournes s'était plaint que des imprimeurs de Paris eussent contrefait la *Métamorphose figurée* publiée par son père. Jérôme de Marnef et Guillaume Cavellat ne s'en tinrent pas là : ils copièrent également le Nouveau Testament de Bernard Salomon, et ce petit volume en est la preuve. Ces copies sont assez spirituellement exécutées et quelques-unes sont assez bien réussies pour qu'on puisse s'y tromper si l'on n'a pas l'original sous les yeux. La vignette représentant s. Paul (p. 406) porte un monogramme composé de lettres peu lisibles : I G ou L G, qu'on n'avait pas encore remarqué.

Bel exemplaire, sauf piq. de vers racc. dans la marge du bas d'un certain nombre de ff.

462. PARADIN (Cl.). Les Devises heroiqves de M. Claude Paradin, Chanoine de Beauieu, du Seigneur Gabriel Symeon et autres aucteurs. *A Paris, pour Iean Ruelle le ieune, rue S. Iacques à l'ens. S. Ierosme*, 1571. In-16, de 317 pp.; mar. rouge du Levant, fil. à fr., milieu, tr. dor. (*Lortic*).

Ces 217 emblèmes sont copiés sur ceux de l'édition de Jean de Tournes, 1557. Le nouvel éditeur a ajouté un joli frontispice.
Bel exemplaire de ce volume rare.

463. La Saincte Bible, contenant le Viel (sic) & le Nouueau Testament. *A Paris, Par Claude de Monstrœil et Iean Richer*, 1598. 2 vol. in-8, à 2 col.; mar. brun, compart. à fil., tr. dor. (*anc. rel.*).

Bible rare, ornée d'un grand nombre de gravures sur bois, surtout dans le Nouveau Testament, gravures en général très fines, dans d'élégants cartouches. Elles sont dans le style du Petit Bernard ou dans celui de Jean Cousin, et nous ne croyons pas les avoir rencontrées ailleurs.
Superbe exemplaire, avec témoins, très bien relié.

## II. SOLENNITÉS ET FÊTES ILLUSTRÉES.

*Entrées de villes. — Sacres. — Mariages. — Funérailles, etc.*

(Pour ne pas scinder cette section, nous y faisons figurer indifféremment les livres avec gravures sur bois et ceux avec planches en taille-douce. — On trouvera sur ces livres des renseignements utiles dans la *Bibliographie des Beaux-Arts*, par E. Vinet, n°ˢ 468 à 820.)

464. La Ioyeyse & magnifique Entrée de Monseigneur Françoys, fils de France, et frere vnicqve dv Roy, par la grace de Dieu, Dvc de Brabant, d'Anjou, Alençon, Berri, etc., en sa tres-renommée ville d'Anvers. *Anvers, Christ. Plantin*, 1582. In-fol.; mar. rouge, fil., tr. dor. (*Petit*).

Ouvrage important et curieux à plus d'un titre. Les vingt et une planches à l'eau-forte dont il est orné nous montrent le cortège du duc, les chars allégoriques, les arcs de triomphe, les feux d'artifice, les théâtres improvisés à cette occasion, etc. Elles ne sont pas signées, mais on croit pouvoir les attribuer à Abraham de Bruyn, et non, comme le veut le rédacteur du catalogue Soleinne, à Phil. Galle, dont le nom se trouve sur une planche ajoutée à la fin, mais qui ne paraît pas avoir fait partie du volume.

Très bel exemplaire de ce livre peu commun.

465. Les deux plus grandes, plus celebres et memorables resiouissances de la ville de Lyon. La premiere pour l'entree de tres-grand, tres-chrestien, tres-victorieux Prince Henri IIII, Roy de France et de Navarre. La seconde pour l'heureuse publication de la Paix. Auec le cours et la suite des guerres entre les deux maisons de France et d'Autriche, par Pierre Mathieu. *Lyon, Thibaud Ancelin,* 1598. In-4, de 4 ff. lim., 2 pl. et 104 pp.
— Les causes, le cours et les effets des guerres entre les deux maisons de France et d'Austriche depuis l'an 1515 jusques au traité de paix de Veruins, 1598, avec les feux de ioie de la ville de Lyon pour la publication. *Lyon, Th. Ancelin,* 1598. In-4, de 2 ff. lim., 80 pp. et 1 grande grav. En 1 vol.; veau fauve, tr. dor.

Cette entrée eut lieu le 4 septembre 1595, en reconnaissance de la fidélité montrée au roi par la ville de Lyon, qu'il appelle la fille aînée de sa couronne. L'auteur de cette pièce fut au nombre des députés envoyés vers Henri IV pour l'assurer des bons sentiments qui animaient les habitants de cette ville envers leur souverain légitime, et il reçut à cette occasion l'ordre d'écrire l'histoire de ce prince.

La seconde solennité dont la même ville fut le théâtre eut lieu à l'occasion de la paix de Vervins, conclue entre la France et l'Espagne le 2 mai 1598. Ces deux pièces offrent un grand intérêt historique. On y trouve une généalogie des rois de France depuis Pharamond jusqu'à Henri IV, un bon portrait de ce roi à quarante-deux ans, et des eaux-fortes. (Voir Didot, *Cat. rais.,* n° 922.)

466. L'Entrée de tres-grande, tres-chrestienne et tres-auguste princesse Marie de Medicis, reine de France et de Nauarre, en la ville de Lyon, le III dec. M. D. C. (*Lyon, Thibaud Ancelin,* 1600.) In-8, de 76 ff. ch., plus une gr. planche sur cuivre pliée; veau fauve, fil., tr. dor. (*Lefebvre*).

C'est un épisode de cette suite de triomphes qui marqua le passage de Marie de Médicis quand elle traversa la France venant d'Italie. A la suite de la solennité, on lit : *Recueil de l'histoire de Florence, pour l'intelligence de la Généalogie de la grande maison de Médicis et de l'érection du Duché de Toscane.*

467. Voyage dv Roy à Metz. L'occasion d'iceluy : Ensemble les signes de resiouyssance faicts par ses Habitans, pour honorer

SOLENNITÉS ET FÊTES ILLUSTRÉES.     217

l'entrée de sa Majesté. Par Abr. Fabert. (*Metz*) 1610. Pet. in-fol.; vélin, ornem. sur les plats, tr. dor. (*anc. rel.*).

> Henri IV fit ce voyage en mars 1603. Abraham Fabert, sieur de Moulins, échevin de Metz et le plus célèbre imprimeur de cette ville, composa et imprima cette pièce, qui contient quinze gravures en taille-douce, sans compter le frontispice et les armoiries du duc d'Épernon, auquel l'ouvrage est dédié. L'un et l'autre portent le nom du graveur, A. Vallée, ainsi que quatre vues ou cartes de Metz et du pays messin. Parmi les quinze autres planches, représentant des cortèges, des arcs de triomphe, etc., on en remarque trois des plus curieuses : l'une nous montre l'entrée de Henri IV, à cheval, sous un dais ; l'autre, Marie de Médicis portée dans une litière ; la troisième, le combat nocturne et les feux d'artifice qui ont eu lieu dans la grande cour de l'évêché. Ce beau volume est devenu fort rare.
>
> Magnifique exemplaire, avec les planches soigneusement coloriées et rehaussées d'or.

468. Le Soleil au signe du Lyon, d'où quelques parallèles sont tirez auec le tres-chrestien... Louis XIII.... en son Entrée triomphante dans sa ville de Lyon. Ensemble un sommaire recit de ce qui s'est passé de remarquable en ladite entrée de Sa Majesté et de..... Anne d'Austriche..... dans ladite ville de Lyon, le 11 décembre 1622. *A Lyon, chez Iean Iullieron*, 1623. In-fol., de 4 ff. et 180 pp. — Reception de... Louis XIII... et... Anne d'Austriche par les doyen, chanoines et comtes de Lyon en leur cloistre et eglise, le xi déc. 1622. *Lyon, Iacques Roussin*, 1623. In-fol., de 67 pp. En 1 vol.; cart.

> Volume rare, omis au *Manuel*. Il est orné de dix-neuf jolies gravures en taille-douce, signées P. Faber (Lefèvre), G. Huret, Mallery, Velthem, Autguers et C. Audran. Il est curieux pour l'histoire des familles du Lyonnais.

469. Entrée de Loys XIII... dans sa ville d'Arles le vingt-neufiesme Octobre mil six cens vingt-deux. *En Avignon, de l'imprim. de Iean Bramereau*, 1623. In-fol., de 4 ff. et 68 pp., avec 9 pl. grav.; veau antiqué, fil., tr. dor.

> Volume rare, omis au *Manuel*.
>
> « Les consuls et gouverneurs de la ville d'Arles qui ont présidé à l'organisation de cette entrée étaient Valentin de Grille, André de Guan, Charles Gavot et Antoine Franconi. Le peintre-dessinateur de la fête et des planches était Jean Beuf. La première représente Louis XIII à cheval avec cette pompeuse inscription :
>
> Talis erat Cœsar, Ianum cum clauderet orbi.
> Orbes si dederis, Cœsare maior erit.

Une autre planche représente la statue de Boson, roi d'Arles et duc de Bourgogne sous Charles le Chauve; il tient un lion en laisse. » (Didot, *Cat. rais.*, n° 934.)

Très bel exemplaire.

470. Eloges et Discovrs svr.la triomphante reception dv roy en sa ville de Paris, apres la Reduction de la Rochelle (par J.-B. Machaud, jésuite), accompagnez des Figvres tant des Arcs de Triomphe, que des autres préparatifs. *Paris, Pierre Rocolet*, 1629. In-fol.; vélin blanc, fil. (*anc. rel.*).

Volume rare, orné de 15 planches, représentant douze arcs de triomphe et trois chars : l'Age d'or, le Cirque romain, le Vaisseau de la Ville de Paris. Elles ont été gravées sur cuivre par Abr. Bosse, Melchior Tavernier, et G. Firens.

Très bel exemplaire aux armes de la ville de Paris.

471. Medicea Hospes sive descriptio pvblicæ gratvlationis, qua serenissimam, Augustissimamque Reginam Mariam de Medicis, excepit senatvs popvlvsqve Amstelodamensis. Auctore Caspare Barlæo. *Amstelodami, Typis Iohannis et Cornelii Blaev*, cIɔ. Iɔ. c. xxxviii (1638). In-fol., de 61 pp.; vél.

Édition originale de cette relation de l'entrée de Marie de Médicis à Amsterdam, après sa fuite de France. Le volume est orné d'un beau portrait de la reine, et de 16 planches remarquables, dessinées par Chr.-L. Moyaert, S. de Vlieger et Martsen de Jonge, et gravées à l'eau-forte et au burin, en partie par Savry. Titre remonté.

472. Blyde Inkomst der allerdoorluchtighste Koninginne, Maria de Medicis, t'Amsterdam. Vertaelt int het Latijn des hooghgeleerden heeren Kasper van Baerle, Professor in de doorluchtige Schole der gemelde Koopstede. *t'Amsterdam, by Iohan en Corn. Blaev*, cIɔ Iɔcxxxix (1639). In-fol.; vél.

Traduction hollandaise de l'ouvrage précédent, ornée des mêmes planches.

473. Les Reiouissances de la Paix faites dans la ville de Lyon, le 20 mars 1660. *A Lyon, par Guill. Barbier, impr. ord. du roy en la Place de Confort, et Iacques Iustet, aussi imprimeur.* 1660. In-fol., de 3 ff. et 50 pp., avec 18 gr. grav.; veau fauve, fil., tr. dor. (*Petit*).

Ces réjouissances eurent lieu à l'occasion de la paix des Pyrénées, signée dans l'île des Faisans, le 7 novembre précédent, et dont une des conséquences fut le mariage de Louis XIV avec l'infante Marie-Thérèse d'Espagne.

Le texte est du P. Menestrier, mais cette première édition fut publiée à son insu et sans son nom. Le volume est fort curieux pour l'histoire de Lyon. Parmi les planches gravées par Auroux, seize représentent les feux d'artifices tirés dans les seize quartiers de la ville.

474. L'Entrée triomphante de Leurs Maiestez Lovis XIV, roy de France et de Navarre, et Marie Therese d'Avstriche son espovse, dans la ville de Paris,... av retovr de la signatvre de la paix générale et de levr hevrevx mariage (par Jean Tronçon). *Paris, Pierre le Petit,* 1662. In-fol.; veau brun.

Première édition de ce livre fort intéressant pour la topographie parisienne. Il est orné d'un frontispice gravé par Chauveau, qui nous montre la présentation du livre au jeune roi par la municipalité; du portrait de Louis XIV gravé par Van Schuppen d'après Mignard, et de 22 planches, représentant une revue, des arcs de triomphe, des cortèges, un feu d'artifice, etc., gravées par J. Marot et autres. « La représentation du cortège, dit
« M. Vinet (*Bibliogr. des Beaux-Arts*, n° 501), offre le plus grand intérêt
« au point de vue des usages, du costume et de l'histoire. La vivacité
« spirituelle du burin, la variété, la justesse des attitudes, voilà ce qui
« caractérise cette œuvre remarquable. Tout porte à croire que ces plan-
« ches sont l'œuvre de Cochin de Troyes dont le talent offre beaucoup
« d'analogie avec celui de Callot. »

475. (Les Plaisirs de l'isle enchantée. Fêtes de Versailles, mai 1664.) In-fol., 9 pl.; mar. rouge, fil., tr. dor. (*rel. du temps*).

Premier et rarissime état des planches dessinées et gravées par Israël Silvestre, tirées sans texte, avec ces mots : *Isr. Silvestre, delineavit et sculpsit*, et numérotées de 1 à 9. Le second état figure dans l'édition de Ballard avec texte, 1664, dont nous avons décrit le seul exemplaire connu dans notre cat. de 1878, n° 523.

Exemplaire de toute beauté, aux armes du roi LOUIS XIV.

476. Discours sur les arcs triomphaux dressés en la ville d'Aix, à l'heureuse arrivée de Monseigneur le Duc de Bourgogne et de Monseigneur le Duc de Berry. *A Aix, chez Jean Adibert, imp. du Roy, proche le Palais,* 1701. In-fol., de 5 ff. et 76 pp., avec 4 gr. grav. à l'eau-forte; demi-rel. dos et coins de mar. violet.

Le duc de Bourgogne, c'est Louis de France, fils du Grand Dauphin et père de Louis XV; le duc de Berry, c'est son frère cadet, Charles de France.

Le texte de cette relation est de Pierre Gallaup de Chasteuil, et les eaux-fortes de J.-Cl. Cundier. Elles sont d'une bonne exécution et reproduisent quatre curieux arcs de triomphe. Ce volume contient d'intéressantes recherches sur les cours d'amour provençales et les troubadours.

477. Description de la feste et du feu d'artifice qui doit être tiré à Paris, sur la rivière au sujet de la naissance de Monseigneur le Dauphin, par ordre de Sa Majesté catholique Philippe V, et par les soins de Leurs Excellences M. le Marquis de Santa Cruz et de M. de Barrenechea, ambassadeurs extraordinaires et plénipotentiaires du roy d'Espagne, le 31 janvier 1730. *Paris, Pierre Gandouin,* 1730. In-4, de 31 pp. et 3 pl.; demi-rel. mar. rouge.

Ce volume rare, omis dans le *Manuel*, est orné de trois grandes planches qui se déploient, très bien gravées par Servandoni, et représentant un feu d'artifice tiré sur la Seine, l'illumination de l'hôtel de Bouillon, et la salle de festin et de bal au même hôtel. Le dauphin dont on célébrait la naissance, est Louis, fils de Louis XV et le père de Louis XVI.

478. Description des festes données par la ville de Paris, à l'occasion du mariage de Madame Louise-Elisabeth de France, et de Dom Philippe, Infant et Grand-Amiral d'Espagne, les vingt-neuvième et trentième Août mil sept cent trente-neuf. *Paris, Le Mercier,* 1740. Gr. in-fol., de 22 pp. et 14 pl. (dont 9 doubles); mar. rouge, fil., tr. dor. (*rel. du temps*).

Volume omis au *Manuel* et qui est d'un grand intérêt. Parmi les planches, dont treize sont gravées par J.-F. Blondel et une par Cochin fils, d'après Salley, Gabriel, Servandoni et Bonneval, on remarque une vue générale de la fête sur la Seine et le bal de l'Hôtel de Ville. Au frontispice, un fleuron, dessiné par Bouchardon et gravé par Soubeyran, et en tête du texte une grande vignette, dessinée et gravée par Jacques Rigaud, représentant une joute sur la Seine.
Exemplaire aux armes de la ville de Paris.

479. Représentation des fêtes données par la ville de Strasbourg pour la convalescence du roi, à l'arrivée et pendant le séjour de Sa Majesté en cette ville. Inventé, dessiné et dirigé par J.-M. Weis, graveur de la ville de Strasbourg. *Imprimé par Laurent Aubert à Paris.* Gr. in-fol., 20 pp. de texte entouré d'ornements et 12 pl.; veau racine, fil., tr. dor. (*Pasdeloup, relieur du roi*).

Volume rare, omis au *Manuel*, et intéressant à plus d'un titre. Le roi Louis XV, alors véritablement le *Bien-Aimé*, tomba, le 8 août 1744, si dangereusement malade à Metz qu'on le croyait perdu. Son retour à la santé fit éclater dans toute la France la joie la plus vive. Il fit son entrée à Strasbourg le 5 octobre.
En tête du volume on trouve le portrait de Louis XV à cheval peint par C. Parrocel, la tête par J. Chevallier d'après le buste fait par J.-B. Le

Moine; gravé par J.-G. Wille. Les onze autres planches sont du burin de Le Bas.

Exemplaire aux armes de France.

480. Fête publique donnée par la ville de Paris à l'occasion du mariage de Monseigneur le Dauphin le 13 Février 1747. Gr. in-fol., de 2 ff. (titre et frontispice) et 12 pp. de texte, avec 6 gr. planches; mar. vert foncé, comp., tr. dor. (*rel. du temps*).

> Cette relation, omise au *Manuel*, s'applique aux fêtes données à l'occasion du second mariage du Dauphin Louis, fils de Louis XV, avec Marie-Josèphe de Saxe. Le texte de cette solennité est de Lattré, encadré de bordures exécutées par P.-F. Tardieu. Le frontispice allégorique a été gravé par J.-J. Flipart, d'après le dessin de Michel-Ange Slodtz. Les six grandes planches, représentant des chars, constituent une véritable œuvre d'art.

Très bel exemplaire, aux armes de la ville de Paris.

481. Relation de l'arrivée du roi (Louis XV) au Havre de grâce, le 19 septembre 1749, et des fêtes qui se sont données à cette occasion. *Paris, de l'impr. H.-L. Guérin et L.-F. Delatour*, 1753. Gr. in-fol., de 2 ff. et 16 pp., et 6 grandes grav.; mar. rouge, dent., tr. dor. (*rel. du temps*).

> Les belles gravures qui ornent la relation de ce voyage ont été exécutées par J.-Phil. Le Bas, d'après les dessins faits sur les lieux par Descamps, professeur de l'Académie royale de Rouen; on y trouve en outre trois grandes vignettes gravées par Le Bas, d'après Slodtz. Cet ouvrage, omis au *Manuel*, a été dédié au roi par les officiers municipaux de la ville du Havre.

Exemplaire aux armes de France.

482. Sacre et couronnement de Louis XVI, roi de France et de Navarre, à Rheims, le 11 juin 1775 (par l'abbé Pichon); précédé de Recherches sur le sacre des rois de France, depuis Clovis jusqu'à Louis XV (par Gobet), et suivi d'un Journal historique de ce qui s'est passé à cette auguste cérémonie. Enrichi d'un très-grand nombre de figures en taille-douce, gravées par le sieur Patas, avec leurs explications. *Paris, Vente*, 1775. In-4; mar. vert, fil. et tr. dor. (*rel. du temps*).

> Les figures de cette relation (au nombre de 57, dont onze grandes) ont été gravées par Patas, d'après celles qui étaient jointes à la description du sacre de Louis XV, et leurs ornements par Arrivet.

Très bel exemplaire, aux armes et au chiffre du roi LOUIS XVI.

483. Description des cérémonies et des fêtes qui ont eu lieu pour

le couronnement de Leurs Majestés Napoléon, empereur des Français et roi d'Italie, et Joséphine, son auguste épouse. Recueil de décorations exécutées dans l'église de Notre-Dame de Paris et au champ de Mars, d'après les dessins et sous la conduite de C. Percier et P.-F.-L. Fontaine, architectes de l'empereur. *Paris, Leblanc,* 1807. Gr. in-fol., de 24 pp., plus 4 pp. pour l'explic. des pl.; dem.-rel. veau violet.

Ouvrage orné de 12 gravures au trait.

---

484. Pompa funebris... Pourtraict du conuoy fait en pompe funebre à Nancy capitale de Lorraine, au trāsport du feu serenissime Prince Charles III... ledit convoi figuré en 48 tables... *Nanceii, cum privilegio...* (vers 1611), *Claudius de la Ruelle inuentor... Fredericus Brentel fecit. Herman de Loye excudit.* Gr. in-fol.; cart.

« Cet ouvrage est capital dans la série des Solennités, ainsi que pour l'histoire du duché de Lorraine et de la ville de Nancy. Les dessins sont de Claude de la Ruelle et de Jean La Hiere ; les planches à l'eau-forte sont dues à Frédéric Brentel, artiste strasbourgeois.

« L'ouvrage entier se divise en deux parties. La première (les *Obsèques*), composée de dix grandes planches découpées et collées sur papier, commence par un frontispice dont la partie inférieure offre quinze petits sujets allégoriques. Il a été gravé par Matthieu Merian, comme l'indique la souscription. Le texte explicatif, collé en regard, n'est imprimé que d'un seul côté, le français en lettres romaines, le latin en italique, et il est sorti des presses de Blaise André. La seconde partie contient quarante-huit planches de grandeur moyenne, numérotées et munies de légendes explicatives. Cette série représente le *Convoi funèbre* de Charles III de Lorraine.

« On y a joint une suite de quatre planches : *Comme son Altesse de Lorraine Monseigneur le Duc Henry, second du nom, va à l'Eglise, y conuoyé, tant par les Euesques et les princes de son sang, que par les Comtes, Barons, Seigneurs et Gentilz-hommes, Ministres et Officiers de son Estat et Maison estans en Cour, et tous ici sans tenir rang.* C. D. L. R. Inventor. Fridericus Brentel fecit. Herman de Loye excudit. Nanceï in Maio 1611.

« Ce livre très rare est presque toujours incomplet. Le présent exemplaire a été formé à l'aide de quatre autres, dans lesquels on a choisi les planches les mieux imprimées. » (Didot, *Cat. rais.*, n° 930.)

---

485. Spectacvlorvm in svsceptione Philippi Hisp. prin. divi Caroli V. Cæs. F. An. M.D.XLIX. Antverpiæ æditorvm mirificvs apparatvs. Per Cornelium Scrib. Grapheum, eius Urbis secre-

tarium et verè et ad uiuum accuratè descriptus. (A la fin :) *Excvs. Antverpiæ, pro Petro Alosteñ. impressore Ivrato, typis Ægidii Disthemii. an.* M. D. L. (1550) *men. Ivn. Pet.* in-fol.; veau fauve, fil. (*anc. rel.*).

Première édition de la description du *Triomphe d'Anvers*, c'est-à-dire de l'entrée du prince Philippe (le futur Philippe II), fils de Charles-Quint, à Anvers, fête qui a coûté à la ville 130,000 écus. 895 charpentiers, 234 peintres, 408 ouvriers de tous états, travaillèrent aux arcs de triomphe et aux théâtres en plein vent, élevés sur le passage de Philippe, que reproduisent parfaitement les planches gravées sur bois, d'après les dessins de Pierre Coek ou Koek d'Alost (en flamand : Aelst), près de Gand. Elles sont au nombre de 31, y compris le titre et le dernier feuillet gravé.

Exemplaire avec la signature d'Étienne Tabourot sur le titre (*Stephani Taborotii sum. A tous accords*).

486. **Amplissimo hoc apparatu et pulchro ordine pompa funebris Brvxellis à palatio ad divæ Gudulæ templum processit cum rex Hispaniarum Philippvs Carolo V. Rom. imp. parēti mœstissimus iusta solveret.** *Henricus Hondius excudit* 1619. *Hagæ-Comit., Ioannes a Duetecum, Lucas Duetecum fecit.* In-fol. obl., 39 pl. sur cuivre; dem.-rel. dos et coins veau gris, tr. dor.

Seconde édition d'une suite d'estampes représentant les cérémonies des funérailles de Charles-Quint, à Bruxelles (29 déc. 1558), et exécutées par les frères de Deutechom et par Jérôme Cock. En tête de ce recueil remarquable par l'exactitude des costumes se trouvent 2 portraits, l'un de Charles-Quint, l'autre de Philippe II; les 37 pl. suivantes sont de l'invention de Lucas Duetecum. « Toutes ces planches représentent, en costume officiel, les seigneurs d'Espagne et des Pays-Bas, et les grands dignitaires de l'empire qui suivirent le convoi de Charles-Quint. Les 3 dernières, non signées, nous semblent appartenir à la manière de graver de Pierre Van der Borcht, d'Anvers. Elles ne représentent plus rien de la cérémonie des obsèques, mais elles reproduisent néanmoins des tableaux analogues au sujet traité. C'est une danse macabre en 3 feuilles, dans laquelle on voit la Mort aux prises avec toutes les conditions de la vie. Ces tableaux sont pleins de vérité et d'énergie. » (Didot. *Cat. rais.*, n° 908.)

Pour plus de détails, voir E. Vinet, *Bibliographie des Beaux-Arts*, n° 556.

487. **Arcvs aliqvot trivmphal. et monimenta victor. classicæ in honor. Inuictissimi ac Illustriss. Iani Avstriæ, victoris non qvietvri, avctor. Ioan. Sambvco. Qvibvs adiectvm est eiusdem argumenti Carmen heroicum per Hvgonem Favolivm.** *Antverpiæ, apud Philippum Gallæum,* M. D. LXXII (1572). In-4 ; dem.-rel. percal.

Cette plaquette, qui contient 16 planches en taille-douce, au verso desquelles se trouvent des inscriptions latines, reproduit les fêtes qui ont eu lieu à Anvers en 1571, à l'occasion de la célèbre victoire navale de Lépante. A la fin il y a un discours de Sambucus sur la victoire de Lépante, suivi d'un poëme latin de Favolius, intitulé : *De Classica ad Naupactum contra Turcos Victoria.*

488. Historica narratio profectionis et inaugurationis seren. Belgii principum Alberti et Isabellæ, Austriæ archiducum, et eorum optatissimi in Belgium adventus, rerumque gestarum et memorabilium, gratulationum, apparatuum et spectaculorum in ipsorum susceptione et inauguratione hactenus editorum accurata Descriptio. Auctore Ioanne Bochio. *Antuerpiæ, ex officina plantiniana, apud Ioann. Moretum,* 1602. In-fol., de 500 pp., plus 5 ff. pour la table ; veau fauve (*anc. rel.*).

« Ce volume rare, intéressant pour l'histoire des pompes et des fêtes des Pays-Bas, et surtout des villes riches d'Anvers et de Valenciennes, contient 33 grandes figures dont les principales sont à l'eau-forte, et font partie de l'œuvre de Pierre Van der Borcht, d'Anvers. Celles qui sont gravées au burin sont plus difficiles à reconnaître ; elles appartiennent à un graveur qui travailla beaucoup à la fin du xvie siècle et au commencement du xviie pour l'imprimerie plantinienne. » (Didot, *Cat. rais.*, n° 926.

489. Pompa fvnebris optimi potentissimiq. principis Alberti pii, Archidvcis Avstriæ, Dvcis Bvrg. Bra., etc., veris imaginibus expressa a Iacobo Francqvart. Archit. Reg. Eivsdem principis morientis vita, scriptore E. Pvteano. *Bruxellæ*, 1623. (A la fin des pièces liminaires :) *Lovanii, typis Henrici Hastenii,* 1623. In-fol. obl. ; bas. brune.

Première édition, fort rare.

« Ce volume splendide renferme, outre un frontispice gravé par Corn. Galle, 64 planches numérotées, représentant la chapelle ardente érigée dans la nef de Sainte-Gudule de Bruxelles, le défilé complet du cortège, où tous les personnages qui ont figuré dans cette magnifique cérémonie sont représentés dans leur costume. On y a ajouté postérieurement le sarcophage de la princesse Isabelle-Claire-Eugénie, veuve de l'archiduc Albert, érigé le 3 mars 1634, dans l'église de Saint-Jacques. Les épreuves sont très belles. Les mêmes cuivres ont servi à cette édition et à la suivante. Le texte explicatif est en latin, en français, en espagnol et en flamand. Le nom des principaux dignitaires de la cour se trouve au-dessus de leur portrait « faict au naturel ». Albert le Pieux était le sixième fils de l'empereur Maximilien II. Après la paix de Vervins (1598), il épousa Claire-Isabelle-Eugénie, fille du roi Philippe II. Ils firent ensemble une entrée solennelle à Bruxelles avec une pompe inouïe en 1599 (voir ci-dessus, n° 488) Le prince Albert mourut le 13 juillet 1021, mais son service funèbre n'eut lieu que le 20 mars de l'année suivante. » (Didot, *Cat. rais.*, n° 936.)

## SOLENNITÉS ET FÊTES ILLUSTRÉES.

Ce qui est digne de remarque, c'est que, d'après une lettre adressée à la veuve de l'archiduc, l'ordonnance et les décors de cette pompe funèbre furent mis au concours. C'est Jacques Franquart, peintre et architecte, attaché à la personne de l'archiduc, qui fut chargé de l'œuvre. On admire (pl. 47) un superbe char de la *Libéralité*, de son invention.

490. Pompa introitvs honori serenissimi principis Ferdinandi Avstriaci Hispaniarvm Infantis.... a S. P. Q. Antverp. decreta et adornata; cum mox à nobilissimà ad Norlingam portà Victorià Antverpiam auspicatissimo aduentu suo bearet, XV. Kal. Maii, Ann. cɔ.ɔc.xxxv (1635). Arcus, Pegmata, Iconesqʒ à Pet. Pavlo Rvbenio, Eqvite, inuentas et delineatas Inscriptionibus et Elogiis ornabat, libroqʒ commentario illustrabat Casperivs Gevartivs... Accessit Lavrea Calloana, eodem Auctore descripta. *Antverpiæ, veneunt exemplaria apud Theod. a Tvlden qui Iconum Tabulas et Archetypis Rubenianis delineauit et sculpsit.* (A la fin :) *Antverpiæ excvdebat Joannis Mevrsivs, typographvs ivratvs, anno salutis* CIƆ.IƆC.XLI (1641). Gr. in-fol.; vélin bl., fil., tr. dor. (anc. rel.).

> Livre capital, illustré par Rubens.
>
> Les figures, au nombre de trente-neuf, ont été gravées par Van Thulden. Le titre est imprimé au milieu d'un frontispice offrant en haut le portrait du roi Philippe IV. Après les feuillets préliminaires on trouve le portrait du prince Ferdinand, représenté debout et gravé par J. Neefs d'après Van Thulden.
>
> Exemplaire en grand papier, du premier tirage, avec le faux-titre en sept lignes, la date de 1641, etc. Il est avec témoins et aux armes de PHILIPPE IV, roi d'Espagne.

491. Relation du voyage de Sa Majesté britannique en Hollande et de la réception qui lui a été faite, enrichie de planches très curieuses, avec un récit abrégé de ce qui s'est passé de plus considérable depuis l'arrivée de Sa Majesté en Hollande le 31 de janvier jusqu'à son retour en Angleterre au mois d'avril 1691, et l'heureux succès de l'expédition d'Irlande par les armes toujours victorieuses de Sa Majesté. *A la Haye, chez Arnoul Leers*, 1692, In-fol., de 108 pp.; vél. blanc (anc. rel.).

> « Ce beau livre, non cité au *Manuel*, somptueusement exécuté, est un monument élevé par les États de Hollande à Guillaume III. Il contient seize planches très pittoresques et d'un très grand éclat, dues à Romain de Hooghe, qui y a déployé toutes les ressources d'un talent qu'on ne peut véritablement apprécier que dans ces grandes compositions. La 10ᵉ planche montre un émule de Callot dans la disposition des groupes et la touche spirituelle des plus petites figures. » (Didot, *Cat. rais.*; n° 951).

On y remarque aussi un beau portrait de Guillaume III, gravé au burin par P. von Gunst, d'après J. Brandon.

Exemplaire d'une pureté et d'une conservation irréprochables.

492. **Komste van Zyne Majesteit Willem III. Koning van Groot Britanje, enz. In Holland....** *In's Graavenhaage, by Arnoud Leers, M. D. C. XCI* (1691). In-fol.; peau de truie, fil. et orn., tr. dor.

Édition avec texte hollandais par Bidloo, de la même relation que celle ci-dessus, avec les mêmes gravures.

493. **Il Pomo d'oro, festa teatrale rappresentata in Vienna per l'augustissime nozze delle Sacre Cesaree e Reali Maestà di Leopoldo e Margherita, componimento di Francesco Sbarra, Consigliero di S. M. C.** *In Vienna d'Austria, appresso Matteo Cosmerovio, stampatore della Corte, l'Anno* 1667. In-8, de 15 ff. et 158 pp., avec 23 pl. pliées; vélin bl., tr. dor.

Première et rare édition de ce livre intéressant omis au *Manuel*.

Cette fête théâtrale, à l'occasion du mariage de l'empereur Léopold Ier, consista en une pièce à machines combinée avec un opéra qui est l'un des plus anciens. La beauté des décorations de la *Pomme d'or* égale celles des féeries de nos jours. Le graveur Mathieu Küsel a reproduit avec un merveilleux talent les brillantes inventions de l'architecte-décorateur Louis Burnaccini, qui a composé pour chaque scène un nouveau décor. L'artiste nous montre tantôt l'Enfer, tantôt les sommets du mont Ida, puis le palais de Pâris, ou bien la Caverne d'Eole, le lac Tritonite, le camp de Mars, le temple de Pallas à Athènes, etc., etc.

494. **Aigentliche Wahrhaffte Delineatio unnd Abbildung... durch Esaiam von Hulsen...** (Représentation exacte et véritable des fêtes célébrées à Stuttgart, les 13, 14, 15, 16 et 17 juillet 1617, à l'occasion du baptême du prince Ulrich de Wurtemberg, et du mariage de Louis-Frédéric, duc de Wurtemberg, avec Madeleine-Elisabeth de Hesse, publiée et préparée par Isaïe de Hulsen.) *S. l. n. d.* (*Stuttgart*, 1618). 2 vol. in-fol. obl.; mar. rouge, fil., tr. dor. (*anc. rel.*).

« Cet ouvrage est très remarquable pour ses belles planches représentant un cortège, et les entourages ou cartouches variés, qui paraissent au commencement de chaque partie. Les figures de la première partie sont au nombre de 92. A la suite des planches se trouve le texte, intitulé : *Kurtze Beschreibung dess zu Stuttgarten bey den*, etc. (Courte description des fêtes célébrées à Stuttgart à l'occasion du baptême et du mariage princiers, par Georges-Rodolphe Weckherlin); *Tübingen, Dieterich Werlin*,

1618; in-fol. obl., de 71 pp. L'auteur de cette relation a été secrétaire du prince et poète de la cour. Le second volume a pour titre : *Aufzug zum Balet...* (Ballet fait en l'honneur d'Anna, duchesse de Wurtemberg, le 4 mars 1617); il contient 11 planches, à la suite desquelles on trouve le texte précédent avec des corrections. » (Didot, *Cat. rais.*, n° 931.)

Les figures de la première partie ont été gravées par Frédéric Brentel de Strasbourg, sauf les planches 23 à 30, qui sont dues au burin de Mathieu Mérian.

Exemplaire bien complet de cet ouvrage fort rare. Le premier volume est aux armes de COLBERT.

495. Le manifique (sic) Carousel fait sur le fleuve de l'Arne a Florence pour le mariage du Grand Duc. Dédié au S$^r$ de Beaulieu.... *A Paris, chez Balthaz. Montcornet.* S. d. Pet. in-fol. obl.; mar. La Vallière, tr. dor. (*Lortic*).

Il s'agit ici des solennités qui ont eu lieu au mariage de Côme II de Médicis, quatrième grand-duc de Toscane, avec Marie-Madeleine, archiduchesse d'Autriche, en 1608. Ces solennités consistèrent principalement en une *Comédie*, et en une *Bataille navale* ; elles ont été représentées l'une et l'autre dans une suite de sept et de dix-neuf planches, inventées en grande partie par Giulio Parigi, et gravées presque en totalité par Remigio Canta-Gallina, le maître de notre grand Callot. Ces planches ont été publiées en 1608, sans aucun texte, avec des titres en italien.

Un artiste français, Nicolas Bocquet, qui se trouvait à Rome en 1690, a reproduit dix-huit des planches de la *Bataille navale* dont le sujet était l'*Expédition des Argonautes pour la conquête de la Toison d'Or*.

Ces dix-huit planches sont numérotées dans un autre ordre que l'original, et précédées d'un faux titre et du titre gravé dont nous avons donné le texte plus haut. La pointe fine et légère de Bocquet rappelle à s'y méprendre la verve spirituelle de Callot.

De cette suite extraordinairement rare et qui n'est mentionnée ni au *Manuel du Libraire* ni dans le *Manuel de l'Amateur d'estampes*, de Ch. Le Blanc, nous avons ici deux états pour les douze premières planches : l'un sans nom de graveur et avec les légendes en italien, l'autre signé *Bocquet ex.* et avec les légendes en italien et en français. Les pl. 13 à 18 sont du second état, seul. Quelques-unes, sont remontées.

496. Recebimiento‖qve hizo la mvy noble ‖ y muy leal Ciudad de Seuilla, ‖ a la C. R. M. del Rey D. Philipe. N. S. ‖ Va todo Figurado. ‖ Con vna breve descripcion ‖ de la Ciudad y su tierra. Compuesto ‖ por Iuan de Mal lara. *En Seuilla, en casa de Alonso Escriuano.* 1570. (A la fin, avant la table :) *Fve impresso en* ‖ *Sevilla en casa de Alon-*‖*so Escriuano en la calle de la Sier*‖*pe. Acabose a veynte y nue-*‖*ue dias del mes de Ago*‖*sto, Año de mil y* ‖ *quinientos y* ‖ *setenta.* Pet. in-8, de 181 ff. ch.

228    LIVRES A FIGURES.

et 3 ff. n. ch.; mar. grenat, riches compart. à la Grolier, tr. dor. (*Hagué*).

Volume extrêmement rare, non cité au *Manuel*. C'est le seul livre de ce genre qui ait été publié en Espagne au xvi<sup>e</sup> siècle et il est dû à un

Le roi Philippe II visita l'Andalousie à la suite de la répression de la révolte des Maures de Grenade en 1569. Séville lui fit une réception pompeuse, et le volume qui nous en offre le récit est en même temps fort curieux pour l'histoire de la gravure sur bois au-delà des Pyrénées. L'illustration consiste en trois planches hors texte, qui se déploient, et en trente-huit petites gravures. La première des grandes planches représente l'entrée du cortège à Séville; elle est particulièrement intéressante pour la topographie de cette ville. Les deux autres nous font voir des arcs de triomphe. Les petites gravures reproduisent : d'abord les deux statues symboliques d'Hercule, le prétendu fondateur de Séville, et du fleuve Guadalquivir, l'ancien *Bétis*; ensuite les peintures allégoriques représentant les villes et localités de la juridiction de Séville; enfin les statues des deux patronnes de cette cité : sainte Juste et sainte Rufine.

L'auteur de la relation fait souvent des digressions historiques fort intéressantes.

Exemplaire dans une condition irréprochable.

497. Racconto delle sontuose esequie fatte alla serenissima Isabella, reina di Spagna, nella chiesa maggiore della città di Milano, il giorno xxii Decembre dell' anno M.DC.XLIV (1644). *In Milano, per Dionisio Gariboldi*. S. d. (1645). In-fol., de 3 ff. et 138 pp., avec un front. et 66 pl., dont une hors texte, grav. à l'eau-forte; veau noir antiqué, fil., tr. dor.

La reine dont il est question est Élisabeth de France, fille aînée de Henri IV, et épouse de Philippe IV, roi d'Espagne, morte le 6 octobre 1644.

Les nombreuses planches de ce volume fort rare et non cité méritent d'être signalées. La première, hors texte et pliée, offre l'aspect général du catafalque; elle a été dessinée par J.-Chr. Storer, et gravée par J.-Bapt. Del Sole. La seconde donne les détails des pilastres et des chapiteaux. Trente-deux planches reproduisent les statues allégoriques et 32 autres, les tableaux emblématiques qui ornaient le catafalque. Parmi ces dernières, il faut signaler 14 planches représentant des scènes tirées de l'histoire et faisant allusion aux qualités du corps et de l'esprit de la défunte. Leur composition est remarquable. Les planches des statues leur sont encore supérieures pour la vigueur du dessin. Elles ont été dessinées toutes par J.-Chr. Storer et gravées en partie par J.-B. Del Sole, et pour la plupart par Jean-Paul Bianchi.

Superbe exemplaire.

498. Reales exequias que á su augusta soberana D<sup>a</sup>. Maria Amalia de Saxonia, reina de España, consagró el rendido amor, y

gratitud de la muï ilustre ciudad de Barcelona, en los dias 23, y 24 de Abril de 1761. *En Barcelona, En la impr. de Maria Teresa Vendréll y Texidò*. In-4, de 110 pp. et 5 pl. gr. — Oracion funebre que... dixò el P. Ramon Foxá de la Compañia de Jesus. In-4, de 3 ff. et 34 pp. En 1 vol.; bas. orange, large dent.; tr. dor.

Marie-Amélie de Saxe, épouse de Charles III, roi d'Espagne, mourut le 2 septembre 1760.

Cette relation, fort rare, du service funèbre célébré à Barcelone avec une grande magnificence, donne la reproduction en gravures sur bois des écussons qui ornaient la nef de la cathédrale, représentant les armes et les emblèmes des royaumes, provinces et fiefs de la monarchie espagnole, ainsi que de la Saxe, de Naples et de Sicile. Chaque écu est accompagné d'une inscription latine, de la composition du P. Ramon Foxá, professeur de philosophie et auteur de l'oraison funèbre prononcée à cette cérémonie. Un grand nombre d'élégies, odes, épigrammes et sonnets, en latin, en grec, en hébreu et en espagnol, terminent ce volume fort intéressant.

Il est orné de cinq planches gravées sur cuivre et reproduisant la décoration intérieure de l'église, le plan général, deux magnifiques portails et le catafalque. Cette dernière planche, de 53 cent. de hauteur sur 31,05 de largeur, est surtout fort remarquable pour la beauté de composition d'un colossal cénotaphe au milieu duquel était placé le catafalque. Les travaux d'architecture et d'ornementation sont l'œuvre des frères Francisco et Manuel Tramullas, peintres et architectes. François Boix a gravé les planches, sauf la grande, dessinée par le sculpteur Ch. Grau, et gravée par Ignace Walls, de l'Académie de Barcelone.

499. Festa fatta in Roma, alli 25 di Febraio 1634, e data in luce da Vitale Mascardi. *In Roma* (1635). In-4, de 4 ff. et 135 pp.; titre gravé et 11 gr. pl. gr.; veau brun, fil. (*anc. rel.*).

Cette fête fut donnée par le cardinal Antoine Barberini en l'honneur du jeune prince Alexandre-Charles Wasa, fils de Sigismond III, roi de Pologne et de Suède. L'organisation en a été confiée au marquis Corn. Bentivogli, qui convia tout ce que Rome avait de plus brillant à lui prêter son concours. La fête consista en cavalcades et tournois dans un champ clos, Piazza Navone, et se termina par l'entrée de Bacchus et de son cortège sur un navire d'une grande richesse d'ornementation. Les machines furent faites par Francesco Guitti, de Ferrare, qui composa aussi des vers ou *cartels* pour le tournoi. Plusieurs autres poésies dites ou chantées à cette fête sont de la plume du célèbre poète Fulvio Testi.

Le prince de Pologne mourut au retour de son voyage d'Italie, en 1635, à l'âge de 21 ans.

Les figures qui ornent cette relation ont été dessinées par l'illustre peintre André Sacchi, dont le monogramme se trouve sur la grande planche représentant la vue générale de la fête et du champ clos. Son nom est cité dans l'avertissement de l'imprimeur. La gravure de ces planches a été exécutée par F. Collignon. Elles sont au nombre de douze, non compris le frontispice, mais la première, représentant le *Char de la Renommée*, manque dans cet exemplaire. Cet ouvrage est du reste peu commun et on en trouve rarement des exemplaires complets : celui de la vente Soleinne n'avait que 9 planches. L'impression de cette relation a dû être faite en 1635, à en juger par la date de l'épître dédicatoire, le 5 février 1635.

500. Description en figures de la fête célébrée le 5 février 1626 (anc. style) au mariage du Tzar et Grand-Duc Michel Théodorovitch avec la tzarine Eudochie, fille de Lucien Striéchnieff (en russe). *Moscou, Platon Beketov*, 1810. In-fol., de 136 pp. avec 64 pl. color.; veau fauve.

Ce livre, fort rare à l'étranger, est une reproduction, avec des planches en fac-similé, d'un manuscrit de l'époque, conservé à la bibliothèque du Collège des affaires étrangères à Moscou. Il offre un grand intérêt pour l'histoire de l'iconographie en Russie, et présente des particularités curieuses relatives aux cérémonies usitées à la cour de Moscou.

# TABLE DES DIVISIONS

## MANUSCRITS.

### THÉOLOGIE.

|  | Nos |
|---|---|
| Écriture Sainte. | 1 |
| Liturgie. | 6 |
| Théologie dogmatique, morale, etc. | 28 |

### JURISPRUDENCE, SCIENCES, ARTS, BEAUX-ARTS. — 34

## IMPRIMÉS.

### INTRODUCTION.

| | |
|---|---|
| Impression xylographique. | 46 |

### THÉOLOGIE.

| | |
|---|---|
| I. Écriture Sainte. | 47 |
| II. Liturgie. | |
|     1. Missels. | 65 |
|     2. Heures et Offices. | |
|         A. — France. | 70 |
|         B. — Étranger. | 119 |
| III. Saints Pères. | 128 |
| IV. Théologiens. | |
|     1. Théologie scolastique, dogmatique et morale. | 141 |
|     2. Théologie catéchétique, parénétique, ascétique et polémique. | 160 |

### JURISPRUDENCE.

| | |
|---|---|
| Droit civil et canonique. | 182 |

## TABLE DES DIVISIONS.

### SCIENCES ET ARTS.

|     |                                              | Nos |
| --- | -------------------------------------------- | --- |
| I.   | Sciences philosophiques et politiques.      | 192 |
| II.  | Sciences naturelles et médicales.           | 219 |
| III. | Sciences mathématiques et militaires.       | 242 |
| IV.  | Sciences occultes..                          | 255 |
| V.   | Arts.                                        |     |
|      | 1. *Calligraphie et typographie*             | 261 |
|      | 2. *Escrime. Chasse. Travaux de broderie. Jeux.* | 269 |

### BEAUX-ARTS.

| I.  | Arts du dessin.        | 282 |
| --- | ---------------------- | --- |
| II. | Musique et danse.      | 288 |

### LIVRES A FIGURES SUR BOIS.

| I. | Ouvrages en tout genre. | |
|----|-------------------------|---|
|    | A. — Allemagne.         | 298 |
|    | B. — Pays-Bas.          | 356 |
|    | C. — Suisse.            | 366 |
|    | D. — Angleterre.        | 378 |
|    | E. — Italie.            | 379 |
|    | F. — Portugal.          | 399 |
|    | G. — France.            | 400 |
| II. | Solennités et fêtes illustrées. | 464 |

FIN DE LA TABLE DES DIVISIONS.

---

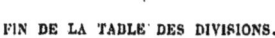

Paris. — Typographie Firmin-Didot et Cⁱᵉ, 56, rue Jacob. — 12716.

A LA LIBRAIRIE FIRMIN-DIDOT ET C<sup>ie</sup>

56, RUE JACOB, 56

## CATALOGUE ILLUSTRÉ

DES

# LIVRES RARES ET PRÉCIEUX

## MANUSCRITS ET IMPRIMÉS

FAISANT PARTIE DE LA BIBLIOTHÈQUE

DE

## M. AMBROISE FIRMIN-DIDOT

THÉOLOGIE — JURISPRUDENCE — SCIENCES — ARTS — BEAUX-ARTS

Un vol. in-4°, sur papier vergé, avec gravures sur bois, chromolithographies
et photogravures.

**PRIX : 40 FRANCS**

**SE VEND AU PROFIT DES PAUVRES**

*Nota.* — Après la vente de cette quatrième partie, il sera publié une table alphabétique du présent catalogue, suivie de la liste des prix d'adjudication.

Une dernière vente aura lieu au printemps de l'année prochaine (1883). Elle comprendra des livres anciens, rares et précieux, manuscrits et imprimés, en tout genre.

Afin d'établir l'unité bibliographique de cette collection célèbre, il sera publié, après les ventes, une table méthodique générale, une table alphabétique, une table des provenances illustres, etc.

www.ingramcontent.com/pod-product-compliance
Lightning Source LLC
Chambersburg PA
CBHW061957180426
43198CB00036B/1291